陳飛龍著

說文無聲字考

文史哲出版社印行

國家圖書館出版品預行編目資料

說文無聲字考 / 陳飛龍著 . -- 五版 -- 臺北市：
文史哲出版社, 民 80.11
頁； 公分
ISBN 978-957-547-081-4（平裝）

說文解字

802.25

說文無聲字考

著　者：陳飛龍
出版者：文史哲出版社
http:// www.lapen.com.tw
e-mail：lapen@ms74.hinet.net
登記證字號：行政院新聞局版臺業字五三三七號
發行人：彭正雄
發行所：文史哲出版社
印刷者：文史哲出版社
臺北市羅斯福路一段七十二巷四號
郵政劃撥帳號：一六一八〇一七五
電話886-2-23511028 · 傳真886-2-23965656

定價新臺幣三六〇元

一九九一年（民八〇）十一月五版

ISBN 978-957-547-081-4　81113

緒言

古者庖犧氏始作八卦，神農氏結繩爲治，黃帝之史倉頡，初造書契；而五帝三王之世，改易殊體，迄於後世，靡有同焉。周禮八歲入小學，保氏教國子，先以六書；六書者，一曰指事，二曰象形，三曰形聲，四曰會意，五曰轉注，六曰假借；此六書者，造字之本也。其後史籀著大篆，孔子、左丘明著述皆以古文，始皇時，李斯作倉頡篇，趙高作爰歷篇，胡毋敬作博學篇，皆取史籀大篆，或頗省改，所謂小篆者是也。程邈作隸體，以趣約易，漢之時又有艸書（以上詳見說文敘），中國文字，年代既遠，變衍又多，後漢許愼恐其統緒無傳，乃本小篆，合以古籀，統以六書，作說文解字十四篇，凡九千三百五十三字，至此文字之學，始有系統之著述焉。惟許氏生於漢世，其說頗雜陰陽五行之言，且因古文尙質，或失之過簡；其後學者，欲探求文字之本源，或依許氏之說，發明其意旨；或匡許氏之失，辨正其譌誤；要皆不能離許氏之書，以言文字也。六書之目，雖始見於漢志，而六書之演繹，始於許氏，既言六書，則又不能故違許氏而自標異說。且許氏之說解文字，或舉通人之論，或引群書之言，蓋皆有所依據，非憑臆而發者。然則，欲尋文字形音義之初迹，許書之探研，實不容已也。愚不揣學力淺薄，爰依日本岩崎氏靜嘉堂及中央圖書館藏兩北宋本合成之大徐本說文（台北藝文印書館民國四十八年秋七月影印本），試撰「說文無聲字考」；酌舉眾家之言，參之以甲文金文，俾截長補短，條列辨釋，以明許氏之意，並就蘄春黃氏「無聲字多音」之說，尋繹例證，以明其不易。

吾師林景伊先生整理蘄春黃氏研究說文條例第六條云：「說文有無聲之字，有有聲之字。無聲字者，指事、象形、會意是也；有聲字者，形聲是也。無聲字可依其說解而尋其語根，有聲字可因其聲音而辨其類別。」吾人如於說文之無聲字，一旦精熟，求之於有聲之字，當可觸類旁通，左右逢源。蓋形聲字之作，或以形符爲初文另附聲符以成之，或以聲符爲初文另附形符以成之，然其構成初文，咸不脫無聲字之範疇也。且夫文字初肇，首依客觀之物體，圖貌其形，若日月是也；次循主觀之己意，臆構其形，若上下是也，獨體之文，時有所窮，而合體之字斯作，其始也，形與形相益，會合二文以成一字，若武信是也；迨形有所盡，求音之所寓，形與聲乃相益，以濟其窮，若江河是也。故拙文專研無聲字，首象形，次指事，次會意者，其理在於此。其於象形，則分獨體、合體、變體、媘體、兼聲；於指事，則別獨體、合體、變體、媘體；於會意，則區純、變、媘、兼形、兼事、兼聲；以析舉其例。

讀說文至五下皀部：「皀，穀之馨香也。象嘉穀在裹中之形，匕，所以扱之，或說：皀，一粒也。又讀若香。」皀音皮及切，並母，緝韻，古音唐部；香音許良切，曉母，陽韻，古音添部；是皀香二字聲韻全異也！吾儕讀之，頗有惑焉，或疑其有誤，然索之說文从皀得聲之字，其音仍各有二，即鄉、薌、饗、鄉、闢、蠁與鵖雖皆从之得聲，其音截然有別，此「無聲字往往多音」之證也。吾師林景伊先生說文二徐異訓辨序云：「無聲字者，即指事象形會意之字，或為意象，或為形象，或為意合，其形體無聲，由於造字者憑其當時之意識，取其義而定其聲者也。以文字非一時一地一人所造成，因造字者意識之不同，與方言之有異，故同一形體，每有不同之意識與不同之音讀，此無聲字之所以多音而且多異訓也。」黃氏研究說文條例亦曰：「形聲字有聲子與聲母聲韻不同者，（諸聲之偏旁為聲母，所構成之形聲字為聲子，例如江字，从水工聲，工為聲母，江為聲子。）實因此一聲母或聲母之母為無聲字，當時兼有數音，而數音中之某一音，正與此聲子之本音相同，故取以為聲，其後無聲字漸失多音之道，此一聲子所从之聲母，再不復存有與此聲子相同之音讀，故聲韻全異，乃滋後人疑惑也。」是以凡形聲字之音，或有與其偏旁之聲韻迥異者，此或無聲字多音之故，萬萬不可以為非聲，或輒改為會意。愚於「無聲字往往多音」之故，首列一章，以詳究焉。

二年以來，肄業政大中文研究所，從高郵高仲華先生習「治學方法」，於治學一涂，稍得門徑；又從瑞安林景伊先生習「說文研究」「古音研究」「廣韻研究」，從長樂王夢鷗先生習「漢簡文字」，從鎮江周何先生習「古文字學」，於文字聲韻，略有所涉；今又承　吾師高仲華先生諄誨指導，撰就斯篇，如有所得，功在師說，至其粗疏違闕處，則才識淺陋之筆者有不得而辭焉。

中華民國五十七年五月鳳山陳飛龍謹識於木柵政大

說文無聲字考

目錄

第一章　說文無聲字多音說

第一節　導言

製字之始，時非一朝，地非一方，以字體之未足備用，同一字也，取乎其義既異，發乎脣音有別，因以多音。迨形聲之道興，乃取此多音之聲母，以定其音。其始也，形聲字與所從聲母之音，未嘗有異，固亦多音也；迨及後世，字漸孳乳，無聲字漸失其多音之道，聲轉義變，形聲之道，遂致不可詳解。古音之事，益不可得而言矣！是以穿鑿附會之論，因之以起，而治古音學者，遂多謬說焉！若徐鼎臣段懋堂，均小學大家，猶有遇難通之義而妄改許書之失。如：「配」，說文：「从酉己聲。」徐氏以其音與「己」音有隔，遂注云「己非聲，當从妃省」；而段氏亦同徐氏，注云「己非聲也，當本是妃省聲，故叚爲妃字」。又如：「妃」說文：「从女　己聲。」段氏以本字屬之第十五部，而所从得聲之「己」屬之第一部；然第一部與第十五部，絕不相通，且「妃」「己」一脣一牙，聲亦相異，故其說難通，遂改「妃」字从女己爲會意，而釋之云「以女儷己也」。此無它，要皆不明無聲字多音之理，因以致誤也！自蘄春黃氏「無聲字往往多音」之說出，始曉然可知古音出入之迹，實多由無聲字之不能確讀以定其音之故。前賢之失，得以補正，治古音之碍難，可豁然而通矣！餘杭章氏國故論衡嘗論及古音之學，曰：「大氏前修未密，後出轉精。」誠哉是言也！

蘄春黃氏，銳力敏學，不好著作，致其道晦而未顯，隱而不行，此固有心人之所深惜者也！吾師林景伊先生親炙黃氏左右十餘載，最能得其心傳，今爲之歸納整理，得黃氏研究說文條例凡二十一條。其第八條云：「形聲字有與所從之聲母（即諧聲偏旁）聲韻畢異者，非形聲字之自失其例，乃無聲字多音之故。」林師舉例爲之注曰：「『丨』：『上下通也。引而上行讀若囟，引而下行讀若退。』音古本切；是丨一字而有三音也。『屮』：『艸木初生也，象丨出形，有枝莖也。古文或以爲艸字。讀若徹，尹彤說。』音丑列切；是屮一字而有二音也。『疋』：『足也；上象腓腸，下从止。弟子職曰：門疋何止。古文以爲詩大疋字，亦以爲足字，或曰胥字；一曰疋記也。』音所菹切；是疋一字而有二音也。『皀』：『穀之馨香也。象嘉穀在裹中之形，匕，所以扱之。或說：皀，一粒也。又讀若香。』音皮及切；是皀一字而有二音也。」

黃氏研究說文條例第九條又云：「因無聲字多音，故形聲字聲子與聲母之關係凡有二例：一則聲子與聲母同讀一音，一則各聲子所從之聲母，有讀如聲子之舊音者（即聲子之本音）。」林師注曰：「第二例，即今日讀之聲母與聲子之聲韻完全不同，實則先有聲子之舊音，造字時，取一與此聲子舊音相同之無聲字，作爲聲母（其用如今之音符），此一無聲字，在當時兼有數音（即有數種讀法），其中之某一音，正與此聲子之舊音相符合，故聲子與聲母亦爲同音。其後無聲字漸失多音之道，於是此一聲子所從之聲母，再不復有與此聲子舊音相同之音讀，故聲韻全異，乃滋後人疑惑也。如：『一』，於悉切，影紐、喉音。依聲子必取其聲母之音條例，則從一得聲之字，必爲喉音，但亦有不少從一得聲之字，並非喉音，蓋『於悉切』乃近世讀『一』之音，古人讀之，則或有喉、舌、齒諸不同之音也。若『寽』，『从𠬪，一聲』，音呂戌切，來紐，舌音。『戌』，小徐本『从戊，从一，一亦聲』，音辛聿切，心紐，齒音。是『一』計有喉、舌、齒三音也。」

謹案：林師所舉之例，一有三音、屮有二音者，此就聲韻全異而論者也；舉一舉寽舉戌等字爲例者，則就聲紐有異而云，其韻部無殊。余深以爲形聲字與所從之聲母，必聲韻俱同，而同從一聲母得音之字，亦必同音；然於今日讀之，或有聲同而韻異者，或有韻同而聲異者，或有聲韻俱異者，此均無聲字多音稽譬之涂也。惟韻同聲異乙節，潘重規先生已於制言半月刊卅七卅八合刊本發表「聲母多音論」，列表細述，茲不贅述。至若聲同韻異，如「萑」从艸佳聲，而「佳」與「萑」聲同（端紐）韻異（佳在灰部、萑在曷末部）之類，師大某君正劬力從事於此，不欲從同。是以拙篇所論，乃就狹義之聲韻俱異者而說焉！

夫文字之作，遐哉邈矣！自非一時、一地、一人之功！以其時有古今，是以前人固已造某字，本有其音，而後人或不識其音義，見此同形之字，乃別賦之以當時之音義，故有異字同形之例出焉，如「亥」之古文形與「豕」同，「玄」之古文形與「申」同；形既同矣，音則異焉，此無聲字多音之故一也。地有南北，是以原非同義同音之字，或因造字者非一人，創文者非一地，則必有音義各殊而形體闇合者，後世合而觀之，遂致有形同音歧之例出焉，如「丨」之爲字，上下通爲「丨」（古本切），引而上行則讀若「囟」，引而下行則讀若「退」；字形雷同，音則歧焉，此無聲字多音之故二也。徐鍇說文解字疑義云：「古者文字少而民務寡，是以古字多象形假借。」（見說文繫傳三十九卷）如「屮」：古文或以爲「艸」字；「疋」：古文以爲詩大「疋」字，亦以爲「足」字；「丂」：古文以爲「亏」字，又以爲「巧」字；一字多用，音亦別焉，此無聲字多音之故三也。說文讀字下段氏注云：「擬其音曰讀，凡言讀如、讀若，皆是也。」[illegible]字下又注云：「凡言讀若者，皆擬其音也。……讀若亦言讀如。」又其周禮漢讀考序云：「漢人作注，於字發疑正讀，其例有三：一曰讀如，二曰讀爲讀曰，三曰當爲。讀如讀若者，擬其音也，古無反語，故爲比方之詞；讀爲讀曰者，易其字也，易之以音相近之字，故爲變化之詞。比方主乎同，音同而義可推也；變化主乎異，字異而義憭然也。比方主乎音，變化主乎義。」是以說文讀若也者，擬其音讀者也；於此，吾師周何先生「說文解字讀若文字通叚考」，共收八百四十三條，居說文九千文近什一之譜，足見「讀若」者於說文乙書重要之一斑！然其中比擬音讀，或有聲韻全異於其本篆之聲母者，如「莙」：井藻也，从艸，君聲，讀若威。「威」古音屬影紐屑部，與其所擬音之本篆之聲母「君」古音見紐痕魂部，聲韻全異，是一「君」也，而有二音；讀若異矣，音亦變焉，此無聲字多音之故四也。

第二節　說文無聲字多音釋例

無聲字多音之故有四焉，既知之矣！玆準此四則，按之鉉本說文，先考其聲韻之異同，取徐鉉音切，考其切語上字於廣韻四十一聲類屬某類者，即稱某母；其切語下字於廣韻二百六韻類屬某類者，即稱某韻。再推其聲母於古本聲十九紐中屬某紐，即稱某紐；其古韻則全依黃氏古本韻二十八部諸聲表稱某部。今查說文乙書，其屬於無聲字多音之例者九十有五，茲分述如后：

一、元：說文一上一部：「始也。从一，从兀。」徐鉉注：「愚袁切。」

按：元音愚袁切，疑母，元韻，古音疑紐，沒部（一音）。說文七下宀部：「完，全也。从宀，元聲。古文以爲寬字。」說文七下宀部：「寬，屋寬大也。从宀，萈聲。」音苦官切，溪母，桓韻，古音溪紐，寒桓部（一音）。是元寬二字聲韻全異，故元計有二音。

二、王：說文一上王部：「天下所歸往也。董仲舒曰：古之造文者，三畫而連其中謂之王。王者，天地人也，而參通之者王也。孔子曰：一貫三爲王。」徐鉉注：「雨方切。」

按：王音雨方切，爲母，陽韻，古音影紐，唐部（一音）。說文一上玉部：「王，石之美有五德：潤澤以溫，仁之方也；䚡理自外，可以知中，義之方也；其聲舒揚，專以遠聞，智之方也；不橈而折，勇之方也；銳廉而不技，絜之方也。象三玉之連，丨其貫也。」音魚欲切，疑母，燭韻，古音疑紐，屋部（一音）。今依潘重規先生聲母多音論說文異字同形表之說明「一貫三爲王，玉象三玉之連，丨其貫，則字形本同」，是王玉二字形同音異，故王計有二音。

三、气：說文一上气部：「雲气也。象形。」徐鉉注：「去既切。」

按：气音去既切，溪母，未韻，古音溪紐，沒部（一音）。說文四下刀部：「刉，劃傷也。从刀，气聲。一曰斷也。又讀若殪。一曰刀不利，於瓦石上刉之。」說文四下歺部：「殪，殺羊出其胎也。从歺，豈聲。」音五來切，疑母，咍韻，古音疑紐，灰部（一音），是气殪二字聲韻全異，故气計有二音。

四、丨：說文一上丨部：「上下通也。引而上行讀若囟，引而下行讀若退。」徐鉉注：「古本切。」

按：丨音古本切，見母、混韻，古音見紐，痕魂部（一音）。說文十下囟部：「囟，頭會匘蓋也，象形。」音息進切，心母，震韻，古音心紐，先部（一音）。說文二下彳部：「復，却也，一曰行遲也，从彳从日从夊。衲，復或从內。退，古文从辵。」（退，隸變作退）音他內切，透母，隊韻，古音透紐，沒部（一音）。是復衲退三字聲韻全異，故一計有三音。

五 屮 屮：說文一下屮部：「艸木初生也，象丨出形，有枝莖也。古文或以爲艸字。讀若徹，尹彤說。」徐鉉注：「丑列切。」

按：屮音丑列切，徹母，薛韻，古音透紐，曷末部（一音）。說文一下艸部：「艸，百艸也，从二屮。」音倉老切，清母，皓韻，古音清紐，蕭部（一音）。說文三下攴部：「徹，通也。从彳从攴从育。」音丑列切，徹母，薛韻，古音透紐，屑部。是屮艸二字聲韻全異，故屮計有二音。

六 若 若：說文一下艸部：「擇菜也。从艸右。右，手也。一曰：杜若，香艸。」徐鉉注：「而灼切。」

按：若音而灼切，日母，藥韻，古音泥紐，鐸部（一音）。說文十二下亡部：「匿，亡也。从亡，若聲，讀如羊騶箠。」案「讀如羊騶箠」者，吾師周何先生說文解字讀若文字通假考云：「嚴可均說文校議云：『竹部：笍，羊車騶箠也。許蓋言讀若笍。』桂馥說文義證亦云：『當云讀如羊騶箠笍。』又王筠說文句讀說亦同此。按此說近是，蓋許書本作『讀若羊車騶箠』，轉寫誤奪車字，是謂讀若竹部之笍也。」案師說是也。說文五上竹部：「笍，羊車騶箠也，著箴其耑，長半分。从竹，內聲。」音陟衞切，知母，祭韻，祭韻，古音端紐，沒部（一音）。是若笍二字聲韻全異，故若計有二音。

七 釆 釆：說文二上釆部：「辨別也，象獸指爪分別也。讀若辨。」徐鉉注：「蒲莧切。」

按：釆音蒲莧切，並母，襉韻，古音並紐，寒桓部（一音）。說文四下華部：「糞，棄除也。从廾推華糞釆也。官溥說：似米而非米者矢字。」段注：「此偁官說，釋篆上體釆佀米非米，乃矢字，故廾推𠦒除之也。」是矢篆亦有作米形者。說文五下矢部：「矢，弓弩矢也。从入，象鏑栝羽之形。古者夷牟初作矢。」音式視切，審母，旨韻，古音定紐，灰部（一音）。是米矢二字聲韻全異，故米計有二音。

八　半：說文二上半部：「物中分也。从八，从牛。牛爲物大，可以分也。」徐鉉注：「博幔切。」

按：半音博幔切，帮母，換韻，古音帮紐，寒桓部（一音）。說文八上衣部：「袢，無色也。从衣，半聲。一曰詩曰：是紲袢也。讀若普。」說文七上日部：「普，日無色也。从日，並聲。」音滂古切，滂母，姥韻，古音滂紐，靑部（一音）。是半普二字聲韻全異，故半計有二音。

九　君：說文二上口部：「尊也。从尹，發號故从口。」徐鉉注：「舉云切。」

按：君音舉云切，見母，文韻，古音見紐，痕魂部（一音）。說文一下艸部：「莙，井藻也。从艸，君聲。讀若威。」說文十二下女部：「威，姑也。从女，戌聲。漢律曰：婦告威姑。」音於非切，影母，微韻，古音影紐，屑部（一音）。是君威二字聲韻全異，故君計有二音。

十　唬：說文二上口部：「唬聲也，一曰虎聲。从口，从虎。讀若暠。」徐鉉注：「呼訐切。」

按：唬音呼訐切，曉母，虞韻，古音曉紐，模部（一音）。「讀若暠」之暠字，說文所無，案即翯字也，鈕樹玉、嚴可均、朱駿聲諸家說同。說文四上羽部：「翯，鳥白肥澤皃。从羽，高聲。詩曰：白鳥翯翯。」音胡角切，匣母，覺韻，古音匣紐，豪部（一音）。是唬翯二字聲韻全異，故唬計有二音。

十一　㕣：說文二上口部：「山間陷泥地，从口，从水敗皃，讀若沇州之沇，九州之渥地也，故以沇名焉。」徐鉉注：「以轉切。」

按：㕣音以轉切，喻母，獮韻，古音影紐，寒桓部（一音）。說文八下儿部：「兌，說也。从儿，㕣聲。」說文十四上金部：「銳，芒也。从金，兌聲。劂，籀文銳从厂剡。」說文一下艸部：

「𦬁，艸之小者，从艸，𠚤聲。𠚤，古文銳字。讀若芮。」說文一下艸部：「芮，芮芮艸生皃。从艸，內聲。讀若汭。」音而銳切，日母，祭韻，古音泥紐，沒部（一音）。是𦬁芮二字聲韻全異，故𦬁計有二音。

十二 吅 吅：說文二上吅部：「驚嘑也。从二口。讀若讙。」徐鉉注：「況袁切。」

按：吅音況袁切，曉母，元韻，古音曉紐，寒桓部（一音）。說文四上雈部：「雚，小爵也。从雈，吅聲。詩曰：雚鳴于垤。」說文四下角部：「䚟，揮角皃。从角，雚聲。梁隱縣有䚟亭。又讀若繐。」說文十三上系部：「繐，蜀細布也。从系，彗聲。」音祥歲切，邪母，祭韻，古音心紐，曷末部（一音）。是吅繐二字聲韻全異，故吅計有二音。

十三 衞 衞：說文二下行部：「宿衞也。从韋帀，从行。行，列衞也。」徐鉉注：「于歲切。」

按：衞音于歲切，爲母，祭韻，古音影紐，灰部（一音）。說文九下豚部：「𧱩，豚屬。从豚，衞聲。讀若罽。」說文七下网部：「罽，魚网也。从网，𦊅聲。𦊅，籀文銳。」音居例切，見母，祭韻，古音見紐，曷末部（一音）。是衞罽二字聲韻全異，故衞計有二音

十四 疋 疋：說文二下疋部：「足也，上象腓腸，下从止。弟子職曰：問疋何止。古文以爲詩大雅（鉉本作疋，依段注改）字，亦以爲足字，或曰胥字，一曰疋記也。」徐鉉注：「所菹切。」

按：疋音所菹切，疏母，魚韻，古音心紐，模部（一音）。說文四上隹部：「雅，楚烏也，一名鸒，一名卑居，秦謂之雅，从隹牙聲。」音五下切，疑母，馬韻或禡韻，古音疑紐，模部；又音烏加切，影母，麻韻，古音影紐，模部。說文二下足部：「足，人之足也，在下从止口。」音即玉切，精母，燭韻，古音精紐，屋部（一音）。說文四下肉部：「胥，蟹醢也，从肉疋聲。」音相居切，心母，魚韻，古音心紐，模部。是疋足二字聲韻全異，故疋計有二音。

十五 干 干：說文三上干部：「犯也。从反入，从一。」徐鉉注：「古寒切。」

按：干音古寒切，見母，寒韻，古音見紐，寒桓部（一音）。說文三上舌部：「舌，在口所以言也

，別味也。从干，从口，干亦聲。」音食列切，神母，薛韻，古音定紐，曷末部（一音）。說文十四上金部：「銛，鍤屬。从金，舌聲。讀若棪，桑欽讀若鎌。」說文六上木部：「棪，遬其也。从木，炎聲。讀若三年導服之導。」音以冉切，喻母，琰韻，古音影紐，添部（一音）。說文十四上金部：「鎌，鍥也。从金，兼聲。」音力鹽切，來母，鹽韻，古音來紐，添部。是干舌棪三字聲韻全異，故干計有三音。

十六㐁㐁：說文三上谷部：「舌皃，从谷省，象形。𠀅，古文㐁。讀若三年導服之導。一曰竹上皮，讀若沾。一曰讀若誓。弼字从此。」徐鉉注：「他念切。」

按：㐁音他念切，透母，忝韻，古音透紐，覃部（一音）。說文三下寸部：「導，導引也。从寸，道聲。」音徒皓切，定母，皓韻，古音定紐，蕭部（一音）。說文十一上水部：「沾，水出上黨壺關，東入淇。一曰沾，益也。从水，占聲。」音他兼切，透母，添韻，古音透紐，添部。說文三上言部：「誓，約束也。从言，折聲。」音時制切，禪母，祭韻，古音定紐，曷末部（一音）。說文一下艸部：「茜，以艸補缺。从艸，㐁聲。讀若俠。或以爲綴，一曰約空也。」（鉉本作讀若陸，蓋譌，今从繫傳、段注）說文八上人部：「俠，俜也。从人，夾聲。」音胡頰切，匣母，怗韻，古音匣紐，帖部（一音）。說文十四下叕部：「綴，合箸也，从叕，从糸。」音陟衞切，知母，祭韻，古音端紐。曷末部。是㐁導誓俠四字聲韻全異，故㐁計有四音。

十七㕯㕯：說文三上㕯部：「言之訥也。从口，从內。」徐鉉注：「女滑切。」

按：㕯音女滑切，娘母，黠韻，古音泥紐，沒部（一音）。說文四上隹部：「巂，周燕也。从隹，屮象其冠也，㕯聲。一曰：蜀王望帝婬其相妻，慙亡去爲子巂鳥，故蜀人聞子巂鳴，皆起云望帝。」說文十二下女部：「孈，愚戇多態也。从女，巂聲。讀若隓。」說文十四下𨸏部：「隓，敗城𨸏曰隓。从𨸏，𡍮聲。𡐦，篆文。」音許規切，曉母，支韻，古音曉紐，歌戈部（一音）

。說文三上言部：「讗，言壯皃。一曰數相怒也。从言，巂聲。讀若畫。」說文三下畫部：「畫，界也。象田四界，聿所以畫之。」音胡麥切，匣母，麥韻，古音匣紐，錫部（一音）。是㕯讗畫三字聲韻全異，故㕯計有三音。

十八 廿

廿：說文三上十部：「二十幷也。古文省。」徐鉉注：「人汁切。」

按：廿音人汁切，日母，緝韻，古音泥紐，合部（一音）。說文三上䇂部：「童，男有辠曰奴，奴曰童，女曰妾。从䇂，重省聲。𥫩，籀文童，中與竊中同从廿。廿，以爲古文疾字。」說文七上米部：「竊，盜自中出曰竊。从穴，从米，禼廿皆聲。廿，古文疾。禼，古文偰。」是廿即古文疾字。說文七下疒部：「疾，病也。从疒，矢聲。」音秦悉切，從母，質韻，古音從紐，屑部（一音）。是廿疾二字聲韻全異，故廿計有二音。

十九 𠦃

𠦃：說文三上𠦃部：「三十幷也。古文省。」徐鉉注「蘇沓切。」

按：𠦃音蘇沓切，心母，合韻，古音心紐，合部（一音）。說文三上𠦃部：「世，三十年爲一世，从𠦃而曳長之，亦取其聲也。」音舒制切，審母，祭韻，古音透紐，帖部（一音）。說文六上木部：「枼，楄也。枼，薄也。从木，世聲。」說文二下辵部：「遝，前頓也。从辵，枼聲。賈侍中說：一讀若拾，又若郅。」（案遝篆鉉本作「𨑻」，今遵吾師周何先生說文解字讀若文字通叚考聲韻全異第十一條，依段注所改。）說文十二上手部：「拾，掇也。从手，合聲。」音是執切，禪母，緝韻，古音定紐，合部。說文六下邑部：「郅，北地郁郅縣。从邑，至聲。」音之日切，照母，質韻，古音端紐，屑部（一音）。是𠦃世郅三字聲韻全異，故𠦃計有三音。

二十 䚻

䚻：說文三上言部：「徒歌，从言肉。」徐鉉注：「余招切。」

按：䚻音余招切，喻母，宵韻，古音影紐，蕭部（一音）。說文十二下系部：「䌛，隨從也。从系䚻聲。」說文十二下弓部：「𢐗，弓便利也。从弓，䌛聲。讀若燒。」說文十上火部：「燒之熱也。从火，堯聲。」音式招切，審母，宵韻，古音透紐，豪部（一音）。是[illegible]燒二字聲韻全異，是[illegible]計有二音。

廿一 孚：說文三下爪部：「卵孚也。从爪，从子。一曰信也。」徐鉉注：「芳無切。」

按：孚音芳無切，敷母，虞韻，古音滂紐，蕭部（一音）。說文五上竹部：「箁，箈也。从竹，孚聲。讀若春秋魯公子彄。」說文十二下弓部：「彄，弓弩耑，弦所居也。从弓，區聲。」音恪侯切，溪母，侯韻，古音溪紐，侯部（一音）。是孚彄二字聲韻全異，故孚計有二音。

廿二 又：說文三下又部：「手也，象形。三指者，手之列多，略不過三也。」徐鉉注：「于救切。」

按：又音于救切，爲母，宥韻，古音影紐，咍部（一音）。說文七上有部：「有，不宜有也。春秋傳曰：日月有食之。从月，又聲。」說文五上皿部：「𥁕，小甌也。从皿，有聲，讀若灰，一曰若賄。㿿，𥁕或从右。」說文十上火部：「灰，死火餘𣳚也。从火，从又。又，手也，火既滅可以執持。」意呼恢切，曉母，灰韻，古音曉紐，灰部（一音），是又灰二字聲韻全異，故又計有二音。

廿三 卑：說文三下𠂇部：「賤也，執事也。从𠂇甲。」徐鉉注：「補移切。」

按：卑音補移切，幫母，支韻，古音幫紐，齊部（一音）。說文四下冎部：「𤿈，別也。从冎，卑聲，讀若罷。」說文七下网部：「罷，遣有辠也。从网能，言有賢能而入网，而貫遣之。周禮曰：議能之辟。」音薄蟹切，並母，蟹韻，古音並紐，歌戈部（一音）。是卑罷二字聲韻全異，故卑計有二音。

廿四 占：說文三下卜部：「視兆問也。从卜，从口。」徐鉉注：「職廉切。」

按：占音職廉切，照母，鹽韻，古音端紐，添部（一音）。說文八上老部：「耇，老人面如點處。从老省，占聲，讀如耿介之耿。」說文十二上耳部：「耿，耳箸頰也，从耳，烓省聲。杜林說

：耿，光也，从光，聖省聲。凡字皆左形右聲，杜林非也。」音古杏切，見母，梗韻，古音見紐，靑部（一音）。說文十一上水部：「沾，水出壺關，東入淇。一曰：沾，益也。从水占聲。」說文五上竹部：「笘，蔽絮簀也。从竹，沾聲。讀若錢。」說文十四上金部：「錢，銚也，古田器。从金，戔聲。詩曰：庤乃錢鎛。」音卽淺切，精母，獮韻，古音精紐，寒桓部（一音）；又音昨先切，從母，先韻，古音從紐，寒桓部。是占耿錢三字聲韻全異，故占計有三音。

廿五 夐 夐：說文四上旻部：「營求也。从旻，从人在穴上。商書曰：高宗夢得說，使百工夐求，得之傅巖。巖，穴也。」徐鉉注：「朽正切。」

按：夐音朽正切，曉母，勁韻，古音曉紐，寒桓部（一音）。說文二上走部：「⿺走夐，走意也。从走夐聲。讀若繘。」說文十三上系部：「繘，綆也。从糸，矞聲。」音余聿切，喻母，術韻，古音影紐，沒部（一音）。是夐繘二字聲韻全異，故夐計有二音。

廿六 䁂 䁂：說文四上目部：「目深皃。从目窅。讀若易曰勿卹之卹。」徐鉉注：「於悅切。」

按：䁂音於悅切，影母，薛韻，古音影紐，豪部（一音）。說文五上血部：「卹，憂也。从血，卩聲。一曰鮮少也。」音辛聿切，心母，術韻，古音心紐，屑部（一音）。是䁂卹二字聲韻全異，故䁂計有二音。

廿七 䀠 䀠：說文四上䀠部：「目圍也。从䀠𠂆。讀若書卷之卷。古文以爲醜字。」徐鉉注：「居倦切。」

按：䀠音居倦切，見母，線韻，古音見紐，寒桓部（一音）。說文九上卩部：「卷，厀曲也。从卩，𠔉聲。」音居轉切，見母，獮韻，古音見紐，寒桓部。說文九上鬼部：「醜，可惡也。从鬼，酉聲。」音昌九切，穿母，有韻，古音透紐，蕭部（一音）。說文十下大部：「⿱䀠大，大皃。从大䀠聲。或曰拳勇字，一曰讀若傿。」說文十二下女部：「嬽，好也，从女，⿱䀠大聲。讀若蜀郡布名。」案「讀若蜀郡布名」者，蓋即讀若⿰糸彗也。說文十三上糸部：「⿰糸彗，蜀細布也。从糸，彗聲。」音祥歲切，邪母，祭韻，古音心紐，曷末部（一音）。是[illegible]醜⿰糸彗三字聲韻全異，故[illegible]計有三音。

廿八 省

省：說文四上眉部：「視也。从眉省，从屮。」徐鉉注：「所景切。」

按：省音所景切，疏母，梗韻，古音心紐，青部（一音）。說文六上木部：「⿰木省，木參交以枝炊籅者也。从木，省聲。讀若驪駕。」說文十上馬部：「驪，馬深黑色。从馬，麗聲。」音呂支切，來母，支韻，古音來紐，歌戈部（一音）。是省驪二字聲韻全異，故省計有二音。

廿九 自

自：說文四上自部：「鼻也。象鼻形。」徐鉉注：「疾二切。」

按：自音疾二切，從母，至韻，古音從紐，沒部（一音）。說文三上言部：「詯，膽气滿，聲在人上。从言，自聲。讀若反目相睞。」說文四上目部：「睞，目童子不正也。从目，來聲。」音洛代切，來母，代韻，古音來紐，咍部（一音）。是自睞二字聲韻全異，故自計有二音。

三十 𥏼

𥏼：說文四上白部：「識詞也。从白，从亏，从知。」徐鉉注：「知義切。」

按：𥏼音知義切，知母，寘韻，古音端紐，齊部（一音）。說文十一上水部：「⿰氵𥏼，土得水沮也。从水，𥏼聲。讀若⿺麥啻。」說文五下麥部：「⿺麥啻，麥覈屑也，十斤爲三斗。从麥，啻聲。」音直隻切，澄母，昔韻，古音定紐，錫部（一音）。是𥏼⿺麥啻二字聲韻全異，故𥏼計有二音。

卅一 皕

皕：說文四上皕部：「二百也。讀若祕。」徐鉉注：「彼力切。」

按：皕音彼力切，幫母，職韻，古音幫紐，德部（一音）。說文四上皕部：「奭，盛也。从大，从皕，皕亦聲。此燕召公名，讀若郝，史篇名醜。」說文六下邑部：「郝，右扶風鄠盩厔鄉。从邑，赤聲。」音呼各切，曉母，鐸韻，古音曉紐，鐸部（一音）。是皕郝二字聲韻全異，故皕計有二音。

卅二 [illegible] 習：說文四上習部：「數飛也。从羽，从白。」徐鉉注：「似入切。」

按：習音似入切，邪母，緝韻，古音心紐，沒部（一音）。說文十下心部：「慴，懾也。从心，習聲。讀若疊。」說文七上晶部：「疊，揚雄說以為古理官決罪，三日得其宜，乃行之。从晶，从宜。亡新以為疊从三日太盛，改為三田。」音徒叶切，定母，帖韻，古音定紐，合部（一音）。是習疊二字聲韻全異，故習計有二音。

卅三 [illegible] 矍：說文四上瞿部：「隹欲逸走也，从又持之矍矍也。讀若詩云穬彼淮夷之穬，一日視遽皃。」徐鉉注：「九縛切。」

按：矍音九縛切，見母，藥韻，古音見紐，鐸部（一音）。「讀若穬彼淮夷之穬」者，今遵吾師周何先生說文解字讀若文字通叚考聲韻全異第二十三條，依陸氏釋文作「憲」。說文十下心部：「憲，濶也，一日廣也，大也，一日寬也。从心，从廣，廣亦聲。」音苦謗切，溪母，宕韻，古音溪紐，唐部（一音）。是矍憲二字聲韻全異，故矍計有二音。

卅四 [illegible] 雥：說文四上雥部：「群鳥也。从三隹。」徐鉉注：「徂合切。」

按：雥音徂合切，從母，合韻，古音從紐，合部（一音）。說文十上火部：「[illegible]，火所傷也。从火，雥聲。焦，或省。」音即消切，精母，宵韻，古音精紐，蕭部（一音）。是雥[illegible]二字聲韻全異，故雥計有二音。

卅五 [illegible] 鵻：說文四上鳥部：「鵻，祝鳩也。从鳥，隹聲。隼，鵻或从隹一，一日鶉字。」徐鉉注：「思允切。」

按：鵻音思允切，心母，準韻，古音心紐，灰部（一音）。說文四上隹部：「雗（隸變作雜。按說文無鶉篆，今依一切經音義卷十五引廣韻：「鵻，鶉也」，故以雜易鶉），雜屬也。从隹，𦎫聲。」音常倫切，禪母，諄韻，古音定紐，痕魂部（一音）。是鵻雜二字聲韻全異，故隼計有二音。

卅六 𢆯（古文）：說文四下玄部：「玄，幽遠也，黑而有赤色者爲玄，象幽而入覆之也。𢆯，古文玄。」徐鉉注：「胡涓切。」

按：玄音胡涓切，匣母，先韻，古音匣紐，先部（一音）。說文十三上糸部：「糸，細絲也，象束絲之形。讀若覛。𢆯，古文糸。」音莫狄切，明母，錫韻，古音明紐，錫部（一音）。說文十四下申部：「申，神也。七月陰气成體，自申束。从臼，自持也。吏㠯餔時聽事，申旦政也。𢆯，古文申。」音失人切，審母，眞韻，古音透紐，先部。今依潘重規先生聲母多音論說文異字同形表之說明曐下云：古口復注中，故與日同；又篆文[seal]，古文作[seal]；篆文[seal]，古文作[seal]；據此則古文玄、古文糸、古文申，形實同，是玄糸申之古文形同意異，故𢆯計有二音。

卅七 𢀩差：說文五上左部：「貳也，差不相值也。从左，从𠂹。」徐鉉注：「初牙切，又楚佳切。」

按：差音初牙切，初母，麻韻，又音楚佳切，初母，佳韻，古音皆屬清紐，歌戈部（一音）。說文十四上車部：「𨏖，連車也，一曰卻車抵堂爲𨏖。从車，差省聲。讀若遲。」說文二下辵部：「遲，徐行也。从辵，犀聲。詩曰：行道遲遲。遅，遲或从尸。遟，籀文遲从屖。」音直尼切，澄母，脂韻，古音定紐，灰部（一音）。是差遲二字聲韻全異，故差計有二音。

卅八 甘甘：說文五上甘部：「美也。从口含一。一，道也。」徐鉉注：「古三切。」

按：甘音古三切，見母，談韻，古音見紐，添部（一音）。說文五下丹部：「丹，巴越之赤石也。象采丹井，丶象丹形。𠂁，古文丹。」音都寒切，端母，寒韻，古音端紐，寒桓部（一音）。是甘丹二字聲韻全異，故甘計有二音。

卅九 丂丂：說文五上丂部：「气欲舒出，勹上礙於一也。丂，古文以爲亏字，又以爲巧字。」徐鉉注：「

苦浩切。」

按：丂音苦浩切，溪母，皓韻，古音溪紐，蕭部（一音）。說文五上亐部：「亐（今隸變作于），於也，像气之舒。亐从丂从一，一者，其气平之也。」音羽俱切，爲母，虞韻，古音影紐，模部（一音）。說文五上工部：「巧，技也。从工，丂聲。」音苦絞切，溪母，巧韻，古音溪紐，蕭部。是丂亐二字聲韻全異，故丂計有二音。

四十　豆：說文五上豆部：「古食肉器也，从口，象形。」徐鉉注：「徒候切。」

按：豆音徒候切，定母，候韻，古音定紐，侯部（一音）。說文三下殳部：「豛，繇擊也。从殳，豆聲。古文祋如此。」說文三下殳部：「祋，殳也。从殳，示聲。或說：城郭市里高縣羊皮有不當入而欲入者，暫下以驚牛馬曰祋。詩曰：何戈與祋。」音丁外切，端母，泰韻，古音端紐，沒部（一音）。是豆祋二字聲韻全異，故豆計有二音。

四一　豊：說文五上豊部：「行禮之器也。从豆象形。讀與禮同。」徐鉉注：「盧啓切。」

按：豊音盧啓切，來母、薺韻，古音來紐，灰部（一音）。說文五下麥部：「麷，煮麥也。从麥，豊聲。讀若馮。」說文十上馬部：「馮，馬行疾也。从馬，仌聲。」音皮冰切，並母，蒸韻，又音房戎切，奉母，東韻，古音皆並紐，登部（一音）。是豊馮二字聲韻全異，故豊計有二音。

四二　盇：說文五上血部：「覆也。从血大。」徐鉉注：「胡臘切。」

按：盇音胡臘切，匣母，盍韻，古音匣紐，帖部（一音）。說文一下艸部：「蓋，苫也。从艸，盇聲。」音古太切，見母，泰韻，古音見紐，曷末部（一音）。說文七下疒部：「⿸疒盍，跛病也。从疒，盇聲。讀若脅，又讀若掩。」說文四下肉部：「脅，兩膀也。从肉，劦聲。」音虛業切，曉母，業韻，古音曉紐，合部（一音）。是盇蓋脅三字聲韻全異，故盇計有三音。

四三 皀：說文五下皀部：「穀之馨香也。象嘉穀在裹中之形，匕，所以扱之。或說：皀，一粒也。又讀若香。」徐鉉注：「皮及切。」

按：皀音皮及切，並母，緝韻，古音並紐，唐部（一音）。說文七上香部：「香，芳也。从黍，从甘。春秋傳曰：黍稷馨香。」音許良切，曉母，陽韻，古音曉紐，添部（一音）。是皀香二字聲韻全異，故皀計有二音。

四四 亼：說文五下亼部：「三合也。从入一，象三合之形。讀若集。」徐鉉注：「秦入切。」

按：亼音秦入切，從母，緝韻，古音從紐，合部（一音）。說文五下食部：「食，一米也，从皀，亼聲。或說：亼皀也。」音乘力切，神母，職韻，古音定紐，德部（一音）。是亼食二字聲韻全異，故亼計有二音。

四五 今：說文五下亼部：「是時也。从亼，从乛。乛，古文及。」徐鉉注：「居音切。」

按：今音居音切，見母，侵韻，古音見紐，覃部（一音）。說文十四上矛部：「矜，矛柄也。从矛，今聲。」音居陵切，見母，蒸韻，古音見紐，先部；又音巨巾切，群母，眞韻，古音溪紐，先部（一音）。是今矜二字聲韻或全異，故今計有二音。

四六 會：說文五下會部：「合也。从亼，从曾省。曾，益也。」徐鉉注：「黃外切。」

按：會音黃外切，匣母，泰韻，古音匣紐，曷末部（一音）。說文七下禾部：「穭，穅也。从禾，會聲。讀若裹。」說文八上衣部：「裹，纏也。从衣，果聲。」音古火切，見母，果韻，古音見紐，歌戈部（一音）是會裹二字聲韻全異，故會計有二音。

四七 矢：說文五下矢部：「弓弩矢也。从入，象鏑栝羽之形。古者夷牟初作矢。」徐鉉注：「式視切。」

按：矢音式視切，審母，旨韻，古音定紐；灰部（一音）。說文七下疒部：「疾，病也。从疒，矢聲。」音秦悉切，從母，質韻，古音從紐，屑部（一音）。是矢疾二字聲韻全異，故矢計有二音。

四八 𩫖：說文五下𩫖部：「度也，民所度居也。从回，象城𩫖之重，兩亭相對也。或但从囗。」徐鉉注：「古博切。」

按：𩫖音古博切，見母，鐸韻，古音見紐，鐸部（一音）。說文十三下土部：「墉，城垣也。从土，庸聲。𩫖，古文墉。」音余封切，喻母，鍾韻，古音影紐，東部（一音）。是𩫖墉二字聲韻全異，故𩫖計有二音。

四九 竷：說文五下夊部：「繇也，舞也。樂有章。从章，从夅，从夊。詩曰：竷竷舞我。」徐鉉注：「苦感切。」

按：竷音苦感切，溪母，感韻，古音溪紐，添部（一音）。說文十四下酉部：「䤖，酒味淫也。从酉，竷省聲。讀若春秋傳曰美而豔。」說文五上豐部：「豔，好而長也。从豐，豐，大也，盇聲。春秋傳曰美而豔。」音以贍切，喻母，豔韻，古音影紐，帖部（一音）。是竷豔二字聲韻全異，故竷計有二音。

五十 夒：說文五下夊部：「貪獸也，一曰母猴。似人，从頁。巳止夊，其手足。」徐鉉注：「奴刀切。」

按：夒音奴刀切，泥母，豪韻，古音泥紐，蕭部（一音）。說文七下巾部：「𢅋，墀也。以巾撋之，从巾，夒聲。讀若水溫𡟰也。一曰箸也。」說文十一上水部：「溫，水出犍爲涪，南入黔水。从水，𥁕聲。」音烏魂切，影母，魂韻，古音影紐，痕魂部（一音）。是以夒溫二字聲韻全異，故夒計有二音。

五一 㞷：說文六下之部：「艸木妄生也。从之在土上，讀若皇。」徐鉉注：「戶光切。」

按：㞷音戶光切，匣母，唐韻，古音匣紐，唐部（一音）。說文十三下土部：「封，爵諸侯之土也。从之，从土，从寸，守其制度也。公侯百里，伯七十里，子男五十里。㞷，古文封省。」音府容切，非母，鍾韻，古音幫紐，東部（一音）。是丰封二字聲韻全異，故丰計有二音。

五二 束：說文六下束部：「縛也。从口木。」徐鉉注：「書玉切。」

按：束音書玉切，審母，燭韻，古音透紐，屋部（一音）。說文十二下女部：「娕，謹也。从女，束聲。讀若謹敕數數。」說文三下攴部：「數，計也。从攴，婁聲。」音所矩切，疏母，麌韻，古音心紐，蕭部（一音）。是束數二字聲韻全異，故束計有二音。

五三 〈口〉：說文六下〈口〉部：「回也，象回帀之形。」徐鉉注：「羽非切。」

按：〈口〉音羽非切，爲母，微韻，古音影紐，灰部（一音）。今據𠈌條說解，知〈口〉與日同形，說文七上日部：「日，實也。太陽之精不虧，从〈口〉一，象形。」音人質切，日母，質韻，古音泥紐，屑部（一音）。是〈口〉日二字聲韻全異，故〈口〉計有二音。

五四 㬎：說文七上日部：「衆微杪也。从日中視絲。古文以爲顯字。或曰衆口皃，讀若唫唫。或以爲繭，繭者，絮中往往有小繭也。」徐鉉注：「五合切。」

按：㬎音五合切，疑母，合韻，古音疑紐，合部（一音）。說文七上頁部：「顯，頭明飾也。从頁，㬎聲。」音呼典切，曉母，銑韻，古音曉紐，合部。說文二上口部：「唫，口急也。从口，金聲。」音巨錦切，群母，寑韻，古音溪紐，覃部（一音）；又音牛音切，疑母，侵韻，古音疑紐，覃部。說文十三上糸部：「繭，蠶衣也。从糸，从虫，芇省。」音古典切，見母，銑韻，古音見紐，先部（一音）。是㬎唫繭三字聲韻全異，故㬎計有三音。

五五 囧：說文七上囧部：「窻牖麗廔闓明，象形。讀若獷。賈侍中說：讀與明同。」徐鉉注：「俱永切。」

按：囧音俱永切，見母，梗韻，古音見紐，唐部（一音）。說文十上犬部：「獷，犬獷獷不可附也。从犬，廣聲。漁陽有獷平縣。」音古猛切，見母，梗韻，古音見紐，唐部。說文七上明部：

「朙，照也。从月，从囧。明，古文朙从日。」音武兵切，微母，庚韻，古音明紐，唐部。說文四上目部：「睦，目順也。从目，坴聲。一曰敬和也。⿱坴囧，古文睦。」說文四上眉部：「省，視也。从眉省，从屮。⿱少囧，古文从少从囧。」說文七下月部：「冒，冡而前也。从月，从目。⿱冃囧，古文冒。」是古文睦、古文省、古文冒，目皆作囧，故囧目於古形或相同。說文四上目部：「目，人眼，象形。重童子也。囧，古文目。」音莫六切，明母，屋韻，古音明紐，蕭部（一音）。是囧目二字聲韻全異，故囧計有二音。

五六 秫朮 重文：說文七上禾部：「秫，稷之黏者，从禾朮，象形。朮，秫或省禾。」徐鉉注：「食聿切。」

按：朮音食聿切，神母，術韻，古音定紐，沒部（一音）。說文七下疒部：「⿸疒朮，狂走也。从疒，朮聲。讀若欻。」說文八下欠部：「欻，有所吹起。从欠，炎聲，讀若忽。」音許物切，曉母，物韻，古音曉紐，沒部（一音）。是朮欻二字聲韻全異，故朮計有二音。

五七 臿 臿：說文七上臼部：「舂去麥皮也。从臼干，所以臿之。」徐鉉注：「楚洽切。」

按：臿音楚洽切，初母，洽韻，古音清紐，寒桓部（一音）。說文十二下女部：「⿰女臿，疾言失次也。从女，臿聲。讀若懾。」說文十下心部：「懾，失气也。从心，聶聲。一曰服也。」音之涉切，照母，葉韻，古音端紐，合部（一音）。是臿懾二字聲韻全異，故臿計有二音。

五八 𣎵 𣎵：說文七下𣎵部：「分枲莖皮也。从屮八，象枲之皮莖也。讀若髕。」徐鉉注：「匹刃切。」

按：𣎵音匹刃切，滂母，震韻，古音滂紐，屑部（一音）。說文四下骨部：「髕，厀耑也。从骨，賓聲。」音毗忍切，並母，軫韻，古音並紐，先部（一音）。是𣎵髕二字聲韻全異，故𣎵計有二音。

五九 耑 耑：說文七下耑部：「物初生之題也。上象生形，下象其根也。」徐鉉注：「多官切。」

按：耑音多官切，端母，桓韻，古音端紐，寒桓部（一音）。說文八上人部：「⿰山攴，妙也。从人，从攴，豈省聲。」徐鉉注：「案豈字从𢼸省，𢼸不應从豈省，蓋傳寫之誤。疑从耑省，耑，物初生之題尚𢼸也。」是𢼸从人，从攴，耑省聲，音無非切，微母，微韻，古音明紐，灰部（一音）。說文二下彳部：「微，隱行也。从彳，𢼸聲。春秋傳曰：白公其徒微之。」說文五上豈部：「豈，還師振旅樂也。一曰欲也，登也。从豆，微省聲。」說文三下攴部：「敳，有所治也。从攴，豈聲。讀若豤。」說文九下豕部：「豤，齧也。从豕，艮聲。」音康很切，溪母，很韻，古音溪紐，痕魂部（一音）。是耑𢼸豤三字聲韻全異，故耑計有三音。

六十青青：說文七下冂部：「幬帳之象。从冂，㞢其飾也。」徐鉉注：「苦江切。」

按：青音苦江切，溪母，江韻，古音溪紐，屋部（一音）。說文三下殳部：「殸，从上擊下也。一曰素也。从殳，青聲。」說文十上犬部：「㺃，犬屬，腰已上黃，腰已下黑，食母猴。从犬，殸聲。讀若構。或曰：㺃似牂羊，出蜀北嚻山中，犬首而馬尾。」說文六上木部：「構，蓋也。从木，冓聲。杜林以爲椽桷字。」音古后切，見母，厚韻，古音見紐，侯部（一音）。說文五下缶部：「𦈢，未燒瓦器也，从缶，殸聲。讀若筩莩。」說文一下艸部：「莩，艸也。从艸，孚聲。」音芳無切，敷母，虞韻，古音滂紐，蕭部（一音）。是青構莩三字聲韻全異，故青計有三音。

六一白白：說文七下白部：「西方色也，陰用事，物色白。从入合二。二，陰數。」徐鉉注：「旁陌切。」

按：白音旁陌切，並母，陌韻，古音並紐，鐸部（一音）。說文十上犬部：「狛，如狼，善驅羊。从犬，白聲。讀若檗，甯嚴讀之若淺泊。」說文六下木部：「檗，黃木也。从木，辟聲。」音博厄切，幫母，麥韻，古音幫紐，錫部（一音）。是白檗二字聲韻全異，故白計有二音。

六二保保：說文八上人部：「保，養也。从人，从孚省。孚，古文孚。保 古文保。」徐鉉注：「博褒切。」

按：保音博褒切，幫母，豪韻，古音幫紐，蕭部（一音）。說文十四下子部：「孟，長也。从子，皿聲。保，古文孟。」音莫更切，明母，敬韻，古音明紐，唐部（一音）。是保孟二字聲韻全異，故保計有二音。

六三 㑞：說文八上人部：「㑞，送也。从人，灷聲。呂不韋曰：有侁氏以伊尹㑞女。古文以為訓字。」徐鉉注：「以證切。」

按：段注：「灷，許書無此字，而送㑞睃皆用為聲，此亦許書奪屚之一也。」㑞音以證切，喻母，證韻，古音影紐，登部（一音）。說文三上言部：「訓，說教也。从言，川聲。」音許運切，曉母，問韻，古音曉紐，痕魂部（一音）。是㑞訓二字聲韻全異，故灷計有二音。

六四 眞：說文八上匕部：「僊人變形而登天也。从匕，从目，从乚。乚音隱。八，所乘載也。」徐鉉注：「側鄰切。」

按：眞音側鄰切，莊母，眞韻，古音精紐，先部（一音）。說文三上言部：「謓，恚也。从言，眞聲。賈侍中說謓笑，一曰讀若振。」說文十二上手部：「振，舉救也。从手，辰聲。一曰奮也。」音章刃切，照母，震韻，古音端紐，曷末部（一音），是眞振二字聲韻全異，故眞計有二音。

六五 尸：說文八上尸部：「陳也，象臥之形。」徐鉉注：「式脂切。」

按：尸音式脂切，審母，脂韻，古音透紐，灰部（一音）。說文四下歺部：「殄，盡也。从歺，㐱聲。尸，古文殄如此。」音徒典切，定母，銑韻，古音定紐，先部（一音）。是尸殄二字聲韻全異，故尸計有二音。

六六 俞：說文八下舟部：「空中木為舟也。从亼，从舟，从巜。巜，水也。」徐鉉注：「羊朱切。」

按：俞音羊朱切，喻母，虞韻，古音影紐，侯部（一音）。說文七上片部：「牏，築牆短版也。从片，俞聲。讀若俞，一曰若紐。」說文十三上糸部：「紐，糸也，一曰結而可解。从糸，丑聲。」音女久切，娘母，有韻。古音泥紐，蕭部（一音）。是俞紐二字聲韻全異，故俞計有二音。

六七 兀：說文八下儿部：「高而上平也。从一在儿上。讀若夐。茂陵有兀桑里。」徐鉉注：「五忽切。」

按：兀音五忽切，疑母，沒韻，古音疑紐，沒部（一音）。說文四上夏部：「夐，營求也。从夏，从人在穴上。商書曰：高宗夢得說，使百工夐求，得之傅巖。巖，穴也。」音朽正切，曉母，勁韻，古音曉紐，寒桓部（一音）。是兀夐二字聲韻全異，故兀計有二音。

六八 頁：說文九上頁部：「頭也。从百从儿。古文䭫首如此。百者，䭫首字也。」徐鉉注：「胡結切。」

按：頁音胡結切，匣母，屑韻，古音匣紐，蕭部（一音）。說文九上𦣻部：「𦣻，古文百也。巛象髮，謂之鬊，鬊即巛也。」音書九切，審母，有韻，古音透紐，蕭部。說文九上𦣻部：「䭫，下首也。从𦣻，旨聲。」音康禮切，溪母，薺韻，古音溪紐，灰部（一音）。是百䭫二字聲韻全異，故頁計有二音。

六九 丏：說文九上丏部：「不見也，象壅蔽之形。」徐鉉注：「彌兗切。」

按：丏音彌兗切，明母，獮韻，古音明紐，先部（一音）。說文十三上虫部：「𧉮，蛁蟟，蟬屬。讀若周天子赧。从虫，丏聲。」說文十下赤部：「赧，面慙赤也。从赤，𠬪聲。周失天下於赧王。」音女版切，娘母，潸韻，古音泥紐，德部（一音）。是丏赧二字聲韻全異，故丏計有二音。

七十 旬：說文九上勹部：「徧也，十日爲旬，从勹日。」徐鉉注：「詳遵切。」

按：旬音詳遵切，邪母，諄韻，古音心紐，先部（一音）。說文六下邑部：「郇，周武王子所封國，在晉地。从邑，旬聲。讀若泓。」說文十一上水部：「泓，下深貌。从水，弘聲。」音烏宏切，影母，耕韻，古音影紐，登部（一音）。是旬泓二字聲韻全異，故旬計有二音。

七一 包 包：說文九上包部：「象人褱妊，巳在中，象子未成形也。元气起於子，子人所生也，男左行三十，女右行二十，俱立於巳爲夫婦。褱妊於巳，巳爲子，十月而生，男起巳至寅，女起巳至申，故男秊始寅，女秊始申也。」徐鉉注：「布交切。」

按：包音布交切，幫母，肴韻，古音幫紐，蕭部（一音）。說文三下革部：「鞄，柔革工也。从革，包聲。讀若朴。周禮曰：柔皮之工鮑氏。鞄卽鮑也。」說文六上木部：「朴，木皮也。从木，卜聲。」音匹角切，滂母，覺韻，古音滂紐，屋部（一音）。是包朴二字聲韻全異，故包計有二音。

七二 危 危：說文九下危部：「在高而懼也。从𠂊，自卪止之。」徐鉉注：「魚爲切。」

按：危音魚爲切，疑母，支韻，古音疑紐，齊部（一音）。說文十四上金部：「鈋，𠁁屬。从金，危聲。一曰瑩鐵也。讀若跛行。」說文二下足部：「跛，行不正也。从足，皮聲。一曰足排之，讀若彼。」音布火切，幫母，果韻，古音幫紐，歌戈部（一音）。是危跛二字聲韻全異，故危計有二音。

七三 勿 勿：說文九下勿部：「州里所建旗，象其柄，有三游、雜帛，幅半異，所以趣民，故遽稱勿勿。」徐鉉注：「文弗切。」

按：勿音文弗切，微母，物韻，古音明紐，沒部（一音）。說文四下刀部：「利，銛也。从刀，和然後利，从和省。易曰：利者，義之和也。𥝢，古文利。」利古文作𥝢，則勿从古文刀。說文四下刀部：「刀，兵也。象形。」音都牢切，端母，豪韻，古音端紐，豪部（一音）。說文六下邑部：「𨛫，殷諸侯國，在上黨東北，从邑，𥝢聲。𥝢，古文利。商書：西伯戡𨛫。」利古文又作𥝢，則刀古文或亦作勿。說文十二下我部：「我，施身自謂也。或說：我，頃頓也 从戈，从𠦃。𠦃，或說古垂字，一日古殺字。𢦐，古文我。」我古文作𢦐，則𠦃蓋古文𠦃。說文十三下土部：「垂，遠邊也。从土，𠂹聲。」音是爲切，禪母，支韻，古音定紐，歌戈部（一音）。說文三下殺部：「殺，戮也。从殳，杀聲。」音所八切，疏母，黠韻，古音心紐，曷末部（一音）。是勿刀垂殺四字聲韻全異，故勿計有四音。

七四㣇㣇：說文九下㣇部：「脩豪獸，一日河內名豕也。从彑，下象毛足。讀若弟。」徐鉉注：「羊至切。」

按：㣇音羊至切，喻母，至韻，古音影紐，曷末部（一音）。說文五下弟部：「弟，韋束之次弟也。从古字之象。」音特計切，定母，霽韻，古音定紐，灰部（一音）。是㣇弟二字聲韻全異，故㣇計有二音。

七五㶾票：說文十上火部：「火飛也。从火𡊅，與䙴同意。」徐鉉注：「方昭切。」

按：票音方昭切，非母，宵韻，古音幫紐，豪部（一音）。說文四下肉部：「膘，牛脅後髀前合革肉也。从肉，票聲。讀若繇。」說文十二下系部：「䌛，隨從也。从系，䍃聲。」徐鉉注：「今俗从䍃。」段注：「䌛之譌體作繇。」是繇即䌛也。音余招切，喻母，宵韻，古音影紐，蕭部（一音）。是票䌛二字聲韻全異，故票計有二音。

七六炎炎：說文十上炎部：「火光上也。从重火。」徐鉉注：「于廉切。」

按：炎音于廉切，爲母，鹽韻，古音影紐，添部（一音），說文六上木部：「棪，遬其也。从木，炎聲。讀若三年導服之導。」說文三下寸部：「導，導引也。从寸，道聲。」音徒皓切，定母，皓韻，古音定紐，蕭部（一音）。是炎導二字聲韻全異，故炎計有二音。

七七熒熒：說文十下焱部：「屋下燈燭之光。从焱冂。」徐鉉注：「戶扃切。」

按：熒音戶扃切，匣母，青韻，古音匣紐，青部（一音）。說文十四上金部：「鎣，器也。从金，熒省聲，讀若銑。」說文十四上金部：「銑，金之澤者，一曰小鑿，一曰鐘兩角謂之銑。从金，先聲。」音穌典切，心母，銑韻，古音心紐，痕魂部（一音）。是熒銑二字聲韻全異，故熒計有二音。

七八 㚔：說文十下㚔部：「所以驚人也。从大，从羊。一曰大聲也。一曰讀若瓠。一曰俗語以盜不止爲㚔。讀若籋。」徐鉉注：「尼輒切。」

按：㚔音尼輒切，娘母，葉韻，古音泥紐，覃部（一音）。說文七下瓜部：「瓠，匏也。从瓜，夸聲。」音胡誤切，匣母，暮韻，古音匣紐，模部（一音）。是㚔瓠二字聲韻全異，故㚔計有二音。

七九 臭：說文十下大部：「大白澤也。从大从白，古文以爲澤字。」徐鉉注：「古老切。」

按：臭音古老切，見母，皓韻，古音見紐，蕭部（一音）。說文十一上水部：「澤，光潤也。从水，睪聲。」音丈伯切，澄母，陌韻，古音定紐，鐸部（一音）。是臭澤二字聲韻全異，故臭計有二音。

八十 汓：說文十一上水部：「汓行水上也。从水从子。古或以汓爲沒。」徐鉉注：「似由切。」

按：汓音似由切，邪母，尤韻，古音心紐，蕭部（一音）。說文十一上水部：「沒，沈也。从水从𠬛。」音莫勃切。明母，沒韻，古音明紐，沒部（一音）。是汓沒二字聲韻全異，故汓計有二音。

八一 𠂢：說文十一下𠂢部：「水之衺流別也。从反永。讀若稗縣。」徐鉉注：「匹卦切。」

按：𠂢音匹卦切，滂母，卦韻，古音滂紐，錫部（一音）。說文七上禾部：「稗，禾別也。从禾，卑聲。琅邪有稗縣。」音滂卦切，並母，卦韻，古音並紐，齊部（一音）。是𠂢稗二字聲韻全異，故𠂢計有二音。

八二　雲云雲：說文十一下雲部：「山川气也。从雨，云象雲回轉形。云，古文省雨。[seal]，亦古文雲。」徐鉉注：「王分切。」

按：雲音王分切，爲母，文韻，古音影紐，痕魂部（一音）。說文十一上水部：「沄，轉流也。从水，云聲。讀若混。」說文十一上水部：「混，豐流也，从水，昆聲。」音胡本切，匣母，混韻，古音匣紐，灰部（一音）。是雲混二字聲韻全異，故雲計有二音。

八三　𡔿𡔿：說文十二上至部：「忿戾也。从至，至而復孫，孫，遁也。周書曰：有夏氏之民叨𡔿。𡔿讀若摯。」徐鉉注：「丑利切。」

按：𡔿音丑利切，徹母，至韻，古音透紐，灰部（一音）。說文十二上手部：「摯，握持也。从手，从執。」意脂利切，照母，至韻，古音端紐，曷末部（一音）。是𡔿摯二字聲韻全異，故𡔿計有二音。

八四　丿丿：說文十二下丿部：「右戾也。象左引之形。」徐鉉注：「房密切。」

按：丿音房密切，奉母，質韻，古音並紐，曷末部（一音）。說文二上小部：「少，不多也。从小，丿聲。」說文三上言部：「訬，訬擾也。一曰訬獪。从言，少聲。讀若毚。」說文十上㲋部：「毚，狡兔也，兔之駿者。从㲋兔。」音士咸切，牀母，咸韻，古音從紐，添部（一音）。是丿毚二字聲韻全異，故丿計有二音。

八五　乁乁：說文十二下乁部：「流也。从反厂。讀若移。」徐鉉注：「弋支切。」

按：乁音弋支切，喻母，支韻，古音影紐，歌戈部（一音）。說文三下又部：「及，逮也。从又从人。乁，古文及，秦刻石及如此。」音巨立切，群母，緝韻，古音溪紐，合部（一音）。說文三下革部：「靸，小兒履也。从革，及聲。讀若沓。」說文五上曰部：「沓，語多沓沓也。从水，从曰。遼東有沓縣。」音徒合切，定母，合韻，古音定紐，帖部（一音）。是乁及沓三字聲韻全異，故㦰計有三音。

八六 㦰 㦰：說文十二下戈部：「絕也。一曰田器。从从持戈。古文讀若咸，讀若詩云：攕攕女手。」徐鉉注：「子廉切。」

按：㦰音子廉切，精母，鹽韻，古音精紐，覃部（一音）。說文二上口部：「咸，皆也，悉也。从口，从戌。戌，悉也。」音胡監切，匣母，咸韻，古音匣紐，屑部（一音）。說文十二上手部：「攕，好手皃。从手，韱聲。詩曰：攕攕女手。」音所咸切，疏母，咸韻，古音心紐，覃部。說文十一下雨部：「䨮，微雨也。从雨，㦰聲。讀若芟。」（鉉本讀若芟上有「又」字，段注：「又字衍。」故刪之）說文一下艸部：「芟，刈艸也。从艸，殳聲。」（鉉本作「从艸，从殳」，今從繫傳。）音所銜切，疏母，銜韻，古音心紐，侯部（一音）。是㦰咸芟三字聲韻全異，故㦰計有三音。

八七 圭 圭：說文十三下土部：「瑞玉也，上圜下方。公執桓圭九寸，侯執信圭，伯執躬圭，皆七寸；子執穀璧，男執蒲璧，皆五寸；以封諸侯。从重土。楚爵有執圭。」徐鉉注：「古畦切。」

按：圭音古畦切，見母，齊韻，古音見紐，齊部（一音）。說文十三下黃部：「黊，鮮明黃也。从黃，圭聲。」說文一下艸部：「蘳，黃華。从艸，黊聲。讀如墮壞。」（鉉本作「讀若壞」，今從繫傳。段注：「此謂讀如墮壞之墮也，鉉本脫去墮字。」王筠、桂馥、錢坫、戚學標、朱士端諸家說同，今依補墮字。）說文十四下𨸏部：「隓，敗城𨸏曰隓。从𨸏，𡍮聲。𡍮，篆文。」（隓隸變作墮）音許規切，曉母，支韻，古音曉紐，歌戈部（一音）。是圭墮二字聲韻全異，故圭計有二音。

八八 幵 幵：說文十四上幵部：「平也。象二干對構，上平也。」徐鉉注：「古賢切。」

按：幵音古賢切，見母，先韻，古音見紐，青部（一音）。說文四上目部：「䀢，蔽人視也，从目，幵聲。讀若攜手。一曰直視也。𥃩，𥃩目或在下。」說文十二上手部：「攜，提也。从手，巂聲。」音戶圭切，匣母，齊韻，古音匣紐，沒部（一音）。是幵攜二字聲韻全異，故幵計有二音。

八九：說文十四上且部：「且，薦也。从几，足有二橫；一，其下地也。𠀃，古文㠯爲且，又㠯爲几字。」（自「𠀃」以下依繫傳補）徐鉉注：「子余切，又千也切。」

按：且音子余切，精母，魚韻，古音精紐，模部（一音）；又音千也切，清母，馬韻，古音清紐，模部。說文十四上几部：「几，踞几也。象形。周禮：五几：玉几，雕几，彤几，鬏几，素几。」音居履切，見母，旨韻，古音見紐，灰部（一音）。是且几二字聲韻全異，是且計有二音。

九十矛：說文十四上矛部：「酋矛也。建於兵車，長二丈，象形。」徐鉉注：「莫浮切。」

按：矛音莫浮切，明母，尤韻，古音明紐，蕭部（一音）。說文三下攴部：「敄，彊也。从攴，矛聲。」說文七下巾部：「⿰巾敄，鬏布也，一曰車上衡衣。从巾，敄聲。讀若頊。」說文九上頁部：「頊，頭頊頊謹皃。从頁，玉聲。」音許玉切，曉母，燭韻，古音曉紐，屋部（一音）。是矛頊二字聲韻全異，故矛計有二音。

九一叕：說文十四下叕部：「綴聯也。象形。」徐鉉注：「陟劣切。」

按：叕音陟劣切，知母，薛韻，古音端紐，曷末部（一音）。說文十二下女部：「娺，疾悍也。从女，叕聲。讀若唾。」說文二上口部：「唾，口液也。从口，垂聲。涶，唾或从水。」音湯臥切，透母，過韻，古音透紐，歌戈部（一音）。是叕唾二字聲韻全異，故叕計有二音。

九二己：說文十四下己部：「中宮也，象萬物辟藏詘形也。己承戊象人腹。」徐鉉注：「居擬切。」

按：己音居擬切，見母，止韻，古音見紐，咍部（一音）。說文十二下女部：「妃，匹也。从女，己聲。」音芳非切，敷母，微韻，古音滂紐，灰部（一音）。是己妃二字聲韻全異，故己計有二音。

九三 孨孨：說文十四下孨部：「謹也。从三子。讀若翦。」徐鉉注：「旨兗切。」

按：孨音旨兗切，照母，獮韻，古音端紐，寒桓部（一音）。說文四上羽部：「翦，羽生也，一曰矢羽。从羽，前聲。」音即淺切，精母，獮韻，古音精紐，痕魂部（一音）。是孨翦二字聲韻全異，故孨計有二音。

九四 孴孴：說文十四下孨部：「盛皃。从孨从日。讀若薿薿。一曰若存。孴，籀文孴从二子，一曰孴即奇字𣌭。」徐鉉注：「魚紀切。」

按：孴音魚紀切，疑母，止韻，古音疑紐，咍部（一音）。說文一下艸部：「薿，茂也。从艸，疑聲。詩曰：黍稷薿薿。」音魚己切，疑母，止韻，古音疑紐，咍部。說文十四下子部：「存，恤問也。从子，才聲。」音徂尊切，從母，魂韻，古音從紐，咍部。說文七上日部：「𣌭，進也，日出而萬物進。从日从臸。易曰：明出地上𣌭。」音即刃切，精母，震韻，古音精紐，先部（一音）。是孴𣌭二字聲韻全異，故孴計有二音。

九五 亥（古文）：說文十四下亥部：「亥，荄也。十月微陽起，接盛陰，从二。二，古文上字，一人男，一人女也。从乙，象裹子咳咳之形。春秋傳曰：亥有二首六身。亥，古文亥，為豕，與豕同。亥而生子，復從一起。」徐鉉注：「胡改切。」

按：段注：「『與豕同』，謂二篆之古文實一字也。」音胡改切，匣母，海韻，古音匣紐，咍部（一音）。說文九下豕部：「豕，彘也。竭其尾，故謂之豕。象毛足而後有尾，讀與豨同。按今世字誤以豕為彘，以彘為豕。何以明之？為啄琢从豕，蟸从彘，皆取其聲，以是明之。亥，古文。」段注：「古文與亥同字。」音式視切，審母，旨韻，古音透紐，沒部（一音）。說文九下豕部：「豨，豕走豨豨，从豕，希聲。古有封豨脩蛇之害。」音虛豈切，曉母，尾韻，古音曉紐，灰部（一音）。是亥豕豨三字聲韻全異，故不計有三音。

第二章　說文無聲字條例

第一節　象形條例

甲、獨體象形例

許愼說文解字敍云：「象形者，畫成其物，隨體詰詘，日月是也。」段注云：「詰詘見言部，猶今言屈曲也。」按：日者，「實也，太陽之精，不虧」，故匡內象其帀也；月者，「闕也，太陰之精」，故外廓不周，象其闕也。日月各符其象，是謂「畫成其物，隨體詰詘」。他如晉衞恆四體書勢曰：「象形日月是也，日滿月虧，效其形也。」唐賈公彥周禮疏云：「象形者，象日月形體而爲之。」宋張有論諧聲曰：「象形者，象其物形，隨體詰詘，而畫其迹者也。」元戴侗六書故云：「何謂象形？象物之形以立文。」楊桓六書統云：「凡有形可以象者，摹仿其形之大體，使人見之而自識，故謂之象形。」清黃以周六書通故云：「古人圖象，大判髣髴其意而止，不一一求其肖也，象形字亦然。」民初劉師培小學發微云：「凡象形之字，即古圖畫之變也。」均不脫許氏之窠臼，故許氏此釋頗碻，蓋造文之初，不殊作畫，圖寫物象，務似其眞，是以凡文如物象者，皆謂「象形」。以此推之，凡山水魚鳥等，實有其形，而文象之者，胥視此矣！且象形之文，譬如畫家寫實，惟在取似物體，不徒正側固無規齊，簡繁亦未嘗刻定，然界以一言，曰：凡畫成物之形狀，不可析者爲「象形」。

壹、天文

一丅丄玉：說文一上玉部：「石之美有五德：潤澤以溫，仁之方也；䚡理自外，可以知中，義之方也；其聲舒揚尃以遠聞，智之方也；不橈而折，勇之方也；銳廉而不技，絜之方也。象三玉之連，丨其貫也。𤣩，古文玉。」徐鉉注：「陽冰曰：三畫正均如貫玉也。魚欲切。」

按：段注：「『象三玉之連』，謂三也。『丨其貫也』，貫謂如璧有紐，襍佩有組，聘圭有繫，瑑有五采繩，荀偃以朱絲係玉二瑴之類。」朱氏通訓定聲：「『象三玉之連，丨其貫也』，謂貫組，古文又象綬。」饒炯說文解字部首訂：「造文者，取玉在佩之形，寄象其字……足知古人作⁝，或作[illegible]，本象圜形而貫三玉。佩玉不止三，但以三爲數者，取三爲數之成也。……而𤣩又益以系飾也。」甲文玉有作丰者，象丨貫玉，露其系端也；或作丰者，象丨貫玉，上札結之遺痕歟！由此可證：三即玉之側視形，丨象所以串之之物，整體象佩玉形矣，故屬獨體象形文。

二　气　气：說文一上气部：「雲气也。象形。」徐鉉注：「去既切。」

按：段注：「象雲起之皃。三之者，列多不過三之意也。」王氏釋例：「气之形較雲尙微，然野馬流水，隨人指目，故三之以象其重疊，曲之以象其流動也。」由此可證：气象雲氣層伏之貌，故屬獨體象形文。

三　屮　屮：說文一下屮部：「艸木初生也。象丨出形，有枝莖也。古文或以爲艸字。讀若徹。尹彤說。」徐鉉注：「丑列切。」

按：段注：「丨讀若囟，引而上行也。枝謂兩旁。莖，枝柱，謂丨也。」王氏句讀：「屮乃象形字，不得從他字。象出形，謂丨也；有枝莖，謂凵也。」饒炯說文解字部首訂：「案屮乇同意，而象形側正異體。……但屮正形，乇側形異耳！」孔廣居說文疑疑：「艸木初出，多兩葉對生；及其既長，則枝葉左右參差，故屮象初生之形，而㞢象益大有所之也。」鄭樵曰：「象艸初生，有二葉附芽而出。」文之甲文作[illegible]，即象艸木初生，但見其莖與葉耳！由此可證：丨象其根榦，象艸木之初生，其根既細，根榦遂不分，故以丨表之，而以凵表其細葉；因有實物可象，故屬獨體象形文。

四 牛 牛：說文二上牛部：「大牲也。牛、件也；件、事理也。象角、頭三，封、尾之形。」徐鉉注：「語求切。」

按：段注：「牛角與頭而三……封者，肩甲墳起之處，字亦作犎。尾者，謂直畫下垂像尾也。」白作霖釋說文牛馬字義：「（段注）謂肩甲墳起之處，蒙謂此肩甲墳起之處，即服軛與負物之處，凡牛之任耕與任重者，皆以肩承之，故鄦君以一介其處，象其肩封之形，形成而義即具。……金牛之字形，唯于封與角特詳，故事理之訓，即從此出，此以形得義之可見者也。」由此可證：牛取象牛之頭角肩尾整體之形，缺一不可，故屬獨體象形文。

五 𠙵 口：說文二上口部：「人所以言食也。象形。」徐鉉注：「苦后切。」

按：段注：「言語、飲食者，口之兩大耑。舌下亦曰：口所以言，別味也。」王筠說文繫傳校錄：「本作𠙵，今作口，不能象形，亦尚整齊之過。」徐灝說文解字注箋：「古金作𠙵，象形。」孔廣居說文疑疑：「口之象形當作𠙵。」由此可證：口象全口之形，唯篆變而稍整齊耳，故屬獨體象形文。

六 止 止：說文二上止部：「下基也，象艸木出有址，故以止為足。」徐鉉注：「諸市切。」

按：朱氏駿聲說文通訓定聲：「按下基與丌與阯同艸木，非形。止部文十四，亦無一涉草木者，當以足止為本義象形也。三出者，止之列多，略不過三，與𠂇又手同意。字為借義所專，因加足傍作趾。儀禮士昏禮：『北止。』注：『足也。』」王筠釋例：「『象艸木出有址，故以止為足』，許君大誤矣！止者，趾之古文也，與又部下所云：手之列多，略不過三同意。上象足指，下象足跟。」徐灝說文解字注箋：「凡从止之字，其義皆為足趾，許以為象艸木出有址，殆非也。考阮氏鐘鼎款識父丁卣有足跡文作止，正象足趾之形，惟止為足趾，而非艸木，故反止為𣥂，相竝爲𣥠，相承爲步，而足字从之，無可疑也。」孔廣居說文疑疑：「止，足也，本作 ，上象脛，下象蹠；許注艸木云云，疑非。」文甲文作 ，或作 ，即象足趾之趾。金文有作 者（見足跡𪓐）即象趾之圖案。由此可證： 原爲趾之形甚明，非所謂「艸木出有址」也，故屬獨體象形文。

七 牙：說文二下牙部：「牡齒也，象上下相錯之形。」徐鉉注：「五加切。」

按：丁福保案：「慧琳音義三十五卷四頁，牙注引說文：壯齒也，蓋古本如是。今二徐本作牡齒也，段氏依石刻本九經字樣改爲壯齒是也。」是「牡齒」宜作「壯齒」。段注：「壯齒者，齒之大者也，統言之皆偁齒偁牙，析言之則前當脣者偁齒，後在輔者偁牙。」左傳僖五年：「諺所謂輔車相依，脣亡齒寒者，其䖍虢之謂也。」是牙之有別於齒者：齒在中間稍細，牙在兩旁左右稍銳而大也。徐灝說文解字注箋：「象上下相錯之形者，蓋本作 ，象形，相錯則成 ，橫視乃見。」金文作 （見屖敖簋），即象自上視下牙之形。故屬獨體象形文。

八 册：說文二下册部：「符命也，諸侯進受於王也。象其札一長一短，中有二編之形。」徐鉉注：「楚革切。」

按：段注：「後人多假策爲之。……蔡邕獨斷曰：策，簡也，其制長者一尺，短者半之，其次一長一短，兩編下附。札，牒也，亦曰簡。編，次簡也。次簡者，竹簡長短相閒，排比之，以繩橫聯之，上下各一道，一簡容字無多，故必比次編之，乃容多字。」徐灝說文解字注箋：「凡簡書，皆謂之册，不獨諸侯進受於王也。此擧其大者而言。符、册，亦二事也。」王筠句讀：「金刻册字。約有 諸體，其編皆兩，其札或三或四或五，以見札之多少不等，非止兩札；其長短或齊或不齊，亦似用筆之變，非果有參差也。」是以「象其札一長一短，中有二編之形」者，乃釋名：「札，櫛也，編之如櫛齒相比」是也。由此可證：文但象編簡之形，冊籍之冊也，故屬獨體象形文。

九 革 革：說文三下革部：「獸皮治去其毛。革、更之，象古文革之形。」徐鉉注：「古覈切。」

按：說文三下革部：「𠦶，古文革，从三十。三十年爲一世而道更也。臼聲。」其構意未洽。徐灝說文解字注箋：「古文革从三十以下十五字，疑後人妄增；許於此字葢未詳其形，故但云象古文革之形。若審知其爲从三十臼聲，則當如全書通例，於小篆下先言之矣。以是明之，竊謂古文𠦶象獸皮之形，上下頭尾，二畫象四足，中其體也。」徐說頗碻，故屬獨體象形文。

十 鬲 鬲：說文三下鬲部：「鼎屬，實五穀。斗二升曰穀。象腹交文，三足。」徐鉉注：「郎激切。」

按：段注：「上象其口，乂象腹交文，下象三足也。」饒炯說文解字部首訂：「一象器覆，○象器口，㕯象腹之交文與三足。」是以文上象其蓋與口，中象其腹，下象其三足，故屬獨體象形文。

十一 爪 爪：說文三下爪部：「丮也。覆手曰爪，象形。」徐鉉注：「側狡切。」

按：段注：「仰手曰掌，覆手曰爪。」文之甲文作爪，即象覆手之形，故屬獨體象形文。

十二 又 又：說文三下又部：「手也，象形。三指者，手之𠜲多，略不過三也。」徐鉉注：「于救切。」

按：段注：「此即今之右字，不言又（右）手者，本兼ナ又而言，以ナ別之，而又專指右，猶有古文尚書，而後有今文尚書之名。」是以文象手之形，故屬獨體象形文。

十三 ナ ナ：說文三下ナ部：「ナ手也，象形。」徐鉉注：「臧可切。」

按：段注：「左，今之佐字，左部曰：左，ナ手相左（佐）也是也。又（右）手得ナ手則不孤，故曰左（佐）助之手。」王筠句讀補正：「不云從反又者，左手自有其形也。且ナ象其體，故五指全見而字形正，又ナ象其用，故僅見三指而形又相同，惟手之能事多，是以如此。」故屬獨體象形文。

十四 臣

臣：說文三下臣部：「牽也。事君也，象屈服之形。」徐鉉注：「植鄰切。」

按：徐灝說文解字注箋：「古鐘鼎文作臣，蓋象人俯伏之形；繫傳曰：莊子曰擎跽曲拳，人臣之事也，稽顙服之甚也，肉袒服之盡也，故於文臣，象人屈服之狀。」王筠句讀：「案金刻作臣，是人跪拜之形。」孔廣居說文疑疑：「臣本作臣，象人側立頫首拱手形，侍于君之象也。」孔說是也，故屬獨體象形文。

十五 目

目：說文四上目部：「人眼，象形。重，童子也。」徐鉉注：「莫六切。」

按：段注：「『目，古文目。』口象面，中象眉目。江沅曰：『外象匡，內象[illegible]目。』」段注似有不妥，然引江沅之說頗碻，蓋目形原宜若古文目然，其後爲便書寫而簡化成目狀，故屬獨體象形文。

十六 自

自：說文四上自部：「鼻也，象鼻形。」徐鉉注：「疾二切。」

按：徐灝說文解字注箋：「自，即古鼻字。自，象鼻形。中畫，其分理也。⋯因爲語詞所專，復从畀聲爲鼻。今自與鼻不同音者，聲變之異也。」饒炯說文解字部首訂：「自即鼻之古文，外象鼻體，上兩岐象額理，中兩畫象頞理。」今見甲文作自，金文作自（見曾侯鐘、石鼓），益證文象全鼻形，故屬獨體象形文。

十七 白

白：說文四上白部：「此亦自字也。省自者，詞言之，气从鼻出，與口相助也。」徐鉉注：「疾二切。」

按：王筠釋例：「竊揣白之本形，蓋作白白，上狹而下濶，乃鼻形，中則鼻上紋，故多少皆可。」饒炯說文解字部首訂：「省自云云，蓋望文生訓，非許書原文，不知白亦鼻之古文，鼻上紋理無定，多少隨便，故造字有繁簡，如以少即爲省，將谷部㕯𠯑之繁省，又何意乎？」今見甲文「自」或作白白，或作白；金文或作白（番君鬲），或作白（諫田鼎）白（曾侯鐘）；由此可見象形文取象筆劃少一筆多一筆，在所不拘，是以自白爲一文，同象全鼻之形，故屬獨體象形文。

十八 羽 羽：說文四上羽部：「鳥長毛也，象形。」徐鉉注：「王矩切。」

按：段注：「長毛必有耦，故竝𠘧，𠘧部曰：𠘧，新生羽而飛也，羽，竝𠘧也。」王筠釋例：「象形者，鳥立時兩翄形也。冂冂之上，象肩方濶，而下象毛殺而長也。彡則所謂六翮矣！鳥之飛恃此，其毛最長亦惟此，段氏謂從兩𠘧字，則是會意字矣，正與許說象形反背。」王說是也，故屬獨體象形文。

十九 隹 佳：說文四上佳部：「鳥之短尾總名也，象形。」徐鉉注：「職追切。」

按：王筠釋例：「隹 鳥，全體象形。……其上爲頭，頭之左爲喙，中爲目，佳之目連於背，鳥之目曳長之，惟古籀文作點，斯象目矣。右四筆，其一爲翁，佳鳥同也；二三爲翼，佳鳥同也；其四爲尾，則佳之尾與翼等，鳥之尾曳長之，足見長短之異也。佳左下之出者，聊以象足形。」由此可證：佳文象全鳥之形，故屬獨體象形文。

二十 羊 羊：說文四上羊部：「祥也。从𦍌，象頭角足尾之形。孔子曰：牛羊之字以形舉也。」徐鉉注：「與章切。」

按：徐灝說文解字注箋：「此篆上象頭角，中二畫象四足左右分列，下象其尾。」徐說頗碻，故屬獨體象形文。

廿一 鳥 鳥：說文四上鳥部：「長尾禽總名也，象形。鳥之足似匕，从匕。」徐鉉注：「都了切。」

按：段注：「鳥足以一該二，能、鹿足以二該四。」王筠釋例：「『鳥之足似七，从匕』，誤也，鳥下不言從七是也。」是匕卽鳥足之形，不可謂「从匕」。至於此文之屬獨體象形文，王氏已於佳字下剖析甚白，玆不贅述。

廿二 烏 烏：說文四上烏部：「孝烏也，象形。孔子曰：烏盱呼也。取其助气，故以爲烏呼。」徐鉉注：「哀都切。」

按：段注：「鳥字點睛，烏則不，以純黑故不見其睛也。」是文爲烏之側立形，其構意與鳥同，唯混身是黑，故不見其眼耳！故屬獨體象形文。

廿三 舄：說文四上烏部：「䧿也，象形。」徐鉉注：「七雀切。」

按：段注：「烏舄焉皆象形，惟首各異。」烏舄焉三者，惟首各異，故誰乃取其首上羽毛平齊皃，託爲幖識而象形之，若造文之始也，悉取物之顯者，以爲取象，若鹿取其角、馬取其髦、鼠取其齒是也。故屬獨體象形文。

廿四 焉：說文四上烏部：「焉鳥，黃色，出於江淮。象形。凡字朋者，羽蟲之屬烏者，日中之禽，舄者知太歲之所在，燕者請子之候，作巢避戊巳，所貴者故皆象形，焉亦是也。」徐鉉注：「有乾切。」

按：說文焉字下段注：「烏舄焉皆象形，惟首各異。」徐灝說文解字注箋：「焉鳥未詳，古文作焉，象形。」今見金文有作焉（封比干墓銅槃）者，故文即取象頭上有冠毛之鳥，以表異於烏舄，故屬獨體象形文。

廿五 華：說文四下華部：「箕屬，所以推棄之器也，象形，官溥說。」徐鉉注：「北潘切。」

按：段注：「此物有柄，中直象柄，上象其有所盛，持柄迫地推而前，可去穢納於其中，箕則無柄，而受穢一也，故曰箕屬。」段說是也，故屬獨體象形文。

廿六 冎：說文四下冎部：「剔人肉置其骨也，象形。頭隆骨也。」徐鉉注：「古瓦切。」

按：段注：「說此字爲象形者，謂上大下小，象骨之隆起也。」徐灝說文解字注箋：「即以爲象人骨，亦不必剔肉置骨，始見其形，許說稍甚。」饒炯說文解字部首訂：「冎即骨之象形本字，因形不顯義，而骨乃加肉以著之也。」章炳麟文始：「言頭隆骨，勹（包）容甚衆。」是以文象頭隆骨之形，故屬獨體象形文。

廿七 肉：說文四下肉部：「胾肉，象形。」徐鉉注：「如六切。」

按：饒炯說文解字部首訂：「篆象截臠平面之形，中乃肉之紋理，以生肉難象，取狀於胾，與血同意。」饒說是也，故屬獨體象形文。

廿八 刀：說文四下刀部：「兵也，象形。」徐鉉注：「都牢切。」

按：段注：「刀者，兵之一也。」是以共名釋別名者也。桂馥義證：「象形者，象其刃與環也，古文作。」饒炯說文解字部首訂：「古刀柄有環，篆文上正象之，左象刀口，右象刀背，下象刀尖。」文金文有作者（卣父癸卣），有作者（澤印影本），是以文皆象刀之形，唯封口塡實異耳！故屬獨體象形文。

廿九 角：說文四下角部：「獸角也，象形，角與刀魚相似。」徐鉉注：「古岳切。」

按：張文虎舒藝室隨筆論說文：「角與刀魚相似，……疑非許氏元文，乃後人所增。」張說是也，蓋文甲文作，金文作（見毆方鼎），是外象角形，中象其紋理也，故屬獨體象形文。

三十 竹：說文五上竹部：「冬生艸也，象形。下垂者，箁箬也。」徐鉉注：「陟玉切。」

按：段注：「象兩兩並生，恐人未曉下垂之恉，故言之。」王筠釋例：「『說文云：象形，下垂者，箁箬也』，說誤！今人畫竹口訣曰：『个个个，个个破』，蓋竹葉異於他物，其形左右紛披，故以个字寫之。篆文象在上之葉，非象苞筍之箁箬也。……艸竹皆叢生，故兩之以象其形，不似木二便為林也，乃有屮字而無个字者，事出偶然。」且文金文作（十鐘），國畫亦作，故象竹葉之形，屬獨體象形文。

卅一 丌：說文五上丌部：「下基也，薦物之丌，象形。讀若箕同。」徐鉉注：「居之切。」

按：段注：「平而有足，可以薦物。」饒炯說文解字部首訂：「象立之形，下對視而四足見其二；上對視而平面視為一。」是以文為薦物之丌，故屬獨體象形文。

卅二 壴

壴：說文五上壴部：「陳樂立而上見也，从屮从豆。」徐鉉注：「中句切。」

按：徐鍇說文繫傳：「豆，樹鼓之象，屮其上羽葆也，象形。」徐灝說文解字注箋：「戴氏侗曰：「壴，樂器類，艸木籩豆，非所取象，其中□象鼓，上象設業崇牙之形，下象建鼓之虡，侗曰：疑此即鼓字，鼓，擊鼓也，故从攴。灝按：楚金仲達說是也，鼓、鼙、彭皆从壴，是其明證。」饒炯說文解字部首訂：「壴為鼓之古文……本象鼓及筍虡崇飾等形。」今見甲文作壴，即象豎鼓於架之形，故屬獨體象形文。

卅三 豆

豆：說文五上豆部：「古食肉器也，从口，象形。」徐鉉注：「徒候切。」

按：依徐灝說文解字注箋，王筠句讀、釋例，饒炯說文解字部首訂，「从口」當刪，蓋此文全體象形，不宜云「从口」也。王筠釋例：「一象所盛之物，古文豆，物在豆腹之內，此遂於上者，猶𧯛之一象血形矣。……○其腹也，□則其柄與底也。豆相連為體，不可割裂。」是以文即象籩豆之形，故屬獨體象形文。

卅四 虎

虎：說文五上虎部：「山獸之君，从虍，虎足象人足，象形。」徐鉉注：「呼古切。」

按：王筠句讀：「韻會引云：從虍從人，虎足象人足，無象形字。案此當出兩本；但有象形二字者，古本也。韻會所引，乃望文為義者改之也。大徐不知，合而為一，文義遂不貫。先有虎而後有虎文之虍，豈可謂虎從虍，且虎足豈象人足哉？」此說頗碻！釋例：「案虎字見於金刻者，積古齋吳彝作□，師酉敦作□，皆純形也；其與小篆近者。虢叔尊作□，虢姜敦作□，是也，然不斷為兩體。」孔廣居說文疑疑：「虎當作□，上象頭與尾，中象身，下象四足。」故屬獨體象形文。

卅五 皿

皿：說文五上皿部：「飯食之用器也，象形。與豆同意，讀若猛。」徐鉉注：「武永切。」

按：段注：「上象其能容，中象其體，下象其底也，與豆略同而少異。」王筠釋例：「皿蓋盈盎之屬，廣而庳者也，上口圓，下底平，中以象腹。」文甲文作 凵，金文作 凵（孟辛父鬲），則更肖其物矣，故屬獨體象形文。

卅六 凵

凵：說文五上凵部：「凵盧，飯器，以柳爲之，象形。」徐鉉注：「去魚切。」

按：段注：「下侈上歛。」是以文象飯器之形，故屬獨體象形文。

卅七 丹

丹：說文五下丹部：「巴越之赤石也，象采丹井，●象丹形。」徐鉉注：「都寒切。」

按：饒炯說文解字部首訂：「丹卽今丹沙也，出巴越中。一原作●，象丹初出井渾淪之形，而因以井，以丹形貿穴形，明之形與水井字仍相同。」文金文作 ●（庚羆卣）●（古匋丹䙐），足見文象采丹穴形，故屬獨體象形文。

卅八 井

井：說文五下井部：「八家一井，象構韓形，●罋之象也。古者伯益初作井。」徐鉉注：「子郢切。」

按：段注：「韓，井上木欄也，其形四角或八角，又謂之銀牀。」王筠釋例：「井字全體象形，分之爲井●，皆非字也。」孔廣居說文疑疑：「井象井闌，●象井窟，許氏謂象罋，疑非。」饒炯說文解字部首訂：「案水井之井，中卽象井穴形。」是以井象井上木欄，●則井穴之形也，故屬獨體象形文。

卅九 缶

缶：說文五下缶部：「瓦器，所以盛酒漿。秦人鼓之以節謌，象形。」徐鉉注：「方九切。」

按：段注：「字象器形。」徐灝說文解字注箋：「下器體，上其蓋也。」饒炯說文解字部首訂：「下象所盛之器，上象蓋，中象畫文，以土作之。」是以文蓋象器形也，故屬獨體象形文。

四十 矢

矢：說文五下矢部：「弓弩矢也。从入，象鏑栝羽之形。古者夷牟初作矢。」徐鉉注：「式視切。」

按：段注：「鏑謂丨也，金部曰：鏑，矢鏠也。栝謂八也，木部曰：桰，矢桰檃弦處，岐其耑以居弦也。羽謂一也，羽部曰：翦，矢羽是也。矢羽從而橫之何也？以識其物耳！」饒炯說文解字部首訂：「案篆形上象鏑，中直象幹，下象栝，旁𠃊象羽，說解云从入者誤矣！」王筠句讀釋例意見亦同，是以解形不宜言「从入」，故屬獨體象形文。

四一　亯　𩫏：說文五下𩫏部：「度也，民所度居也。从回，象城𩫏之重，兩亭相對也，或但从口。」徐鉉注：「古博切。」

按：段注：「按城𩫏字今作郭，郭行而𩫏廢矣！『从回，象城𩫏之重』，內城外𩫏。『兩亭相對也』謂上亯下亯也，內城外𩫏兩亭相對。『或但从口』，音韋，謂篆作𩫏也。」段說是也，惟「从」字宜從王筠說「後人所加」刪之可也。蓋今見甲文作𩫏作𩫏；金文作𩫏（國差𦉢）作𩫏（禽彝）悉象郭之形，故屬獨體象形文。

四二　㐭　㐭：說文五下㐭部：「穀所振入，宗廟粢盛，倉黃㐭而取之，故謂之㐭。从入回，象屋形，中有戶牖。」徐鉉注：「力甚切。」

按：王筠句讀：「不當從入回會意，入者屋形，回者戶牖形，屋必有戶牖，而重複言之者，倉廩恐米蒸變，必爲天窗。」釋例：「象屋謂入也，戶牖謂回也」，然此乃全體象形字，不可闌入會意。」是以文作「象屋形，中有戶牖」是也，故屬獨體象形文。

四三　來　來：說文五下來部：「周所受瑞麥來麰，一來二縫，象芒朿之形，天所來也，故爲行來之來。詩曰：詒我來麰。」徐鉉注：「洛哀切。」

按：饒炯說文解字部首訂：「案來爲芒穀，古無異義。」蓋「來」爲芒穀，故造文之始，特取象其顯示之芒朿，以別於他物，今見甲文作來者，上一撇即首顯其芒利於他物，ㄨㄨ象葉，中象莖，下乃根也，即象「來」之整體矣！故屬獨體象形文。

四四　木　木：說文六上木部：「冒也，冒地而生，東方之行，从屮，下象其根。」徐鉉注：「莫卜切。」

按：王筠釋例：「木下云从屮，非也，必從其義，乃可云從，屮與木之上半形相似耳，以木從艸，於義何居？木固全體象形字也。丨象榦，上揚者枝葉，下注者根株。祇統言象形可矣，分疏則謬。」饒炯說文解字部首訂亦云篆不从屮。今見甲文作，金文作（父丁爵），益信此文純屬獨體象形文。

四五　叒：說文六下叒部：「日初出東方湯谷，所登榑桑，叒木也，象形。」徐鉉注：「而灼切。」

按：段注：「枝葉蔽翳。」戚學標說文補考：「楚金曰：叒木即榑桑。十洲記說榑桑，兩兩相扶，故从三又，象桑之婀娜也。」言「象桑之婀娜」則可，謂「从三又」則悖。林義光文源：「按古作，象枝葉之形。」饒炯說文解字部首訂亦以為象其葉狀。然何以取象於三？蓋亦數之列多，略不過三也歟?! 故屬獨體象形文。

四六　乇：說文六下乇部：「艸葉也，从垂穗，上貫一，下有根，象形。」徐鉉注：「陟格切。」

按：段注依繫傳刪「从」字，且云：「在一之下者根也，一者地也。」是以上象穗垂，中象莖，下象根，其中一橫乃地也，故屬獨體象形文。

四七　貝：說文六下貝部：「海介蟲也。居陸名猋，在水名蜬，象形。古者貨貝而寶龜，周而有泉，至秦廢貝行錢。」徐鉉注：「博蓋切。」

按：徐灝說文解字注箋：「阮氏鐘鼎款識周父巳鬲鼎敝卣竝作，乃古象形文，小篆由古文變。」林義光文源：「按古作（小臣俞器），作（遺彝）、作（孟尊彝）、亦作（召伯虎敦）。」由此得悉篆體取象古文演變之跡，故屬獨體象形文。

四八　日：說文七上日部：「實也，太陽之精不虧，从口一，象形。」徐鉉注：「人質切。」

按：段注：「○象其輪郭，一象其中不虧。『』，古文，象形。』蓋象中有烏。」徐灝說文解字注箋：「古文或作⊙，蓋後人以乙象烏也。此字全體象形，小篆由古文變為方體，析而言之，則曰从口一一段，云一象其中不虧，未達造字之旨也。」王筠說文繫傳校錄：「是○以象日之圓，乁則天文家所謂日中無定之黑影。」釋例亦云：「案『從口一』三字衍文，日字全體象形。」是以文之取象：○象日之圓，中一橫如古文者取象雲氣，故屬獨體象形文。

四九 □□：說文七上㫃部：「旌旗之游，㫃蹇之皃，从屮，曲而下垂，㫃相出入也。讀若偃，古人名㫃字子游。」徐鉉注：「於幰切。」

按：朱氏通訓定聲：「按从屮象竿首曲，其下者象通帛之旃，柄曲旁□者象游从入飄揚如一出一入然。」林義光文源：「按古作□（伯晨鼎旂字偏旁），作□（孟鼎旆字偏旁），象旗形，不从入。」商承祚殷虛文字類編：「㫃字全爲象形，卜辭作□，與古金文同，□象杠與首之飾，乁象游形，段君以爲从入非也，蓋篆形既失初意，乃全不可知矣！卜辭又有□字，象四游之形，疑亦㫃字。」是以文象旗之形，故屬獨體象形文。

五十 □ 月：說文七上月部：「闕也，太陰之精，象形。」徐鉉注：「魚厥切。」

按：段注：「月闕曡韵。釋名曰：月，缺也，滿則缺也。象不滿之形。」孔廣居說文疑疑：「原象形之義當作□□，中象日月之體，外象其光暈，月雖有時而盈，然虧之時多，故古人就所恆見者以立文也。」王筠句讀：「外象上下弦時形，內象地影。」然文外象月缺之形，內象雲氣之狀可也，蓋月以闕爲常盈爲暫，時有雲氣托之是也，故屬獨體象形文。

五一 □ 鼎：說文七上鼎部：「三足，兩耳，和五味之寶器也。昔禹收九牧之金，鑄鼎荊山之下，入山林川澤，螭魅蝄蜽，莫能逢之以協承天休。易卦巽木於下者爲鼎，象析木以炊也。籀文以鼎爲貞字。」徐鉉注：「都挺切。」

按：王筠句讀：「『象析木以炊鼎』，句說字形，謂下半是析□爲兩而作□，上半之目則鼎形也，炊鼎之鼎，指目而言。案此篆可謂爲通體象形，目其腹也，□之左右上揚者耳也，下則足也，許君不然者，全刻有□□□□□□□諸體，多有兩耳而非三足，蓋小篆整齊之而作□，故許君本古文而說之。」林義光文源：「上象兩耳及鼎腹，下象足形。」

」商承祚殷虛文字類編：「[illegible] [illegible]，象兩耳腹足之形，與古金文同。」是以文象其兩耳腹足之形，故屬獨體象形文。

五二 禾 禾：說文七上禾部：「嘉穀也。二月始生，八月而孰，得時之中，故謂之禾。禾，木也，木王而生，金王而死，从木，从𠂹省，𠂹象其穗。」徐鉉注：「戶戈切。」

按：「木王而生」云云，爲緯學家言，「得時之中」云云，爲儒家言，俱非釋「禾」之本義，至「从木」云者，段注刪「从𠂹省𠂹」四字，且疑爲淺人所增，然「从木象其穗」，亦意晦乖舛，疑可全刪，饒炯說文解字部首訂：「篆全體象形，而隸變似木，篆亦譌之，因謬言从木从𠂹省云云，不知穀初生曰苗，抽穗曰秀，成實曰禾，故同文舉要禾作禾，……上左𠂹者穗實也，左右錯出者上揚之葉，下出者下𠂹之葉也。沿古人造字，凡所貴者，皆以象形出之。……況禾爲嘉穀，來爲瑞麥，人賴以食者，其象形顧是也，烏得云从木哉？」徐灝說文解字注箋：「古莠作禾，象禾穗連稈及根之形。……王氏念孫曰：莠與禾絕相似，雖老農不辨，及其吐穗，則禾穗必曲而倒垂，莠穗不垂，可以識別。」商承祚殷虛文字類編：「禾 禾 禾，上象穗與葉，下象莖與根，許君云从木从𠂹省，誤以象形爲會意矣！」由此可證：文象禾之全形，故屬獨體象形文。

五三 米 米：說文七上米部：「粟實也，象禾實之形。」徐鉉注：「莫禮切。」

按：段注：「四點者，聚米也，十其間者，四米之分也，篆當作四圜點以象形，今作長點誤矣！」林義光文源：「按古作米，象聚米。」商承祚殷虛文字類篇：「米 米 米，象米粒瑣碎縱橫之狀，古金文从米之字皆如此作，許書作米形，稍失矣！」是文象聚米縱橫之形，篆已變形，段說失之，故屬獨體象形文。

五四 臼 臼：說文七上臼部：「舂也。古者掘地爲臼，其後穿木石，象形，中米也。」徐鉉注：「其九切。」

按：段注：「或穿木，或穿石，臼象木石臼也。」王筠釋例：「外象臼形，中象米形。」是以文象臼形，中四點附於臼壁者米，唯不得分別視之，故屬獨體象形文。

五五 𣏟

𣏟：說文七下𣏟部：「葩之總名也，𣏟之爲言微也。微纖爲功，象形。」徐鉉注：「匹卦切。」

按：徐鍇說文繫傳：「葩即麻也，猶言派也，派亦水分微也。」王筠句讀：「𣏟是古麻字。……不言從二朩者，種麻必密比，故以𣏟象其密，朩分其皮，故半之，而許亦云象形者，緣列朩於𣏟前之故。」釋例：「𣏟部前承朩部，而說曰象形，以林從二木例推之，此當云從二朩矣，而許君不然者，蓋朩𣏟麻三部，特以字形之遞增也，故即多寡爲次；然造字之始，必先有𣏟字，而後省之爲朩，加之爲麻。」王說是也。故屬獨體象形文。

五六 尗

尗：說文七下尗部：「豆也。象尗豆生之形也。」徐鉉注：「式竹切。」

按：段注：「『尗象』各本作『象尗』，誤，今正。重言尗者，著其形也。豆之生也，所種之豆，必爲兩瓣，而戴於莖之頂，故以一象地，下象其根，上象其戴生之形。」段說是也，故屬獨體象形文。

五七 耑

耑：說文七下耑部：「物初生之題也，上象生形，下象其根也。」徐鉉注：「多官切。」

按：段注：「以才屯韭字例之，一地也，山象初生，一下則象其根也。」王筠句讀：「山其耑也，不正者，與尗之上半同意。」是以文上象草木初生之形，下象其根之蔓延，故屬獨體象形文。

五八 韭

韭：說文七下韭部：「菜名，一種而久者，故謂之韭，象形。在一之上，一，地也；此與耑同意。」徐鉉注：「擧友切。」

按：段注：「耑亦象形，在一之上也，耑下不言一地也，錯見互相足。」本文亦云：「此與耑同意」，故依「凡言某與某同意者，皆謂其製字之意同也」（見四上羊部段注）、「凡言某與某同意者，皆謂字形之意有相似者」（見五上工部段注），得證韭與耑構字之意相同，故屬獨體象形文。

五九 瓜：說文七下瓜部：「㼌也。象形。」徐鉉注：「古華切。」

按：段注：「蓏大徐作㼌，誤。」今見小徐本及後人考校，段說是也。今以蓏釋瓜者，即訓詁上所謂「以總名釋專名」者也。徐鍇注：「厶、瓜實也，外蔓也。」故屬獨體象形文。

六十 宀：說文七下宀部：「交覆深屋也，象形。」徐鉉注：「武延切。」

按：段注：「象兩下之形。」吾師謝筠扉先生云：「字之甲文作介，金文作∩，原象居屋之形，故今字之从宀爲偏旁者，皆有居屋之意。」是以文上象交錯覆蓋之形，二旁象內涵深廣之形，故屬獨體象形文。

六一 呂：說文七下呂部：「𦟝骨也。象形。昔太嶽爲禹心呂之臣，故封呂侯。」徐鉉注：「力舉切。」

按：段注：「呂象顆顆相承，中象其系聯也。」徐灝說文解字注箋：「謂自項已下，脊骨纍纍然也。呂象聯椎之形。」王筠釋例：「呂，𦟝骨也，𦟝骨二十一椎不勝象也，象其兩兩相連而已，其中系之者筋也。」饒炯說文解字部首訂：「案脊骨，謂人背正中節骨，數凡二十四，篆但象其二節者，亦手之列多，略不過三之意。」故屬獨體象形文。

六二 网：說文七下网部：「庖犧所結繩以漁，从冂，下象网交文。」徐鉉注：「文紡切。」

按：王筠釋例：「网字全體象形，說曰從冂，非也。網形上斂下奢，與冂形大異，因其中有㐅，始平其上耳。」徐灝說文解字注箋：「网，象形。其形略，故又作罔，从亡聲，猶曐之从生聲也。古文𦉪即罔之省，罔有覆蔽義，故引申爲欺罔之偁，罔亡聲相近，亡與無通，故罔亦訓無，因其引申義行，故又从糸作網也。」以常情視之，徐說是也，故屬獨體象形文。

六三 巾：說文七下巾部：「佩巾也。从冂，丨象系也。」徐鉉注：「居銀切。」

按：段注：「有系而後佩於帶。」饒炯說文解字部首訂：「象形。緣篆外∩象巾體，丶中丨象系，與玉同意，凡巾，惟佩者有系。造文者，以其物爲人所習見，無取於遠爲形。」林義光文源：

「按象佩巾下垂形，古作巾同。」故屬獨體象形文。

六四　人　人：說文八上人部：「天地之性最貴者也。此籀文，象臂脛之形。」徐鉉注：「如鄰切。」

按：徐灝說文解字注箋：「大象人正視之形，人象側立之形。……薛氏鐘鼎款識主孫彝有人字，宛然人立。」孔廣居說文疑疑：「人當作入，象人側立形，㇈象頭頸肩背要足，／象手，人側立則彼半體爲此半體所掩，故止見其一手一足也。」但云象人側立之視是也，故屬獨體象形文。

六五　匕　匕：說文八上匕部：「相與比敘也，从反人，匕亦所以用比取飯，一名柶。」徐鉉注：「卑履切。」

按：段注：「匙」字云：「方言：『匕謂之匙。』蘇林注漢書曰：『北方人名匕曰匙。』玄應曰：『匕或謂之匙。』今江蘇所謂搽匙湯匙也，亦謂之調羹，實則古人取飯載牲之具，其首蓋銳而薄。」是先有匕後有匙字。林義光文源：「按反人無相比敘之義，古作人，象柶形。」是以本篆宜如王襄簠室殷契類纂所謂「實段懋堂先生云匕即今之飯匙」是也。其取象亦如王筠釋例所云「本作匕，象柶形，與勺篆作勺相似，其物本相似也，勺之柄在下，匕之柄在上」是也，故屬獨體象形文。

六六　衣　衣：說文八上衣部：「依也。上曰衣，下曰裳，象覆二人之形。」徐鉉注：「於稀切。」

按：徐灝說文解字注箋：「古鐘鼎文多作衣，與小篆同體，上爲曲領，左右象袂，中象交衽，此象形文，明白無可疑者，許君蓋偶未審耳。」朱氏通訓定聲：「上象首幷，中象兩袖，下象衣𠂹之形。」張文虎舒藝室隨筆：「案疑此字本象形，人象領。丷象兩袖左右襟相掩及裙下𠂹之形。」今見甲文有作衣者（殷虛書契前編六卷卅四葉），有作衣者（同上七卷二葉），中間唯畫一人，未見有畫二人者，故羅振玉增訂殷虛書契考釋中卷四二葉乃云：「（衣）象襟衽左右掩覆之形。」唯羅說似有未盡，若云象領袖及襟衽左右掩覆之形可也。故屬獨體象形文。

六七  毛：說文八上毛部：「眉髮之屬及獸毛也，象形。」徐鉉注：「莫袍切。」

按：饒炯說文解字部首訂：「夫毛類以密比叢生爲性，直出旁達，其形不一，篆正象其冒體蒙茸然者，因物付物故也。」但云象其冒體蒙茸然是也，文金文作 （毛公鼎），卽象其蒙茸分叉之形，故屬獨體象形文。

六八  舟：說文八下舟部：「船也。古者共鼓貨狄刳木爲舟，剡木爲楫，以濟不通。象形。」徐鉉注：「職流切。」

按：徐灝說文解字注箋：「古鐘鼎文作 ，橫體象文，小篆从古文變。」今見甲文作 ，確如舟形，卽以篆文視之，其形亦肖，故屬獨體象形文。

六九  儿：說文八下儿部：「仁人也，古文奇字人也，象形。孔子曰：在人下故詰屈。」徐鉉注：「如鄰切。」

按：徐灝說文解字注箋：「戴氏侗曰：人儿非二字，特因所合而稍變其勢。……戴說是也。儿本作人，因合於下而詰屈其勢，所謂人在下故詰屈也。」王筠釋例：「云故詰屈者，謂人字形直，儿字形曲也。」高翔麟說文字通：「六書略：『人象立人，儿象行人。』」故屬獨體象形文。

七十  百：說文九上百部：「頭也，象形。」徐鉉注：「書九切。」

按：段注：「象人頭之側面也，左象前，右象後。」段說是也，故屬獨體象形文。

七一  𦣻：說文九上𦣻部：「百同古文百也。巛象髮，謂之鬊，鬊卽巛也。」徐鉉注：「書九切。」

按：段注：「說百上有巛之意，象髮形也。」徐灝說文解字注箋：「巛象髮，與山川之巛，形同義異。」王筠句讀：「巛之形蒙茸上向，正小皃初生之形，小篆作百者，人長則髮盤曲于頂也。」故屬獨體象形文。

七二 彡：說文九上彡部：「毛飾畫文也，象形。」徐鉉注：「所銜切。」

按：林義光文源：「數至三而衆，故以彡象之，按古作彡，作丨丨丨，作丿丿，與三不同形，或作彡，作丿丿丿，以二象之。」是毛飾畫文之形可象也，甲文或作彡彡，或作彡彡，皆象毛形爲物象，故屬獨體象形文。

七三 文：說文九上文部：「錯畫也，象交文。」徐鉉注：「無分切。」

按：段注：「像兩紋交互也。」宋育仁說文解字部首箋正：「象形也。倉頡見跡远之迹，知分理之可相別異也，始制文字，故象交文錯畫，謂交錯畫之，以顯文理，可相別異。」是以文象交紋之形，故屬獨體象形文。

七四 卩：說文九上卩部：「瑞信也。守國者用玉卩，守都鄙者用角卩，使山邦者用虎卩，土邦者用人卩，澤邦者用龍卩，門關者用符卩，貨賄用璽卩，道路用旌卩，象相合之形。」徐鉉注：「子結切。」

按：饒炯說文解字部首訂：「象形。炯案：節爲瑞信，本一物而作爲兩段，執一留一，各取爲信以制事者，篆象卩相合一面之形。」徐灝說文解字注箋：「許云象相合之形，其蓋以卪爲符之半體，楚金云象半分之形，析之爲半分，對全體言則曰相合耳。然𠨍卷等字从卩建類，義不可通，竊疑此字乃象骨節之形，引申之義爲節制，故令印等字从之耳。」是以文象骨質卩符相合一面之形，故屬獨體象形文。

七五 甶：說文九上甶部：「鬼頭也，象形。」徐鉉注：「敷勿切。」

按：天地之間有鬼否，難言，故取象其頭，何其易乎？惟見唐畫家吳道芷地獄變相圖、清畫家羅聘目蓮救母圖，鬼卒均作尖頭狀，袁枚子不語，紀昀閱微草堂筆記所載亦然，是以文象鬼頭尖形矣！故屬獨體象形文。

七六 山 山：說文九下山部：「宣也，宣气散生萬物，有石而高，象形。」徐鉉注：「所閒切。」

按：公羊僖卅一傳：「山川有能潤于百里，天子秩而祭之。」又：「不崇朝而能徧雨于天下者，唯泰山耳！」是山能宣气散生萬物也。饒炯說文解字部首訂：「此篆形畫遠視三峯，而中峯下空者，義取山澤通气，即說解之所謂宣也。」然則但言形畫遠視三峯是也，今見金文或作 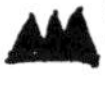 （父乙器）、或作 （克鼎），足證篆文之來有自，故屬獨體象形文。

七七 广 广：說文九下广部：「因广爲屋，象對刺高屋之形。讀若儼然之儼。」徐鉉注：「魚儉切。」

按：徐灝說文解字注箋：「考鐘鼎文广本作个，象形，小篆稍變其體。六書故曰：一夏架楹，一夏倚墉，故其文眂八而殺是也。段氏誤會，因厂之字形而爲屋，遂增从厂二字，而以厂上一點象屋，失其旨矣。對刺謂屋上作人形相對也。」徐說頗碻，葢从广之屬，皆有居屋之意，如庭庫是也。且宀广或可對易，若寓可書作庽是也。故屬獨體象形文。

七八 厂 厂：說文九下厂部：「山石之厓巖人可居，象形。」徐鉉注：「呼旱切。」

按：段注：「謂象嵌空可居之形。」徐灝說文解字注箋：「厂象岸邊之形。」王筠句讀：「左之斗絕者山也，上之横覆者厓也，土山不能横出，故曰山石之厓巖。」饒炯說文解字部首訂：「篆文之上象巖，下象穴，正如其形。」故屬獨體象形文。

七九 勿 勿：說文九下勿部：「州里所建旗，象其柄，有三游，雜帛，幅半異，所以趣民，故遽稱勿勿。」徐鉉注：「文弗切。」

按：段注：「『象其柄』，謂右筆也。『有三游』，謂彡也。三游，別於斿九游，旟七游，旗六游。『襍帛，幅半異』，司常曰：通帛爲旜，襍帛爲物。『所以趣民』，趣者，疾也。色純則緩，色駁則急，故襍帛所以趣民。」段說頗碻，故屬獨體象形文。

八十  冄 冄：說文九下冄部：「毛冄冄也，象形。」徐鉉注：「而琰切。」

按：段注：「冄冄者，柔弱下垂之皃。須部之頾，取下垂意。」桂馥義證：「毛冄冄也者，本書髯从此，云頰須也。釋名：在頰旁曰髯，隨口動搖冄冄然也。」王筠句讀說同。今見金文有作□者（師寰敦），有作□者（冄鼎），益證文象頰髯之形，故屬獨體象形文。

八一　而

而：說文九下而部：「頰毛也，象毛之形。周禮曰：作其鱗之而。」徐鉉注：「如之切。」

按：段注改頰毛爲須，贅餘也，案王筠句讀云：「師古注漢書曰：耏亦頰旁毛也，言亦者，指而爲頰毛而言也。」是以於古「而」「頰」相通。然何以取象？段注所謂「其象形，則首畫象鼻耑，次象人中，次象口上之頿，次象承漿及頤下者」是也。故屬獨體象形文。

八二　豕

豕：說文九下豕部：「彘也，竭其尾，故謂之豕，象毛足而後有尾，讀與豨同。按今世字誤以豕爲彘，以彘爲豕，何以明之，爲啄琢从豕，蟸从彘，皆取其聲，以是明之。」徐鉉注：「式視切。」

按：段注：「『毛』當作『頭四』二字，轉寫之誤。……豕首畫象其頭，次象其四足，末象其尾。」徐灝說文解字注箋、王筠句讀、章炳麟文始咸同其意，今見甲文作□，金文作□（父乙觶）□（石鼓）者，益證象其頭足而後有尾，故屬獨體象形文。

八三　豸

豸：說文九下豸部：「獸，長脊，行豸豸然，欲有所司殺形。」徐鉉注：「池爾切。」

按：段注：「總言其義其形，故不更言象形也。」徐灝說文解字注箋：「□，象側視之形。」張文虎舒藝室隨筆：「□象其首，□象其長脊立而相搏之勢。古人繪物之簡，與其狀物之精，備見於此。」張說是也，故屬獨體象形文。

八四　𤉡

𤉡：說文九下𤉡部：「如野牛而青，象形。與禽离頭同。」徐鉉注：「徐姊切。」

按：段注：「謂上象其頭，下象其足尾也。」饒炯說文解字部首訂：「𤉡象側面行形，故見其四足與身尾。……又云與禽离頭同者，𤉡篆與禽离之篆頭同，非謂兕禽离三物之頭相似，例如虎下說虎足似人足，魚下說魚尾與燕尾相似，皆本字形爲說，非擧物象也。」饒說是也，故屬獨體象形文。

八五  易：說文九下易部：「蜥易、蝘蜓、守宮也，象形。秘書說：日月爲易，象陰陽也。一日从勿。」徐鉉注：「羊益切。」

按：段注：「上象首，下象四足，尾甚微故不象。……『秘書說……』，謂上从日象陽，下从月象陰，緯書說字多言形，而非其義，此雖近理，要非六書之本，然下體亦非月也。」徐灝說文解字注箋：「易卽蜴之本字，鐘鼎文作 ，乃古象形文，易四足鋪張，此象其側視形也。參同契曰：日月爲易，剛柔相當，許引秘書本此。易釋文引虞翻云：字从日下月，三从日勿，蓋因篆體形似，臆爲之說，世人喜其新異而傳述之耳。」徐說頗碻，今見甲文作 ，金文作 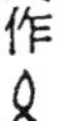（伯其父簠），益足以證明此文屬獨體象形文。

八六  象：說文九下象部：「長鼻牙，南越大獸，三秊一乳，象耳、牙、四足之形。」徐鉉注：「徐兩切。」

按：段注疑「耳牙」當作「鼻耳」，並於「四足」下增一「尾」字，竊意以爲形猶未足。今考甲文有作  者，卽象其頭鼻四足尾之形，亦卽饒炯說文解字部首訂所謂「上象其曲鼻，次象其頭耳，又次象其四足與尾」是也。故屬獨體象形文。

八七  馬：說文十上馬部：「怒也，武也，象馬頭髦尾四足之形。」徐鉉注：「莫下切。」

按：段注云以怒武釋馬，乃以疊韻爲訓是也。王筠釋例：「鐘鼎文作  者，有頭有髦，四足一尾，與小篆同。」今見甲文有作  者，亦卽如王氏所言者也。唯形中最著者髦也，蓋馬之尤異于他畜者，其髦矣！故特顯其髦以見意，故屬獨體象形文。

八八  廌：說文十上廌部：「解廌，獸也。似山牛一角。古者決訟令觸不直，象形，从豸省。」徐鉉注：

「宅買切。」

按：段注：「謂象其頭角。」徐灝說文解字注箋：「从豸省三字衍文。」王筠釋例：「從豸省，非也。」故屬獨體象形文。

八九□鹿：說文十上鹿部：「獸也。象頭角四足之形。鳥鹿足相似，从匕。」徐鉉注：「盧谷切。」

按：徐灝說文解字注箋疑「鳥鹿足相似，从匕」爲後人所增；王筠句讀亦云：「案通體象形，不得又從比會意，㲋下云足與鹿同，不云從比，足以見例。」是以上述七字屬贅餘，似可刪。王筠釋例：「□當依石鼓文作□，岐出者角也。……善飛善走者足必屈，屈則相竝時多，見其仿佛而已，故不似馬象之類，平列四足也。」饒炯說文解字部首訂：「篆上象枝角，次象頭及身尾，下象四足；然鹿兩角，而从側面視之，但見其一；又畫四足者，物行則四足皆見，不似立形之以一該二也。」故屬獨體象形文。

九〇□㲋：說文十上㲋部：「獸也。似兔青色而大，象形。頭與兔同，足與鹿同。」徐鉉注：「丑略切。」

按：段注：「中山經：綸山其獸多閭　麈麤㲋。郭注：㲋似兔而鹿脚青色，章倬。按：㲋乃㲋之俗體耳。」饒炯說文解字部首訂贊其說，且云：「篆象頭耳及四足；畫其前視，則不見尾；畫其行形，則能見四足。」故屬獨體象形文。

九一□兔：說文十上兔部：「獸名，象踞，後其尾形。兔頭與㲋頭同。」徐鉉注：「湯故切。」

按：段注：「其字象兔之蹲，後露其尾之形也。」段說是也，故屬獨體象形文。

九二□萈：說文十一上萈部：「山羊細角者，从兔足，苜聲。讀若丸，寬字从此。」徐鉉注：「苜，徒結切，非聲，疑象形。胡官切。」

按：吾師謝筠扉以爲「苜切『模結』，萈切『胡官』，古音亦不同部，許云从苜聲，非是。萈爲象形字，今蒙古及西伯利亞等地產羱羊，體大如驢，角盤屈，毛粗短，與朱說（朱駿聲通訓定聲

：「出今甘肅，大者重百斤，角大盤環，小者角細長。」）疟合。又寬字从此得聲。」而饒炯說文解字部首訂亦云：「徐鉉說首徒結切，非聲，疑象形，是也。……篆上象頭角，下象身尾與足。」林義光文源：「按首非聲，此象形字，象角，象首，象尾足之形。」是以鼎臣云象形得之，故屬獨體象形文。

九三  犬：說文十上犬部：「狗之有縣蹏者也，象形。孔子曰：視犬之字，如畫狗也。」徐鉉注：「苦泫切。」

按：王筠句讀：「宗周鐘，猷字所從之亦象形。」釋例：「犬有頭耳足而無尾者，犬尾行則盤曲而負於尻，蹲則下垂而附於股，字象蹲踞形也。……又疑古文簡質，犬字乃側面形。……周虢季子白盤：獻字從則足尾皆具。」王說頗撰，今見甲文作，益證其屬獨體象形文。

九四  鼠：說文十上鼠部：「穴蟲之總名也，象形。」徐鉉注：「書呂切。」

按：段注：「上象首，下象足尾。」徐鍇說文繫傳：「上象齒，下象腹爪尾，鼠好齧傷物故象齒。」徐說可採，蓋鼠之尤異於他畜者其齒矣！故文上象其首及齒，下象其身足尾之形，故屬獨體象形文。

九五  火：說文十上火部：「燬也。南方之行，炎而上，象形。」徐鉉注：「呼果切。」

按：「南方之行」為緯學家言，不可據以解字。段注：「大其下，銳其上。」其說可通，蓋火焰上焚之形皆如此也。唯左右不相屬者，猶未釋白，今依王筠釋例所謂「火星」解之是也。故屬獨體象形文。

九六  囪：說文十下囪部：「在牆曰牖，在屋曰囪，象形。」徐鉉注：「楚江切。」

按：段注：「此皆以交木為之，故象其交木之形，外域之也。」王筠句讀：「外其匡也，內其櫺也，上出之筆，乃起筆處耳，故古文無之。」王說是也，故屬獨體象形文。

九七　大　大：說文十下大部：「天大、地大、人亦大，故大象人形。古文大也。」徐鉉注：「徒蓋切。」

按：段注：「按天之文从一大，則先造大字也。人儿之文，但象臂脛，大文則首、手、足皆具，而可以參天地，是爲大。」徐灝說文解字注箋：「阮氏鐘鼎款識太祝鼎有大字，正象人形。繫傳云古文以此爲人字是也。大象正視，人象側立，其形取肖。」田吳炤說文二徐箋異引嚴可均說、林義光文源，均如徐說，是以文象人正面形，故屬獨體象形文。

九八　壺　壺：說文十下壺部：「昆吾圜器也，象形。从大，象其蓋也。」徐鉉注：「戶吳切。」

按：饒炯說文解字部首訂：「案篆本全體象形，然上蓋似大，許君恐人誤以爲大篆，因於象形之後，復申之曰大象其蓋也，後人加从則許意遂晦，而六書之例亦難通矣！」饒說可採。徐灝說文解字注箋：「阮氏鐘鼎款識嘉禮尊家德氏壺竝有壺字，與此篆體同，此小篆即古文之證，大象壺蓋，亞象壺體。」徐說是也，故屬獨體象形文。

九九　亣　大：說文十下大部：「籀文大，改古文，亦象人形。」徐鉉注：「他蓋切。」

按：段注：「謂古文作大，籀文乃改作亣也，本是一字，而凡字偏旁，或从古或从籀不一，許爲字書，乃不得不析爲二部，猶人儿本一字，必析爲二部也。……大象人形，此亦象人形。」是以亣大取象一恉，故屬獨體象形文。

一〇〇　囟　囟：說文十下囟部：「頭會匘蓋也，象形。」徐鉉注：「息進切。」

按：段注據內則正義云囟其字象小兒腦不合也，可從，唯改篆囟爲囟，則誤。王筠釋例：「囟段氏作囟，吾據繹山碑作囟，段氏以頭囟未合故斷之，吾以頭囟未合，時爲气所鼓盪，故以隆起者象之，說較段氏似爲近情。……此字當平看，乃全體象形，後不兼顱，前不兼額，左右不兼日月角，吾嘗執小兒驗之，囟上尖而左右及下皆圓，故繹山碑象其輪郭而爲○也。其中則筋膜連綴之，故象之以乂也，其空白四區，則未合之處也。」饒炯說同。此說可採，故屬獨體象形文。

一〇一 心 心：說文十下心部：「人心、土藏，在身之中，象形。博士說以爲火藏。」徐鉉注：「息林切。」

按：段注：「土藏者，古文尙書說；火藏者，今文家說。」此皆涉及緯學，不足採。王筠釋例：「其字蓋本作心，中象心形，猶恐不足顯著之也，故外兼象心包絡，今篆曳長一筆，趁姿媚耳！」饒炯說文解字部首訂同之。朱氏通訓定聲：「按在肺之下，膈膜之上，著脊之第五椎，形如蓮蕊，上有四系，以通四臟，心外有赤黃裹脂，謂之心包絡，下有膈膜，以蔽濁氣，不得上熏心也。」」故屬獨體象形文。

一〇二 水 水：說文十一上水部：「準也。北方之行，象衆水並流，中有微陽之气也。」徐鉉注：「式軌切。」

按：段注：「火外陽內陰，水外陰內陽，中畫象其陽，云微陽者，陽在內也，微猶隱也，水之文與☵卦略同。」王筠釋例：「水固當作☵，益鼎頻所從即是也。用作偏旁，則不便書寫，故直之，因竝本字而直之。……試觀繪水者有長有短，皆水紋；如論陰陽，則川巜く三字純陽無陰，川字且成乾封矣。……故知水字但形無意。」王說是也。故屬獨體象形文。

一〇三 く く：說文十一下く部：「水小流也。周禮匠人爲溝洫，梠廣五寸，二梠爲耦，一耦之伐廣尺，深尺謂之く。倍く謂之遂，倍遂曰溝，倍溝曰洫，倍洫曰巜。」徐鉉注：「姑玄切。」

按：段注：「く巜巛三篆下皆宜曰象形，而不言者省文也。」林義光文源：「按〜象水小流形。」饒炯說文解字部首訂：「象形。炯案田間消水之處，廣尺深尺者爲甽，篆正象其形。」是以文象一水小流之形，故屬獨體象形文。

一〇四 巜 巜：說文十一下巜部：「水流澮澮也。方百里爲巜，廣二尋深二仞。」徐鉉注：「古外切。」

按：段注於「く」字下云：「く巜巛三篆下皆宜曰象形，而不言者省文也。」於本篆下又云：「巜大於く矣，此字之本義也，因以名井田之制。」是以文象一水大於く之形，故屬獨體象形文。

一〇五 川 川：說文十一下川部：「貫穿通流水也。虞書曰：濬く巜距川，言深く巜之水會爲川也。」徐鉉注：「昌緣切。」

按：王紹蘭說文段注訂補：「說文畎作く，澮作巜，遞增其畫，以至於巛字，皆象天成之形。……但此川字是天成之川，虞書濬く巜距川，亦是天成之川，故許偁而釋之，以爲川字之證，未見其有閒也。」朱氏通訓定聲：「象水直達之形。」林義光文源：「按象形，古作巛（毛公敦訓字偏旁）同。」商承祚殷虛文字類篇釋甲文川字曰：「象有畔（畔）岸而水在中，疑是川字。」是以文象李巡注爾雅「川穿」所謂「水流而分，交錯相穿」之形是也，故屬獨體象形文。

一〇六 泉 泉：說文十一下泉部：「水原也，象水流出成川形。」徐鉉注：「疾緣切。」

按：段注：「同出而三岐，略似巛形也。」徐灝說文解字注箋：「白 象泉穴，下象水流出形。」徐說是也，故屬獨體象形文。

一〇七 仌 仌：說文十一下仌部：「凍也，象水凝之形。」徐鉉注：「筆陵切。」

按：段注：「謂象水初凝之文理也。」朱氏通訓定聲：「按水始凝，文理似之。」故屬獨體象形文。

一〇八 雨 雨：說文十一下雨部：「水从雲下也，一象天，冂象雲，水霝其閒也。」徐鉉注：「王矩切。」

按：段注：「氺者，水字也。」王筠釋例：「一象天，丨所謂引而上行讀若囟者，此地气上騰也，冂則天气下降也，四點則雨形矣，非水變爲氺也。……玉篇雨多四點，朱竹君本作雨少四點，緣是象形多少任意。」故屬獨體象形文。

一〇九 魚 魚：說文十一下魚部：「水蟲也，象形。魚尾與燕尾相似。」徐鉉注：「語居切。」

按：徐鍇說文繫傳：「下火象尾而巳，非水火之火字。」段注：「其尾皆枝，故象枝形，非从火也。」饒炯說文解字部首訂：「篆當作□，象頭身鱗尾之形。」故屬獨體象形文。

二〇 燕：說文十一下燕部：「玄鳥也。籋口，布翄，枝尾，象形。」徐鉉注：「於甸切。」

按：段注：「『籋口』，故以廿像之。『布翄』，故以北像之。『枝尾』，與魚尾同，故以火像之。」孔廣居說文疑疑：「燕之象形當作□。」甲文作□，是以象其籋口布翄身枝尾之形，故屬獨體象形文。

二一 乙：說文十二上乙部：「玄鳥也。齊、魯謂之乙，取其鳴自呼，象形。」徐鉉注：「烏轄切。」

按：段注：「既得其聲，而像其形則爲乙，燕篆像其籋口，布翄，枝尾，全體之形，乙篆像其于飛之形，故二篆皆曰像形也。乙象翅開、首竦、橫看之乃得。」王筠釋例：「乙之象形也，它字似此者甚少，或倉頡作也，……以□揣之，上古名爲乙，中古名爲燕，燕字詳密，乙字約略似鳥形耳，遂古字少，是以如此。」饒炯說文解字部首訂：「篆象鳥翩飛上下遠視之形。」今見國畫中遠翔鳥形，悉作⌒狀，乃取象其乍飛輪郭，是以文象燕飛之形，故屬獨體象形文。

二二 戶：說文十二上戶部：「護也。半門曰戶，象形。」徐鉉注：「侯古切。」

按：徐灝說文解字注箋：「一切經音義十四引字書：一扇曰戶，一扇曰門；又在於堂室曰戶，在於宅區域曰門。戶，象形。」甲文作□，金文作□（戊辰彝），是以小篆求其麗而稍變耳！故屬獨體象形文。

二三 耳：說文十二上耳部：「主聽也，象形。」徐鉉注：「而止切。」

按：徐灝說文解字注箋：「古篆作□，象耳輪郭及竅之形。」王筠釋例：「耳當作□，外則輪郭，注中者竅也，今引長之，不象形矣。耳之郭有兩層，故字上方疊兩筆，其輪耑平而下垂，故直之不復左轉也。」林義光文源：「按古作□（弭仲簠弭字偏旁），象耳及耳竅之形。」故屬獨體象形文。

二四 𦣝：說文十二上𦣝部：「顄也，象形。」徐鉉注：「與之切。」

按：段注：「此文當横視之，横視之則口上口下口中之形俱見矣。」吾師謝筠扉先生以為「顄字今作頷，指口之上下而言，上脣謂之上頷，下脣謂之下頷，下頷者，俗所謂『下巴』也，一象兩脣密合之線狀縫隙，段云『字當横視』是也。後世加頁作顄，顄行而𦣝廢，僅於偏旁見之矣。然字不可誤為指事， 中之横，蓋脣下之紋也，故為象形」（見中國文字學通論九八頁）。師說成理，可從，故屬獨體象形文。

二一五手：說文十二上手部：「拳也，象形。」徐鉉注：「書九切。」

按：段注：「今人舒之為手，卷之為拳，其實一也，故以手與拳二篆互訓。『象形』，象指掌及掔。」王筠釋例：「手字象五指及掔，段氏說是。」故屬獨體象形文。

二一六𠦬：說文十二上𠦬部：「背呂也。象脅肋也。」徐鉉注：「古懷切。」

按：段注：「脅者，兩膀也。肋者，脅骨也。此四字當作象形，仌象脅肋也。七字象形謂𠂆象背脊，居中而直，一象人要，仌則象背左右脅肋之形也。」王筠釋例：「𠦬字，亻象脊骨，仌象脅肋，一象腰，其形備矣！」故屬獨體象形文。

二一七女：說文十二下女部：「婦人也，象形，王育說。」徐鉉注：「尼呂切。」

按：段注：「不得其居六書何等，而惟王育說是象形也，蓋象其揜斂自守之狀。」王筠句讀從之。徐灝說文解字注箋：「古鐘鼎文作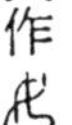，象交手斂衽之狀，以別於男子也。」今見甲文作，金文作（者女觥），是以文象其跪坐揜斂自守之形，故屬獨體象形文。

二一八民：說文十二下民部：「衆萌也，从古文之象。，古文民。」徐鉉注：「彌鄰切。」

按：段注：「蓋象萌生緐廡之形。」林義光文源：「按古作作，象草芽之形。當為萌之古文，音轉如萌，故復制萌字，草芽蕃生，引伸為人民之民，其轉音則別為氓字，然亦假萌為氓。」宋育仁說文解字部首箋正：「象艸萌生之形。」是以文象草木萌芽之形，故屬獨體象形文。

一二九、也：說文十二下乁部：「女陰也，象形。」徐鉉注：「羊者切。」

按：段注：「此篆女陰是本義，叚借爲語詞，本無可疑者，而淺人妄疑之，許在當時必有所受之，不容以少見多怪之心測之也。」王筠說同。然徐灝說文解字注箋引戴侗之說、孔廣居說文疑疑均以文爲女陰無所據，當爲象「盥器」之形。案前說近古可從，唯古來諸家說解，多闕而不釋，故他無所見，姑置無論；後說持之有故，言之成理，足以聊備一席。惟據此二說，均得以證實此文確屬獨體象形文。

一三〇、戈：說文十二下戈部：「平頭戟也。从弋，一橫之，象形。」徐鉉注：「古禾切。」

按：王筠句讀：「『從弋一橫之』，此後人所增也。厂部弋，橜也；木部梱，門橛也；皆短木也。考工記：廬人爲廬器，戈柲六尺有六寸；安得目爲弋乎？若謂一橫之指平頭而言，則何以橫於弋之中而不橫於上？且此從弋從一，則會意矣，下文又云象形，則騎牆矣。鐘鼎文有作[古文]者，其本形也。」饒炯說文解字部首訂：「戈以中直象楥及柲，右旁象胡與句，下[古文]象鐏，篆文變之，而云从弋一橫之非也。」商承祚殷虛文字類編：「戈全爲象形，丨象柲，一象戈。」今見甲文作[古文]，金文有作[古文]者（立戈卣），作[古文]者（立戈父己卣），作[古文]者（母乙卣），皆作平頭狀，其後篆體演變異矣，蓋戈之異於他兵者於此也。是以此文，上象其平頭，一橫象戈鋒，中象其柲，下象其鐏，唯不得單獨成文，故屬獨體象形文。

一三一、亅：說文十二下亅部：「鉤逆者謂之亅，象形。讀若橜。」徐鉉注：「衢月切。」

按：段注：「象鉤自下逆上之形。」徐灝說文解字注箋：「[古文]象曲鉤之形，馬之銜橜，乃其一端耳。」饒炯說文解字部首訂：「案亅爲鉤逆之器，本象鉤形，因以[古文]爲音而義引爲止。」是以文象鉤器之形，故屬獨體象形文。

一三二、珡：說文十二下珡部：「禁也，神農所作，洞越、練朱五弦，周加二弦，象形。」徐鉉注：「巨今切。」

按：饒炯說文解字部首訂：「外象琴體，中象琴柱，上四橫象弦軸，下二橫象弦軫，左右直下象弦。」饒說是也，故屬獨體象形文。

一三三  匚：說文十二下匚部：「受物之器，象形。讀若方。」徐鉉注：「府良切。」

按：段注：「此其器蓋正方，文如此作者，橫視之耳。直者其底，橫者其四圍，右其口也。」段說是也，故屬獨體象形文。

一三四  甾：說文十二下甾部：「東楚名缶曰甾，象形。」徐鉉注：「側詞切。」

按：段注：「口大而頸少殺。」饒炯說文解字部首訂：「缶者盛酒漿之器，與甾名異物同，而篆皆象形，惟缶上有蓋，甾中飾文加多爲異，段氏謂爲一字甚是。緣一字重文而分爲二音，與一字重文而分爲二義相等，皆用字尙別，文難盡造，故義从用別，而音亦隨俗轉也。」丁佛言說文古籀補補：「，古甾，許氏說東楚名缶曰甾，急就篇注：缶即盎也，大腹而斂口，此象其形。」是以文象頸少殺之缶形，故屬獨體象形文。

一三五  瓦：說文十二下瓦部：「土器已燒之總名，象形。」徐鉉注：「五寡切。」

按：段注：「象卷曲之狀。」孔廣居說文疑疑：「瓦本作，象檐瓦形，篆文易橫而縱。」王筠釋例：「詳審瓦字之形，外則屈曲，中有界畫，蓋象其初爲圓器時也。」是以文象屋瓦之形，故屬獨體象形文。

一三六  弓：說文十二下弓部：「以近窮遠，象形。古者揮作弓。周禮六弓：王弓、弧弓，以射甲革甚質；夾弓、庾弓，以射干侯鳥獸；唐弓、大弓，以授學射者。」徐鉉注：「居戎切。」

按：徐鍇說文繫傳：「揮，黃帝臣也。」徐灝說文解字注箋：「釋名云：弓，穹也。張之穹隆然也。象形，薛氏鐘鼎款識商弓壺銘作。」今甲文作，金文作（趙曹鼎），均象

弓形，其上一橫為弭，弓柄也，故屬獨體象形文。

一二七 糸 糸：說文十三上糸部：「細絲也，象束絲之形。讀若覛。糸，古文糸。」徐鉉注：「莫狄切。」

按：段注：「此謂古文也，小篆作糸，則有增益。」然段氏所云「增益」，實即徐灝說文解字注箋所謂「象束絲之餘」是也。林義光文源：「按古作糸，同。」故屬獨體象形文。

一二八 率 率：說文十三上率部：「捕鳥畢也，象絲罔，上下其竿柄也。」徐鉉注：「所律切。」

按：段注：「『象絲罔』，謂率。『上下其竿柄』，上其竿之露者，下其柄也，畢网長柄。」于鬯說文職墨：「案此字宜橫看，蓋率之制當是兩頭有竿柄，中結絲罔，……段注謂上其竿之露者下其柄也，如是則在上者乃竿端，非竿柄矣，安得渾言上下其竿柄乎？」今見金文作率（盂鼎），是文即象「率」之竿柄網目全形，故屬獨體象形文。

一二九 虫 虫：說文十三上虫部：「一名蝮，博三寸，首大如擘指，象其臥形。物之微細或行、或毛、或蠃、或介、或鱗，以虫為象。」徐鉉注：「許偉切。」

按：段注：「虫篆象臥而曲尾形。」王筠釋例：「案文似立形，則是字當橫看也，蟲多身首齊同，或首大於身，故字大首也。」今見甲文作虫，金文作虫（見魚匕，容庚金文編引），是以文象其詰屈之形，故屬獨體象形文。

一三〇 萬 萬：說文十三上虫部：「毒蟲也，象形。萬，萬或从虫。」徐鉉注：「丑芥切。」

按：此文素來論者咸以為當作从虫萬聲之「蠆」，而為形聲字例，若小徐韻譜、王筠句讀、鈕樹玉說文解字校錄之屬；或以為當作「从虫象形」，而為會意兼形例，若段注、姚文田嚴可均說文校議、朱氏通訓定聲之屬。案前一說，邵瑛說文解字群經正字已駁之曰：「从萬从虫，大失象形之意，說文本部自有从虫萬聲之字，注云：蚌屬，似蠊微大，出海中，今民食之，讀若賴。與萬異。漢李翊夫人碑：飛蠆萬蚖乎害仁良。隸釋謂其間假借字，以蠆萬蚖作蠆萬，它碑所無，不知蠆正說文或體字也。」第二說近理可採，唯許氏但云象形，自有其指，且王筠句讀於「萬」一文下注云：「虫部蠆，乃其（萬）分別文也。」是以文宜刪此以爲獨體象形文。

一三一　它：說文十三下它部：「虫也。从虫而長，象寃曲垂尾形。上古艸居患它，故相問無它乎？」徐鉉注：「託何切。」

按：段注：「寃曲者其體，垂尾者其末。　象其臥形，故詘尾而短，　象其上寃曲而下垂尾，故長詘尾謂之虫，垂尾謂之它。」王筠釋例：「它字當豎起看之，不當如虫字橫看矣！說曰象寃曲垂尾形，與虫分大小而非二物，故說曰虫也。……大蛇盤曲昂頭居中以向物，而尾垂於下，它字象之。」是以虫小蛇大，故　（見魚匕）爲金文虫，　（鄭伯匜）爲金文它，一以單線繪之，一以雙線繪，蓋示其大小有別也。故屬獨體象形文。

一三二　龜：說文十三下龜部：「舊也。外骨內肉者也。从它，龜頭與它頭同。天地之性廣肩無雄，龜鼈之類，以它爲雄，象足甲尾之形。」徐鉉注：「居追切。」

按：段注：「从它者，象它頭而已，左象足，右象背甲，曳者象尾。」徐灝說文解字注箋：「古文　，象正視形，　象側視形，篆爲橫體。」今見甲文作　　　，金文作　（見叔龜敦），悉象其首足甲尾之形，故屬獨體象形文。

一三三　黽：說文十三下黽部：「鼃黽也，从它象形。黽頭與它頭同。　，籀文黽。」徐鉉注：「莫杏切。」

按：段注：「謂从它象其頭，下象其大腹也。古文祗象其頭腹，籀文又象其長足善跳。」徐灝說文解字注箋：「黽無尾則非，从它也，蓋立文偶相似耳，假借爲黽勉之偁。」王筠釋例：「此文短脰大腹，籀文　又加足形最明了。惟是黽固無尾，字乃有尾，殆所謂理會蚪蚪時事者邪？」是以文象幼黽之形，故屬獨體象形文。

一三四 卵：說文十三下卵部：「凡物無乳者卵生，象形。」徐鉉注：「盧管切。」

按：徐灝說文解字注箋：「本作[illegible]象形。卵㲉外渾圓而內缺，故造字象其缺中有點卵黃也。二之者，卵生不一也，今篆中畫逗出者，取字形茂美耳！」意近而未洽。王筠釋例：「卵即謂魚卵，魚本卵生，顧既生之卵如米，其自腹剖出者，則有膜裹之如袋，而兩袋相比，故作卵以象之；外象膜，內象子之圓也，凡卵皆圓，而獨取魚卵者，圓物多，惟魚之卵有異，故取之。」王說是也，故屬獨體象形文。

一三五 田：說文十三下田部：「陳也。樹穀曰田，象四口；十，阡陌之制也。」徐鉉注：「待秊切。」

按：段注：「今人謂从口从十，非許意也。此象甫田之形，毛公曰：甫田謂天下之田也。」徐灝說文解字注箋：「此當以象四口爲句，謂田之四畔也；十象其中阡陌之道。」王筠釋例：「案古者田皆井授，經界必正，口以象之，溝塗四通，十以象之。此通體象形字。」是以文象其連畛之形，故屬獨體象形文。

一三六 力：說文十三下力部：「筋也，象人筋之形，治功曰力，能圉大災。」徐鉉注：「林直切。」

按：段注：「象其條理也。」徐鍇說文繫傳：「象人筋，竦其身，作力勁健之形。」桂馥義證引以爲證。徐灝說文解字注箋：「力之言理也。阮氏鐘鼎款識王伯彝有[illegible]字，即[illegible]之倒體，皆象筋之條理也。」王筠釋例：「筋多在肎綮中，其狀盤結，亦有與骨相輔而條直者，故上曲下直以象之。」是以文象人筋之形，故屬獨體象形文。

一三七 勺：說文十四上勺部：「挹取也，象形。中有實，與包同意。」徐鉉注：「之若切。」

按：段注：「外象其哆口，有柄之形，中一象有所盛也。與包同意，謂包象人裹子，勺象器盛酒漿，其意一也。」徐灝說文解字注箋：「ㄏ橫體象形；中指所盛酒漿，與巫同意，許云與包同意者，包亦中有物也。」考工記梓人：「勺一升。」玉篇：「勺，飲器也，十勺一升。」是以文象梠器之形，故屬獨體象形文。

三八 几

几：說文十四上几部：「踞几也，象形。周禮：五几：玉几、雕几、彤几、纂几、素几。」徐鉉注：「居履切。」

按：段注：「象其高而上平，可倚，下有足。」饒炯說文解字部首訂：「象几正面兩側之形。」是以文象其正視之形，故屬獨體象形文。

三九 且

且：說文十四上且部：「薦也。从几，足有二橫，一，其下地也。」徐鉉注：「子余切，又千也切。」

按：王筠釋例：「且字全體象形，許君說誤，謂一爲地，尤誤！上平者其面也，兩直其足也，兩橫其桄也。几之桄一，而兩之者，畫几者畫其前面，兼露其旁面，此亦當然，玉篇古文作且，則祇一桄，或小篆取字形茂美因而重之也。下一則柎也；柎，闌足也，植者爲足，橫於足下者爲柎，別用長版，四合爲正方以承足也。」徐鍇說文繫傳：「且，古文以爲且，又以爲几字。」古文且無二橫，知桄可有可無，是以且當是俎之古文，故屬獨體象形文。

四〇 斤

斤：說文十四上斤部：「斫木也，象形。」徐鉉注：「舉欣切。」

按：段注：「橫者象斧頭，直者象柄，其下象所斫木。」王筠句讀：「斤之刃橫，斧之刃縱，其用與鋤钁相似，不與刀鋸相似，故云斫也。」釋例：「斤之爲器，今無此名，或即鑚也，字又作錛，然則篆文當作斤，橫者其首也，向左而下迆者其刃也，植者其柄也，首以鐵爲刃，刃濶三寸許，長四寸許，爲隋銎，納展其中，展也者，屬於刃之木之名也。展之中央鑿孔而納柄焉，篆文豈其柄與首者，首則展大於刃，柄則上方而下圓也，其刃橫，不似斧刃縮，去木皮木節皆用之，江南木工但用斧，不知錛爲何物，故段氏亦不知也。」朱氏通訓定聲：「按斧以劈木，斤以削木皮木節，江南木工少用者。」今見金文作斤（谷口甬）斤斤（汾陰宮鼎）斤（

好時鼎）斤（圤斤戈），而臺灣北部農家用以取筍者，形狀作  者，自異於砍木之 

（斧），故斧斤實爲二物，惟斤屬獨體象形文。

一四一　斗：說文十四上斗部：「十升也，象形，有柄。」徐鉉注：「當口切。」

按：段注：「上象斗形，下象其柄也，斗有柄者，蓋象北斗。」徐灝說文解字注箋：「六書故引漢綏和壺文作　，孝成鼎文作　，皆古象形文，小篆其變體也。」今見金文作　（眉姝鼎）　（秦公𣪕），益見徐說之確也，是以象挹注之器形，故屬獨體象形文。

一四二　矛：說文十四上矛部：「酋矛也。建於兵車，長二丈，象形。」徐鉉注：「莫浮切。」

按：段注：「考工記謂之刺兵，其刃當直，而字形曲其首，未聞。直者象其柲，左右蓋象其英，鄭風傳云：重英，矛有英飾也。」徐鍇說文繫傳：「　，矛也；　，其上所注旄屬。」繫傳祛妄：「丨其柄也，上 　其首也， 　亦其枝也，　其建衣也。」是以文宜如段氏所謂：上象其首，中一直象其柄，左右象其英飾，唯首曲者，或即徐灝說文解字注箋引太平御覽兵部引趙書謠所謂「蛇矛左右盤蓋，矛刃曲折」，是以首曲，故屬獨體象形文。

一四三　車：說文十四上車部：「輿輪之總名，夏后時，奚仲所造，象形。」徐鉉注：「尺遮切。」

按：段注：「謂象兩輪一軸一輿之形，此篆橫視之乃得。」段氏以　爲輿，以　爲兩輪一軸，非矣，　蓋象輪之形，徐灝說文解字注箋所謂「段以二畫象輪，一直畫象軸，其中方之以象軫，取義迂晦，車輪圓體，其象至顯，古人未有舍所易見，而象其難知者」是也。孫詒讓籀文車字說：「金文車字如吳彝毛公鼎不嬰𣪕並作　，諦審其形，左兩　象兩輪，旁兩畫象轂耑之鍵，而軸貫之；其中畫特長夾于兩輪與軸午交者，輈也，　曲爲梁形，前出而連於衡，故右爲　，長畫與輈午交者衡也，兩旁短畫下歧如半月者軛與輗，蓋衡縛於輈，軛縛於衡，而輗又縛於軛。」略統言之，即象輪轂轄輗之形。今見金文或作　（吳尊蓋），如孫氏所言；或作𨏈（獻白彝），省一輪；或作𨏈（古鉢𢿝摺鍚𢼸𠊱），省𨏈銜軙軏；或作車（應公𣪊），僅存一輪兩鍵如小篆然；惟咸不失其爲象形例，故屬獨體象形文。

一四四 𠂤𠂤：說文十四下𠂤部：「大陸，山無石者，象形。」徐鉉注：「房尤切。」

按：段注：「山下曰：有石而高，象形。此言無石，以別於有石也。詩曰：如山如阜。山與阜同而異也。釋名曰：土山曰阜。象形者，象土山高大而上平，可層絫而上，首象其高，下象其三成也。」王筠釋例：「𠂤之古文作𠁿𠁿，蓋如畫坡陀者然，層層相重累也。𠂤阜是土而非石，層累而高，不能如石山之突然而起，故以𠁿象之，𠁿則𡇒其文，𠂤又仿𠁿而小變之，遂不象形耳！」是以文象土山坡陀之形，故屬獨體象形文。

一四五 [古文][古文]厽：說文十四下厽部：「厽，絫坺土爲牆壁，象形。」徐鉉注：「力軌切。」

按：段注：「像坺土積𡌦之形。」王筠釋例：「案坺者，一臿土也，然則卽是吾鄉之莝墼矣！莝墼亦方，而字作尖形者，象其不正方也。」林義光文源：「按古作[古文]。」是以文本作圓狀，其後篆書不易，乃略象尖形，宋育仁說文解字部首箋正亦云：「△象一坺土之形，三之者多也，亦多略不過三之例。」故屬獨體象形文。

一四六 [古文][古文]萬：說文十四下禸部：「蟲也，从禸，象形。」徐鉉注：「無販切。」

按：段注：「蓋其蟲四足像獸，與虫部𧎢同，象形，蓋萬亦𧎢之類也。」徐灝說文解字注箋：「萬卽𧎢，字譌从禸，此古文變小篆時所亂也。因爲數名所專，俗書又加虫作蠆，遂歧而爲二。」孔廣居說文疑疑：「埤雅云：蠆一名萬，因蠆類衆多，動以萬計，故以爲千萬之萬；原象形之始，當依鐘鼎文作𢆉，上象首，中象身，左象足，右象翅，下象尾，許注从禸，疑非。」商承祚殷虛文字類編：「卜辭及古金文中[古文][古文]等形，均象蝎，不从禸，……段先生云从禸蓋其蟲四足象獸，依後來字形爲說，失之彌遠。」孔商之說，持之有故，言之成理，可從。唯此篆與十三上虫部「蚰」篆之別，可得聞乎？王筠句讀所謂「虫部蚰，乃其分別文也」是也。故屬獨體象形文。

一四七 [glyph] 禹：說文十四下禸部：「蟲也，从厹，象形。」徐鉉注：「王矩切。」

按：徐灝說文解字注箋：「禹爲蟲名，而从獸足之厹，義不可通。」林義光文源：「按古作[glyph][glyph]，作[glyph]，皆象頭足尾之形。」據此以證：其宜屬獨體象形文。

一四八 [glyph] 甶：說文十四下甶部：「獶也，象耳頭足厹地之形，古文甶下从厹。」徐鉉注：「許救切。」

按：段注：「象耳謂[glyph]，象頭謂[glyph]，象足厹地謂[glyph]也。」林義光文源：「按古作[glyph]（邵鐘），作[glyph]（交彝），[glyph]象耳頭，ㄩの皆象尻著地之形。」故屬獨體象形文。

一四九 [glyph] 甲：說文十四下甲部：「東方之孟陽气萌動，从木戴孚甲之象，一曰人頭空爲甲，甲象人頭。」徐鉉注：「古狎切。」

按：段注：「孚者，卵孚也。孚甲猶今言殼也，凡艸木初生，或戴種於顚，或先見其葉，故其字像之，下像木之有莖，上像孚甲下覆也。……人頭空，謂髑髏也。」徐鍇說文繫傳：「甲在東北，甲子陽气所起也，自內而起，故孚甲冒出地，孚猶莩苧殼籜也，其字形亦取象人頭也。」王筠句讀：「『從木戴孚甲之象也』，猶云象木戴孚甲之形耳，而云從者，猶三下云從三數，二下云從耦，不可眞謂甲從木也。」朱氏通訓定聲：「按十幹皆託名標識，字非本義，若大一經謂甲頭乙頸丙肩丁心戊脅己腹庚臍辛股壬脛癸足，聯十幹字爲一大人形，尤淺陋無理。」孔廣居說文疑疑：「象艸木戴孚甲而生長之形。……說文皆以干支義强解，未免太鑿。」于鬯說文職墨：「此篆本當作[glyph]，ㄈ象核之外殼也，●象核中之仁，下垂者殼裂而萌蘖出也。……下文象人頭之說，已涉不經，而後人競爲異說，尤不足辨矣！」今考許之說解悉爲陰陽五行之言者，乃時尚所然，當非古義，實不可據，故此文但言象木戴孚甲之形爲獨體象形是也。以下凡天干地支之文，例悉依此。

一五〇 丁：說文十四下丁部：「夏時萬物皆丁實，象形。丁承丙象人心。」徐鉉注：「當經切。」

按：段注：「律書曰：丁者，言萬物之丁壯也。」徐灝說文解字注箋：「許云夏時萬物皆丁實，蓋以爲象果實形。」今見甲文作口，金文作●（戊寅鼎），或作○（己且丁父癸卣）皆象果實之形，惟甲文以刀契，力求線直，不若金文肖似「圖像文字」耳，故屬獨體象形文。

一五一 戊：說文十四下戊部：「中宮也。象六甲五龍相拘絞也。戊承丁象人脅。」徐鉉注：「莫候切。」

按：徐灝說文解字注箋：「周伯琦曰：戊古文作，即矛字，小篆省作戊，借爲戊己字，考鐘鼎文多作，蓋从戈而丨象矛形，戊古音讀若茂，與矛同聲也。周說近之。」饒炯說文解字部首訂：「戊即矛之古文。」朱氏通訓定聲亦以戊篆爲由矛之古文而省。若此篆確爲矛之古文，則又何以自別於「篆」之「矛」？此即饒氏所謂「蓋古書畫無二事，畫有斷連，亦有繁省，是以一物有數形」是也！今見甲文作，作；金文作（子作父戊觶），作（舉戊父爵），似又如王筠釋例所謂「字形似斧」之古兵器；惟本篆勿論其或爲「矛」之古文，或爲似斧之兵，而文咸取物象，故屬獨體象形文。

一五二 巴：說文十四下巴部：「蟲也。或曰食象蛇，象形。」徐鉉注：「伯加切。」

按：段注：「山海經曰：巴蛇食象，三歲而出其骨。」王筠釋例：「巴亦盤曲形，……祛妄篇作是也，與同一象形法，蟲類皆好盤曲，虫小則曲少，它巴大則曲亦多耳。」饒炯說文解字部首訂：「巴說蟲也，蓋以大名爲訓，又云食象蛇，即申釋蟲也之義，象其侈口突目形。」是以文即章炳麟文始所謂「巨蟒」是也，故屬獨體象形文。

一五三 癸：說文十四下癸部：「冬時水土平可揆度也，象水從四方流入地中之形。癸承壬象人足。」徐鉉注：「居誄切。」

按：朱氏通訓定聲：「兵也。……按即𢦏字，三鋒矛也，因爲借義所專，復加戈旁。」林義光文源：「按□爲水流形不類，朱氏駿聲云：即𢦏字，書一人冕執𢦏，鄭注蓋今三鋒矛也。古作□，象三鋒矛立土上形。作□，上象三鋒矛，下象其柎，與戈作□同意；變作□作□作□，隸作癸者，以□形近□，□形近□。」容庚金文編引羅振玉說同。今見金文有作□者（西宮𣪘），益見文上象三歧矛之三鋒，下象其著地之柄，故屬獨體象形文。

一五四□ 子：說文十四下子部：「十一月陽气動，萬物滋，入以爲偁，象形。」徐鉉注：「李陽冰曰：子在襁緥中，足併也。即里切。」

按：段注改「入」爲「人」是也，唯云：「象物滋生之形，亦象人首與手足之形也。」似有騎牆之嫌，蓋字意之解，容有多歧；字形之構，萬萬不得有異也。王筠句讀釋例、朱氏通訓定聲、孔廣居說文疑疑、饒炯說文解字部首訂咸以李陽冰之說爲是，故文即象幼子在襁褓之形，屬獨體象形文。

一五五□ 巳：說文十四下巳部：「巳也。四月陽气巳出，陰气巳藏，萬物見，成文章，故巳爲蛇，象形。」徐鉉注：「詳里切。」

按：朱氏通訓定聲：「按己，似也，象子在包中形，包字从之，孺子爲兒，襁褓爲子，方生順出爲𠫓，未生在腹爲巳。古者指事，巳者象形。……篆體與虫字形近，故傅會爲蛇。」章炳麟文始：「包字說解云：人裹妊巳在中，象子未成形，然則□者，未成之子，非必訓巳然也。」小學答問且定「巳即胎子」，故文象胎兒之形，故屬獨體象形文。

一五六□ 午：說文十四下午部：「啎也。五月陰气午逆，陽冒地而出，此予矢同意。」徐鉉注：「疑古切。」

按：段注：「矢之首與午相似，皆象貫之而出也。」又說文六上木部：「杵，舂杵也，从木午聲。」段注：「舂，擣粟也，其器曰杵，繫傳曰：斷木爲杵，掘地爲臼，臼杵之利，萬民以濟。

」說文七上臼部：「□，擣粟也，从廾持杵以臨臼上；午，杵省也。古者雝父初作舂。書容切。」疑「午」即「杵」之初文，徐灝說文解字注箋：「戴氏侗曰：父乙鼎文作□，庚午鬲文作□，斷木爲午，所以舂也，亦作杵，借爲子午之午，所以知其爲午臼之杵者，□从午从臼，此明證也。」今見甲文亦作□，作□，作□，咸足證文本象「杵」之形，後乃借爲「□悟」「子午」之「午」，故屬獨體象形文。

一五七　酉

酉：說文十四下酉部：「就也。八月黍成，可爲酎酒，象古文酉之形。□，古文酉，从卯，卯爲春門，萬物已出；酉爲秋門，萬物已入，一，閉門象也。」徐鉉注：「與久切。」

按：王筠句讀：「酉乃古酒字也。」孔廣居說文疑疑：「酉乃古酒字。」朱氏通訓定聲：「酉即酒字，象釀器形中有實。說文酉部六十七文皆从酒也。」徐灝說文解字注箋：「戴氏侗曰：酉，醴之通名也，象酒在缸瓮中，借爲卯酉之酉，借義擅之，故又加水作酒：醪醴之類，無不从酉，此爲明徵。周伯琦亦謂酉即酒字。灝按戴周說是也。酉讀與酒同，故訓爲就，酒以黍釀，黍八月成，故用爲八月之建，久而昧其本義，而酉與酒其音又異，遂歧而二之耳。」林義光文源：「按古酒字皆作□，作□，作□，作□，酉本義即爲酒，象釀器形，酒所容也。」今見甲文亦作□，作□，均足證文象「酒」器形，故屬獨體象形文。

一五八　亥

亥：說文十四下亥部：「荄也。十月微陽起，接盛陰，从二，二古文上字。一人男，一人女也。从乙，象褱子咳咳之形。春秋傳曰：亥有二首六身。」徐鉉注：「故改切。」

按：孔廣居說文疑疑：「亥疑即古荄字。」饒炯說文解字部首訂：「亥即荄之本字，下象草木根荄，或萌而歧上出，或萌而歧下引，皆象奇耦亂竄之形。……至於說解一人男一人女云云，乃以篆下左似乚右似二人而曲爲之說耳！……其引春秋傳曰亥有二首六身者，又象數之占讖，原謂篆上二畫，下六畫，而左傳世數，爲之隱語，非造字本意。」林義光文源：「亥，荄也，古作

□作□，一象地，□象根荄在地下形；或作□，□象根自種而出；又變作□，二亦象地。」是以文象根荄之形，故屬獨體象形文。

乙、合體象形例

段注說文敘「象形者」下云：「有獨體之象形，有合體之象形。獨體如日月水火是也。合體者，从某而又象其形，如眉从目，而以㇒象其形；……衰从衣，而以□象其形；𤲞从田，而以□象耕田溝詰屈之形是也。獨體之象形，則成字可讀，軵於从某者不成字，不可讀，說解中往往經淺人刪之，此等字半會意，半象形，一字中兼有二者。會意則兩體皆成字，故與此別。」是以凡文之取象，合一成文與一不成文以上而爲一實體之形者，謂之「合體象形。」

一 采田番：說文二上采部：「獸足謂之番，从采，田象其掌。」徐鉉注：「附袁切。」

按：段注：「下象掌，上象指爪，是爲象形。許意先有采字，乃後从采而象其形，則非獨體之象形，而爲合體之象形也。」是以文之取象：合成文之「采」與不成文之「田」而成一實體之形，故屬合體象形文。

二 疋 疋：說文二下疋部：「足也，上象腓腸，下从止。弟子職曰：問疋何止。古文以爲詩大疋字，亦以爲足字，或曰胥字，一曰疋記也。」徐鉉注：「所菹切。」

按：「上象腓腸，下从止」是以文之取象：合成文之「止」與不成文之「C」而成一實體之形，故屬合體象形文。

三 器 器：說文三上㗊部：「皿也，象器之口，犬所以守之。」徐鉉注：「去冀切。」

按：段注：「『象器之口』，謂㗊也，與上文从㗊字不同。」是以文之取象：合成文之「犬」與不成文之「㗊」而成一實體之形，故屬合體象形文。

四 谷 谷：說文三上谷部：「口上阿也。从口，上象其理。」徐鉉注：「其虐切。」

按：段注：「口上阿謂口吻已上之肉，隨口卷曲。」是以文之取象：合成文之「口」與不成文之「人」而成一實體之形，故屬合體象形文。

五 䰜 䰜：說文三下䰜部：「䰞也。古文亦鬲字，象孰飪五味气上出也。」徐鉉注：「郎激切。」

按：段注：「『象孰飪五味气上出也』，謂弜也；鬲䰜本一字，鬲專象器形，故其屬多謂器，䰜兼象孰飪之气，故其屬皆謂孰飪。」是以文之取象：合成文之「鬲」與不成文之「弜」而成一實體之形，故屬合體象形文。

六 爲 爲：說文三下爪部：「母猴也。其爲禽好爪，爪母猴象也，下腹爲母猴形。王育曰：爪，象形也。」徐鉉注：「遠支切。」

按：王筠釋例：「爲字象形兼意者，不以爪表之，不可知爲猴也，有頭有腹，短尾四足，此等物頗多，惟以𠂊象其援攫不安靜之狀，而復以爪表之，是眞猴矣。」王說是也，爪爲既成之文，其餘爲象形而未成文，是以文之取象：合成文之「爪」與不成文「爲」而成一實體之形，故屬合體象形文。

七、厷：說文三下又部：「臂上也，从又从古文。厶，古文厷，象形。」徐鉉注：「古薨切。」

按：段注：「小篆以厶太古，故加又。……『象形』，象曲肱。」是以文之取象：合成文之「又」與不成文之「厶」而成一實體之形，故屬合體象形文。

八、叉：說文三下又部：「手足甲也，从又，象叉形。」徐鉉注：「側狡切。」

按：「从又，象叉形」，是以文之取象：合成文之「又」與不成文之「象叉形」而成一實體之形，故屬合體象形文。

九、眉：說文四上眉部：「目上毛也，从目，象眉之形，上象頟理也。」徐鉉注：「武悲切。」

按：段注：「『象眉之形』，謂⺁。『上象頟理也』，謂仌在⺁眉上也，並二眉，則頟理在眉間之上。」段說是也，是以文之取象：合成文之「目」與不成文之「⺁」「仌」而成一實體之形，故屬合體象形文。

十、盾：說文四上盾部：「瞂也，所以扞身蔽目，象形。」徐鉉注：「食閏切。」

按：段注增「从目」二字，並云：「鍇曰：厂象盾形。」段說是也。是以文之取象：合成文之「目」與不成文之「厂」而成一實體之形，故屬合體象形文。

十一、胃：說文四下肉部：「穀府也，从肉，㘝象形。」徐鉉注：「云貴切。」

按：「从肉，㘝象形」，是以文之取象：合成文之「肉」與不成文之「㘝」而成一實體之形，故屬合體象形文。

十二、肩：說文四下肉部：「髆也，从肉，象形。」徐鉉注：「古賢切。」

按：段注：「象其半也。」是以文之取象：合成文之「肉」與不成文之「戶」而成一實體之形，故屬合體象形文。

十三、𥫍：說文五上竹部：「可以收繩也，从竹，象形，中象人手所推握也。」徐鉉注：「胡誤切。」

按：段注：「『象形』，謂其物像工字。『中象人手所推握也』，謂夕像人手推之持之。」是以文之取象：合成文之「竹」與不成文之「互」而成一實體之形，故屬合體象形文。

十四　巨：說文五上工部：「規巨也，从工，象手持之。」徐鉉注：「其呂切。」

按：段注：「『象手持之』，謂コ也。」是以文之取象：合成文之「工」與不成文之「コ」而成一實體之形，故屬合體象形文。

十五　巫：說文五上巫部：「祝也，女能事無形，以舞降神者也，象人兩褎舞形，與工同意，古者巫咸初作巫。」徐鉉注：「武扶切。」

按：段注：「『象人兩褎舞形』，謂[illegible]也。」是以文之取象：合成文之「工」與不成文之「[illegible]」而成一實體之形，故屬合體象形文。

十六　豊：說文五上豊部：「行禮之器也，从豆，象形。讀與禮同。」徐鉉注：「盧啓切。」

按：段注：「上象其形也。」是以文之取象：合成文之「豆」與不成文之「曲」而成一實體之形，故屬合體象形文。

十七　豐：說文五上豐部：「豆之豐滿者也，从豆，象形。一曰鄉飲酒有豐侯者。」徐鉉注：「敷戎切。」

按：段注：「[illegible]象豆大也，此與豊上象形同耳。」是以文之取象：合成文之「豆」與不成文之「[illegible]」而成一實體之形，故屬合體象形文。

十八　血：說文五上血部：「祭所薦牲血也。从皿，一象血形。」徐鉉注：「呼決切。」

按：「从皿，一象血形」，是以文之取象，合成文之「皿」與不成文之「一」而成一實體之形，故屬合體象形文。

十九　主：說文五上丶部：「鐙中火主也，从[illegible]，象形，从丶，丶亦聲。」徐鉉注：「之庾切。」

按：段注：「『[illegible]象形』，謂象鐙形。『从丶』，謂火主。」是以文之取象：合成文之「丶」

」與不成文之「𠂀」而成一實體之形，故屬合體象形文。

二十 皀 皀：說文五下皀部：「穀之馨香也，象嘉穀在裹中之形，匕，所以扱之。或說：皀，一粒也，又讀若香。」徐鉉注：「皮及切。」

按：段注：「『象嘉穀在裹中』，謂 白 也。……『匕所以扱之』，說下體从匕之意。」是以文之取象：合成文之「匕」與不成文之「白」而成一實體之形，故屬合體象形文。

廿一 倉 倉：說文五下倉部：「穀藏也，倉黃取而藏之，故謂之倉，从食省，口象倉形。」徐鉉注：「七岡切。」

按：「从食省，口象倉形」，是以文之取象：合「食省」之「仓」與不成文之「口」而成一實體之形，故屬合體象形文。

廿二 㚇 㚇：說文五下夊部：「㚇蓋也，象皮包覆㚇，下有兩臂，而夊在下，讀若范。」徐鉉注：「亡范切。」

按：段注：「『象皮包覆㚇』，謂 爫；『下有兩臂』，謂𠆢；『而夊在下』，人足也。」是以文之取象：合成文之「夊」與不成文之「爫」「𠆢」而成一實體之形，故屬合體象形文。

廿三 果 果：說文六上木部：「木實也，从木，象果形在木之上。」徐鉉注：「古火切。」

按：段注：「『象果形在木之上』，謂 田 也。」是以文之取象：合成文之「木」與不成文之「田」而成一實體之形，故屬合體象形文。

廿四 朶 朶：說文六上木部：「樹木垂朶朶也，从木，象形。此與𥝌同意。」徐鉉注：「丁果切。」

按：段注：「『象形』，謂⺄也。」是以文之取象：合成文之「木」與不成文之「⺄」而成一實體之形，故屬合體象形文。

廿五　𣏟：說文六上木部：「兩刃臿也，从木，丫象形。宋魏曰𣏟也。」徐鉉注：「互瓜切。」

按：段注：「『從木』，謂柄。『丫象形』，從丫者，謂兩刃如羊兩角之狀。」是以文之取象：合成文之「木」與不成文之「丫」而成一實體之形，故屬合體象形文。

廿六　樂：說文六上木部：「五聲八音總名，象鼓鞞，木，虡也。」徐鉉注：「玉角切。」

按：段注：「鞞，當作鼙，俗人所改也。象鼓鼙謂𢆶也。鼓大鼙小，中象鼓，兩旁象鼙也。……

……虍部曰：虡，鐘鼓之柎也。」是以文之取象：合成文之「木」與不成文之「𢆶」而成一實體之形，故屬合體象形文。

廿七　巢：說文六下巢部：「鳥在木上曰巢，在穴曰窠，从木，象形。」徐鉉注：「鉏交切。」

按：段注：「象其架高之形。」徐灝說文解字注箋：「𦥑象巢，巛象鳥。」王筠釋例：「巢在木之上，故從木，巛則鳥形，𦥑則巢形。三鳥者，況其多耳，且皆謂雛也。……故巢象群鳥在上之形。」是以文之取象：合成文之「木」與不成文之「巛」「𦥑」而成一實體之形，故屬合體象形文。

廿八　桼：說文六下桼部：「木汁可以髤物，象形。桼如水滴而下。」徐鉉注：「親吉切。」

按：段注增「从木」二字，並云：「謂左右各三，皆象汁自木出之形。」段說是也。是以文之取象：合成文之「木」與不合成文之「氺滴」而成一實體之形，故屬合體象形文。

廿九　壼：說文六下口部：「宮中道，从口，象宮垣道上之形。詩曰：室家之壼。」徐鉉注：「苦本切。」

按：「从口，象宮垣道上之形」，是以文之取象：合成文之「口」與不成文之「象宮垣道上之形」而成一實體之形，故屬合體象形文。

三十　昔：說文七上日部：「乾肉也，从殘肉，日以晞之，與俎同意。」徐鉉注：「思積切。」

按：段注：「『从殘肉』，謂𦣻也。『日以晞之』，昨之殘肉，今日晞之，故从日。……『與

「俎同意」俎从半肉且薦之，昔从殘肉日晞之，其作字之指同也，故曰同意。」是以文之取象：合成文之「日」與不成文之「𠃊」而成一實體之形，故屬合體象形文。

卅 朿 朿：說文七上朿部：「木芒也，象形，讀若刺。」徐鉉注：「七賜切。」

按：段注：「『象形』，不言从木者，朿附於木，故但言象形也。」是以文之取象：合成文之「木」與不成文之「𠆢」而成一實體之形，故屬合體象形文。

卅二 𠕁 𠕁：說文七下冃部：「幬帳之象，从冃，㞢其飾也。」徐鉉注：「苦江切。」

按：「从冃，㞢其飾也」，是以文之取象：合成文之「冃」與不成文之「㞢」而成一實體之形，故屬合體象形文。

卅三 帶 帶：說文七下巾部：「紳也，男子鞶帶，婦人帶絲，象繫佩之形，佩必有巾，从巾。」徐鉉注：「當蓋切。」

按：段注依繫傳「从巾」作「从重巾」，並云：「『象繫佩之形』，謂卌；『从重巾』，謂木也」是也。是以文之取象：合成文之「重巾」與不成文之「卌」而成一實體之形，故屬合體象形文。

卅四 巿 巿：說文七下巿部：「韠也。上古衣蔽前而已，巿以象之，天子朱巿、諸侯赤巿、大夫葱衡。从巾，象連帶之形。」徐鉉注：「分勿切。」

按：段注：「『象連帶之形』謂一也。」是以文之取象：合成文之「巾」與不合成文之「一」而成一實體之形，故屬合體象形文。

卅五 㡀 㡀：說文七下㡀部：「敗衣也，从巾，象衣敗之形。」徐鉉注：「毗祭切。」

按：「从巾，象衣敗之形」，是以文之取象：合成文之「巾」與不合成文之「衣敗之形」而成一實體之形，故屬合體象形文。

卅六　衰：說文八上衣部：「艸雨衣，秦謂之萆。从衣，象形。」徐鉉注：「穌禾切。」

按：段注：「『象形』，謂[illegible]也。」是以文之取象：合成文之「衣」與不成文之「[illegible]」而成一實體之形，故屬合體象形文。

卅七　兒：說文八下儿部：「孺子也，从儿，象小兒頭囟未合。」徐鉉注：「汝移切。」

按：段注：「謂篆體臼也，囟者頭會𡿺蓋也，小兒初生𡿺蓋未合，故象其形。」是以文之取象：合成文之「儿」與不成文之「臼」而成一實體之形，故屬合體象形文。

卅八　先：說文八下先部：「首笄也，从人，匕象簪形。」徐鉉注：「側岑切。」

按：段注：「此非相與比敍之匕，乃象先之形也；先必有歧，故叉曰叉，俗作釵。釋名曰：叉，枝也，因形名之也。篆右象其叉，左象其所抵以固弁者。」段說是也。是以文之取象：合成文之「人」與不成文之「匕」而成一實體之形，故屬合體象形文。

卅九　皃：說文八下皃部：「頌儀也，从儿，白象人面形。」徐鉉注：「莫教切。」

按：段注：「上非黑白字，乃象人面也。」是以文之取象：合成文之「人」與不成文之「白」而成一實體之形，故屬合體象形文。

四十　兜：說文八下兜部：「冕也，周曰兜，殷曰吁，夏曰收。从皃，象形。」徐鉉注：「皮變切。」

按：段注：「『象形』，謂篆體小也，蓋象皮弁之會。」是以文之取象：合成文之「皃」與不成文之「小」而成一實體之形，故屬合體象形文。

四一　兆：說文八下兆部：「廱蔽也，从人，象左右皆蔽形。讀若瞽。」徐鉉注：「公戶切。」

按：段注：「『象左右皆蔽形』謂匚也。」是以文之取象：合成文之「儿」與不成文之「匚」而成一實體之形，故屬合體象形文。

四二　面：說文九上面部：「顏前也，从百，象人面形。」徐鉉注：「彌箭切。」

按：段注：「『象人面形』，謂囗也，左象面。」是以文之取象：合成文之「百」與不成文之「囗」而成一實體之形，故屬合體象形文。

四三 石：說文九下石部：「岩也。在厂之下，口象形。」徐鉉注：「常隻切。」

按：「在厂之下，口象形」，是以文之取象：合成文之「厂」與不成文之「口」而成一實體之形，故屬合體象形文。

四四 彖：說文九下彖部：「脩豪獸，一曰河內名豕也。从彑，下象毛足。讀若弟。」徐鉉注：「羊至切。」

按：段注：「『从彑』，象頭銳。『下象毛足』，刀者，象其髦也，毛當作髦；巾象足。」是以文之取象：合成文之「彑」與不成文之「刀」「巾」而成一實體之形，故屬合體象形文。

四五 𧰲：說文九下彑部：「豕也；从彑，下象其足，讀若瑕。」徐鉉注：「乎加切。」

按：「从彑，下象其足」，是以文之取象：合成文之「彑」與不成文之「内」而成一實體之形，故屬合體象形文。

四六 亢：說文十下亢部：「人頸也，从大省，象頸脈形。」徐鉉注：「古郎切。」

按：段注：「『从大省』，上人。『象頸脈形』，下冂。」是以文之取象：合「大省」之「人」與不成文之「冂」而成一實體之形，故屬合體象形文。

四七 夫：說文十下夫部：「丈夫也，从大，一以象簪也。周制以八寸爲尺，十尺爲丈，人長八尺，故曰丈夫。」徐鉉注：「甫無切。」

按：段注：「『一以象先』，此說以一象簪之意。」王筠句讀：「一象簪形。」章炳麟文始：「此合體象形也。」是以文之取象：合成文之「大」與不成文之「一」而成一實體之形，故屬合體象形文。

四八　巤：說文十下囟部：「毛巤也，象髮在囟上，及毛髮巤巤之形。此與籀文子字同。」徐鉉注：「良涉切。」

按：段注：「『象髮在囟上』，謂巛囟也，𩠐下曰：巛象髮，髮謂之鬊，鬊即巛也。『及毛髮巤巤之形也』，謂𠙹象毛髮巤巤之形也。」是以文之取象：合成文之「囟」與不成文之「巛」「𠙹」而成一實體之形，故屬合體象形文。

四九　淵：說文十一上水部：「回水也，从水，象形。左右岸也，中象水皃。𣶒，淵或省水。𡇼，古文从口水。」徐鉉注：「烏玄切。」

按：段注：「下文釋象形，『左右』謂川，『中』謂𣶒。」是以文之取象：合成文之「水」與不成文之「川」「𣶒」而成一實體之形，故屬合體象形文。

五〇　雲：說文十一下雲部：「山川气也。从雨，云象雲回轉形。云，古文省雨。𠃶，亦古文雲。」徐鉉注：「王分切。」

按：「从雨，云象雲回轉形」，是以文之取象：合成文之「雨」與不成文之「云」而成一實體之形，故屬合體象形文。

五一　鹵：說文十二上鹵部：「西方鹹地也，从西省，象鹽形。安定有鹵縣，東方謂之㡿，西方謂之鹵。」徐鉉注：「郎古切。」

按：段注：「『从㢴省』，省字衍，此承上文㢴部从㢴之籀文也，謂卤也。『⁖象鹽形』，大徐本無⁖，小徐譌作㓊。」是以文之取象：合成文之「卤」與不成文之「⁖」而成一實體之形，故屬合體象形文。

五二　母：說文十二下女部：「牧也，从女象褱子形，一曰象乳子也。」徐鉉注：「莫后切。」

按：鈕樹玉說文解字校錄：「『一曰象乳子也』，繫傳無子也二字，韻會作『一曰象乳形』，則子字乃後人加。廣韻引蒼頡篇云：其中有兩點，象人乳形。」商承祚殷虛文字類編：「卜辭中母字亦通作女。」是以文宜言「从女，象乳形」，是以文之取象：合成文之「女」與不成文之「八」而成一實體之形，故屬合體象形文。

五三　弋：說文十二下丿部：「橜也，象折木衺銳著形，从丿象物挂之也。」徐鉉注：「與職切。」

按：段注：「古箸與者無二字，箸即者字。折木之衺銳者爲橜，故上體象其衺銳。凡用橜者爲有所表識，所謂楬櫫也，故有物挂之；文若舟之杙弋，亦是所謂系舟也，故用丿爲合體象形。」是以文之取象：合成文之「丿」與不成文之「乀」而成一實體之形，故屬合體象形文。

五四　弦：說文十二下弦部：「弓弦也，从弓，象絲軫之形。」徐鉉注：「胡田切。」

按：段注：「『象絲軫之形』，謂8也。」是以文之取象：合成文之「弓」與不成文之「8」而成一實體之形，故屬合體象形文。

五五　蟊：說文十三下蟲部：「蟲食艸根者，从蟲，象其形，吏抵冒取民財則生。」徐鉉注：「莫浮切。」

按：段注：「『从蟲，矛象形』，謂上體象此蟲繚繞於苗榦之形。」是以文之取象：合成文之「蟲」與不成文之「矛」而成一實體之形，故屬合體象形文。

五六　凷：說文十三下土部：「墣也，从土，一屈象形。」徐鉉注：「苦對切。」

按：「从土，一屈象形」，是以文之取象：合成文之「土」與不成文之「凵」而成一實體之形，故屬合體象形文。

五七　疇：說文十三下田部：「耕治之田也，从田，象耕屈之形。」徐鉉注：「直由切」

按：「从田，象耕屈之形」，是以文之取象：合成文之「田」與不成文之「己」而成一實體之形，故屬合體象形文。

五八 斝：說文十四上斗部：「玉爵也。夏曰琖，殷曰斝，周曰爵。从吅从斗冂象形，與爵同意。或說：斝受六斗。」徐鉉注：「古雅切。」

按：段注改「从吅从斗冂象形」爲「从斗，吅冂象形」，而云「从斗而上象其形」是也。是以文之取象：合成文之「斗」與不成文之「吅冂」而成一實體之形。故屬合體象形文。

五九 升：說文十四上斗部：「十龠也，从斗，亦象形。」徐鉉注：「識蒸切。」

按：段注：「各本作『亦象形』，非。」是以文之取象：合成文之「斗」與不成文之「丿」而成一實體之形，故屬合體象形文。

六〇 軎：說文十四上車部：「車軸耑也，从車，象形，杜林說。」徐鉉注：「于歲切。」

按：段注：「『象形』，謂以口象轂耑之孔，而以車之中直象軸之出於外。」是以文之取象：合成文之「車」與不成文之「口」而成一實體之形，故屬合體象形文。

六一 𩳁：說文十四下禸部：「周成王時，州歷國獻𩳁，人身反踵，自笑，笑即上脣掩其目，食人，北方謂之土螻。爾疋云：𩳁𩳁如人被髮，一名梟陽。从禸，象形。」徐鉉注：「符未切。」

按：段注：「『象形』，囟像其首，臼臼像其手執人。」是以文之取象：合成文之「禸」與不成文之「囟臼」而成一實體之形，故屬合體象形文。

六二 禼：說文十四下禸部：「蟲也，从禸，象形，讀與偰同。」徐鉉注：「私列切。」

按：「从禸，象形」，是以文之取象：合成文之「禸」與不成文之「𠧪」而成一實體之形，故屬合體象形文。

六三 孑：說文十四下了部：「無右臂也，从了，乚象形。」徐鉉注：「居桀切。」

按：「从了，乚象形」，是以文之取象：合成文之「了」與不成文之「乚」而成一實體之形，故屬合體象形文。

六四  孓：說文十四下了部：「無左臂也，从了，亅象形。」徐鉉注：「居月切。」

按：「从了，亅象形」，是以文之取象：合成文之「了」與不成文之「亅」而成一實體之形，故屬合體象形文。

六五  未：說文十四下未部：「味也，六月滋味也。五行木老於未，象木重枝葉也。」徐鉉注：「無沸切。」

按：段注：「老則枝葉重疊，故其字象之。」是以文之取象：合成文之「木」與不成文之「∪」而成一實體之形，故屬合體象形文。

六六  父：說文三下又部：「矩也，家長率教者，从又舉杖。」徐鉉注：「扶雨切。」

按：段注：「學記曰：夏楚二物，收其威也，故從又舉杖。」段引夏楚二物，蓋爲鞭箠之屬，是以文之取象：合成文之「又」與不成文之「丨」而成一實體之形，故屬合體象形文。

六七 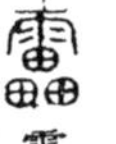 靁：說文十一下雨部：「陰陽薄動靁雨生物者也，从雨，畾象回轉形。」徐鉉注：「魯回切。」

按：段注：「以畾象其回轉之形，非三田也。」是以文之取象：合成文之「雨」與不成文之「畾」而成一實體之形，故屬合體象形文。

六八  土：說文十三下土部：「地之吐生物者也。二象地之下地之中，物出形也。」徐鉉注：「它魯切。」

按：「二象地之下地之中，物出形也」，是以文之取象：合成文之「二」與不成文之「丨」而成一實體之形，故屬合體象形文。

六九 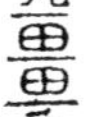 畺：說文十三下畕部：「界也，从畕，三其界畫也。」徐鉉注：「居良切。」

按：王筠釋例：「案田與田比，中必有界，以一象之。而上下各有一者，田無窮則界亦無窮，以兩田見其毗連之意，而三界以見田外之田且無數也。」是以文之取象：合成文之「畕」與不成文之「三」而成一實體之形，故屬合體象形文。

丙、變體象形例

依一象形文，稍變其形體，使音義俱異，而仍象一實體之形者，謂之「變體象形」。

一尸　尸：說文八上尸部：「陳也。象臥之形。」徐鉉注：「式脂切。」

按：段注：「此字象首俯而曲背之形。」王筠釋例：「尸者人也，尸象臥人。」是以文屬从人倒寫變體象形文。

丁、媘體象形例

依一象形文，稍媘其某部份之形體，使音義皆有異於其原形，惟亦象此實體之形者，謂之「媘體象形」。其與媘體會意之別：一則單文以媘，一則合文以媘，截然有異，不可混為一談。

一凵　凵：說文二上凵部：「張口也，象形。」徐鉉注：「口犯切。」

按：徐鍇說文繫傳：「口字無橫畫也。」段注：「也廣韻作皃。」是以文之取象。从口媘形，故屬媘體象形文。

二𦍌　𦍌：說文四上𦍌部：「羊角也，象形。讀若乖。」徐鉉注：「工瓦切。」

按：段注：「玉篇曰：𦍌𦍌，兩角皃。廣韻曰：𦍌𦍌，羊角開皃。知為羊角者，於羊字知之也。」王筠釋例：「𦍌象羊角形，角兩而四之何也？曰：本兩筆，斷為四也。下丫者何也？曰：兩筆相合之處，引長之也。它部中古文之從[illegible]者皆從[illegible]，是篆文之本形也。」饒炯說文解字部首訂：「當云从羊媘，象角之形。」是以文之取象：从羊媘形，故屬媘體象形文。

三 虍：說文五上虍部：「虎文也，象形。」徐鉉注：「荒烏切。」

按：段注：「小徐曰：象其文章屈曲也。」孔廣居說文疑疑：「此即虎之省文。」王筠釋例於「虎」字下云：「虎本全體象形，虍字省之，仍象虎文，蓋虎皮固無損也。儿在內，虍在外，去其在內者，猶去骨肉而存皮也，許君謂虎從虍，說顛倒置。」是以文之取象：从虎省形，故屬省體象形文。

四 夕：說文七上夕部：「莫也，从月半見。」徐鉉注：「祥易切。」

按：文之取象：从月半見，故屬省體象形文。

五 片：說文七上片部：「判木也，从半木。」徐鉉注：「匹見切。」

按：段注：「木字之半也。」是以文之取象：从半木，故屬省體象形文。

六 彑：說文九下彑部：「豕之頭，象其銳而上見也。讀若罽。」徐鉉注：「居例切。」

按：段注：「象形也。」王筠釋例於「㣇」字下云：「此字（㣇）全體象形，彑字即截其上半為之，猶𦍌即羊之上半，甶即鬼之上半耳。」是以文之取象：从㣇省形，故屬省體象形文。

七 𠂤：說文十四上𠂤部：「小𨸏也，象形。」徐鉉注：「都回切。」

按：段注：「象小於𨸏，故𨸏三成，𠂤二成。」是以文之取象：从𨸏省形，故屬省體象形文。

八 了：說文十四下了部：「尦也，从子無臂，象形。」徐鉉注：「盧鳥切。」

按：文之取象：从子省形，故屬省體象形文。

戊、象形兼聲例

凡象形文之中，一部份係聲符，另一部份係形符，而以形符爲主者，謂之「象形兼聲」。

一、齒：說文二下齒部：「口斷骨也，象口齒之形，止聲。」徐鉉注：「昌里切。」

按：徐鍇說文繫傳：「𠙵，斷骨；仌，齒也。」王筠釋例：「齒字象形而兼意與聲。段氏以仌爲齒，其餘爲口，印林曰非也。……筠案印林說是，許君言象口齒之形，不言從口，亦可徵也。」吾師謝筠扉先生中國文字學通論：「齒爲象形，兼聲，意以足之，是合體象形也。」謝師之說頗碻，唯以其大作未列有「象形兼聲」之目，故併入「合體象形」，今列之，是以文屬象形兼聲例。

二、舜：說文五下舜部：「艸也，楚謂之葍，秦謂之藑，蔓地連華，象形。从舛，舛亦聲。」徐鉉注：「舒閏切。」

按：段注：「𡕰象葉蔓華連之形也，『从舛』亦狀蔓連相鄉背之皃。」說文又云「舛亦聲」，是以文屬象形兼聲例。

三、㔶：說文七上𢎘部：「舌也，象形。舌體𢎘𢎘，从𢎘，𢎘亦聲。」徐鉉注：「胡男切。」

按：段注：「『舌體𢎘𢎘从𢎘』，舌有莖而如蓓蕾，故从𢎘。『象形』，謂㔶象舌輪郭及文理也。」說文又云「𢎘亦聲」，是以文屬象形兼聲例。

四、氏：說文十二下氏部：「巴蜀山名，岸脅之旁箸欲落嫷者曰氏，氏崩聞數百里。象形，乀聲。揚雄賦：響若氏隤。」徐鉉注：「承旨切。」

按：段注：「『象形』，謂𠂆象傍於山脅也。」說文又云「乀聲」，是以文屬象形兼聲例。

第二節 指事條例

甲、獨體指事例

許氏說文解字敘云：「指事者，視而可識，察而可見，上下是也。」朱宗萊文字學形義篇云：「初視之而識其所指之形，細察之而見其成文之意。」按：丄者，「高也」；丅者，「底也」。上下高低無形可象，故於一畫作識，加於上為丄，綴於下為丅，形自分明，義亦默會，是謂「視而可識，察而可見」。且造文之初，據事物動作之泛狀，或人心意營之形，表以象之，故其形不固定於一物，義不專滯於一耑，是以凡文如事象者，皆謂「指事」。唯許君於指事文，屢注以象某某之形，致使後人多誤指事為象形，故需釐定兩者之別。南唐徐鍇說文解字繫傳云：「凡指事、象形，義一也。物之實形，有可象者，則為象形。……指事者，謂物事之虛無，不可圖畫，謂之指事。……象形實而指事虛。」宋鄭樵六書略云：「指事類乎象形：指事，事也；象形，形也。」清江聲六書說云：「依形而製字為象形，因字而生形為指事。」段注說文敘「指事」云：「指事之別於象形者，形謂一物，事晐眾物，專博斯分，故一舉日月，一舉二，二，所晐之物多，日月祇一物，學者知此，可以得指事象形之分矣！」王筠文字蒙求云：「有形者，物也；無形者，事也。物有形，故可象；事無形，則聖人創意以指之而已！」金鉞言六書義例云：「其（指事）所異於象形者，象形之形有定，指事之形無定。」馬敘倫六書解例引錢玄同曰：「象形為名詞，指事為動詞。」是以二者之別：或「實」或「虛」，或「有形」或「無形」，或「依形製字」或「因字生形」，或「專」或「博」，或「形有定」或「形無定」，或「名詞」或「動詞」。總之，象形者，有若圖畫，悉取形象以模倣其大體，故有實體可象，其文以「物」為主，而以「名詞」居夥，專指一物一形；指事者，有若標識，獨憑意象以臆構其大概，故無實體可象，其文以「事」為主，而以「狀詞」居夥，泛指眾物庶事。

一　一：說文一上一部：「惟初太始，道立於一，造分天地，化成萬物。」徐鉉注：「於悉切。」

按：段注：「一之形於六書為指事。」徐灝說文解字注箋：「造字之初，先有數而後有文，一二三三畫如其數，是為指事，亦謂之象事也。」饒炯說文解字部首訂：「一畫渾淪之名，元皇之數。……萬物亦从一起，老子曰：一生二，二生三，三生萬物是也。惟舉元皇為形，則凡物象渾淪者均可借一爲之，是以造字之假借，一篆甚廣。」是以文取一畫渾淪之形，爲虛象，故屬獨體指事文。

二　丄　上：說文一上上部：「高也，此古文上，指事也　丄，篆文上。」徐鉉注：「時掌切。」

按：段注：「凡指事之文絕少，故顯白言之。象形者，實有其物，日月是也；指事者，不泥其物而言其事，丄丅是也。天地爲形，天在上，地在下，地在上，天在下，則皆爲事。」徐灝說文解字注箋：「上下無形可象，故於一畫作識，加於上爲上，綴於下爲下，是謂指事。自序曰：指事者，視而可識，察而見意也，不以爲會意者，意屬於虛。」徐說是也，故屬獨體指事文。

三　丅　下：說文一上上部：「底也，指事。」徐鉉注：「胡雅切。」

按：本篆亦屬獨體指事文，其說具見於「上」字！

四　三　三：說文一上三部：「天地人之道也，从三數。」徐鉉注：「穌甘切。」

按：王筠釋例：「三下云從三數，與二下云從偶同詞，不言從兩一從三一者，一象太極，二象兩儀，三象三才，不必由積累而成也。」饒炯說文解字部首訂：「指事，說解當如二下篆例。」是以文取三才皆備之狀，爲虛象，故屬獨體指事文。

五　丨　丨：說文一上丨部：「上下通也。引而上行讀若囟，引而下行讀若退。」徐鉉注：「古本切。」

按：段注：「可上可下，故曰下上通。」桂馥義證：「引而上行，若草木之出土上通也；引而下行，若草木之生根下通也。」王筠釋例：「丨字不著一物，是事也。」是以文象上下通之形，然無實物可按，故屬獨體指事文。

六　八　八：說文二上八部：「別也。象分別相背之形。」徐鉉注：「博拔切。」

按：段注：「此以雙聲疊韵說其義，今江浙俗語，以物與人謂之八，與人則分別矣。」王筠釋例：「指事字而云象形者，避不成詞也，事必有意，意中有形，此象人意中之形，非象人目中之形也，凡非物而說解云象形者皆然！」是以文爲虛泛之象，故屬獨體指事文。

七 釆：說文二上釆部：「辨別也，象獸指爪分別也。讀若辨。」徐鉉注：「蒲莧切。」

按：饒炯說文解字部首訂：「指事。釆下說辨，猶八下說別，皆以通行字爲訓詁也。」宋育仁說文解字部首箋正：「指事也。篆體上下略如兩爪相印，故云象獸指爪分別也。辨別，有其事，無其物，其取鳥獸指爪分別之形以爲釆字者，倉頡見鳥獸蹏迒之迹，知分理之可相別異也，遂造書契，此辨別之最明著者也，是謂遠取諸物。」故釆屬獨體指事文。

八 彳：說文二下彳部：「小步也，象人脛三屬相連也。」徐鉉注：「丑亦切。」

按：段注：「三屬者，上爲股，中爲脛，下爲足也；單擧脛者，擧中以該上下也；脛動而股與隨之。」饒炯說文解字部首訂：「彳象𠂇足三屬微動，以爲小步字，乃事象指事例。」宋育仁說文解字部首箋正：「據班固論此類字，當爲象事。相連三屬：上股、中脛、下足，連三屬而詰屈，象其微動也，故說爲小步，否則畫人脛三屬相連，當爲股脛字，不當爲行步字矣。」是以小步爲事，擧脛而行，則文爲動詞，故屬獨體指事文。

九 丩：說文三上丩部：「相糾繚也。一曰瓜瓠結丩起，象形。」徐鉉注：「居虯切。」

按：王筠釋例：「丩下云象形，實指事字也。山有山形，水有水形，惟其爲物也，丩是何物而有形哉？且其說曰：相糾繚也，糾，繩三合也；繚；纏也；則是丩象繩形也。一曰瓜瓠結糾起，則丩又象瓜瓠形也。且部中茻字說云：茻之相丩者，是凡物之糾纏者，無不可用丩也。況云相丩，是作動字用矣！乃許云象形者，凡物相丩必有形也。……篆但有糾之之物之形，而無所糾之物之形，故其糾也不交，但據所見而已。」王說是也，故屬獨體指事文。

十 十：說文三上十部：「數之具也，一爲東西，丨爲南北，則四方中央備矣。」徐鉉注：「是執切。」

按：徐灝說文解字注箋：「戴氏侗曰：十，數之成也，從衡相乘，以明數之備也。上古結繩而治，未有文字，先契以紀數，一二三亖，各如其數，自五以上，不可勝畫，故變而爲乂，以爲小成之識，變而爲十，以爲大成之識。」桂馥義證：「一爲東西，丨爲南北者，所謂縱橫十萬里也。」朱氏通訓定聲：「於六書爲指事。」是以文乃筆畫符號以記事物者，故屬獨體指事文。

十一　丵　丵：說文三上丵部：「叢生艸也。象丵嶽相竝出也。讀若浞。」徐鉉注：「士角切。」

按：王筠句讀：「丵嶽疊韻，蓋爭高競長之狀。」釋例：「云叢生艸也，似是象形字，然下文以丵嶽申之，則疊韻形容字也，知爲指事矣！」饒炯說文解字部首訂：「指事。丵嶽古語，猶卓犖也，蓋形容艸叢生皃之詞。」是以文象物茂枝起之虛貌，故屬獨體指事文。

十二　丮　丮：說文三下丮部：「持也，象手有所丮據也。讀若戟。」徐鉉注：「凡碎切。」

按：宋育仁說文解字部首箋正：「指事也。即今𢪒字，隸書作執，持下說握也，丮者，手有所握，故說持也。屮，手字；乁，本古文及字，手及爲執，當屬會意，許說乁象有丮據之形者，篆體詰屈，不取从乁爲義，譬如舉手以示有所丮據，所謂視而可識，察而見意。」是以丮取二不成文以成一虛象之形，故屬獨體指事文。

十三　几　几：說文三下几部：「鳥之短羽，飛几几也，象形。讀若殊。」徐鉉注：「市朱切。」

按：王筠句讀：「凡重言連語，即是形容之詞。」釋例：「說云飛几几也，可以疊字形容，則是事也。」饒炯說文解字部首訂：「指事。几几者，形容短羽鳥飛也，音義本於舒遲。」故屬獨體指事文。

十四　卜　卜：說文三下卜部：「灼剝龜也，象灸龜之形；一曰象龜兆之從橫也。」徐鉉注：「博木切。」

按：饒炯說文解字部首訂：「指事。說解云灼剝龜者，謂所灼之龜剝裂也；云灸龜之形者，謂象巳灸之龜，其形折裂，或縱或橫也；至於一日之說，當是小注，申釋象灸龜句意。」王襄簠室殷契類纂：「按殷契各卜字，其旁畫在直畫之左右上下無定，正象龜兆從橫之形。」是以文取兆紋之通象，故屬獨體指事文。

十五 爻：說文三下爻部：「交也，象易六爻頭交也。」徐鉉注：「胡茅切。」

按：段注：「繫辭曰：爻也者，效天下之動者也。」王筠釋例：「爻字，孔子曰：爻也者，言乎變者也，交則變矣，故象其交，必兩交之者，象貞悔也。」由此可證：爻取爻變之義，爲假象，故屬獨體指事文。

十六 冓：說文四下冓部：「交積材也。象對交之形。」徐鉉注：「古候切。」

按：段注：「冓造必鉤心鬭角也。」饒炯說文解字部首訂：「指事。冓即構之古文，象屋材交積縱橫平形，蓋屋材交積曰冓，本動字也，因以名所交積者亦曰冓。……而義非有取於交積材也。」是以冓屬獨體指事文。

十七 幺：說文四下幺部：「小也，象子初生之形。」徐鉉注：「於堯切。」

按：段注：「通俗文曰：不長曰幺，細小曰麼。子初生甚小也，俗謂一爲幺，亦謂晚生子爲幺，皆謂其小也。」饒炯說文解字部首訂：「指事。部首𢆶，即幺之重體：故幺下云小也，𢆶下云微也。夫微亦爲小，義同而聲小變，當是一字兩用，義有深淺耳。然幺象子初生之形者，謂胎胚初成，未肖人形之時，猶渾淪太極，篆正象之，而微小少隱諸義，即已包括於中。」故屬獨體指事文。

十八 予：說文四下予部：「推予也，象相予之形。」徐鉉注：「余臣切。」

按：段注：「象以手推物付之。」徐鍇說文繫傳：「，上下相予也。」王筠釋例：「予蓋全體指事，釋詁疏引說文曰：推予前人也，象兩手相與之形。」饒炯說文解字部首訂：「推予、賜與、黨與，皆一意引申，……予从古文環，取循環無端之意，而以丿爲推。」林義光文源：「按輾轉推予如環相連（古環字），丿引之以示相推無窮也。」是以文取相予之形，難可取象，故屬獨體指事文。

十九 丯：說文四下丯部：「艸蔡也，象艸生之散亂也。讀若介。」徐鉉注：「古拜切。」

按：章炳麟文始：「象艸生之散亂也，變易爲蕪無也，本爲艸亂。」是以文象艸生散亂之虛貌，故屬獨體指事文。

二十　工

工：說文五上工部：「巧飾也，象人有規榘也，與巫同意。」徐鉉注：「古紅切。」

按：朱氏通訓定聲：「按此字于六書爲指事，橫卽句，豎卽股，凡工之事，一規矩盡之，圓出于方，方出於榘，榘之法一句股盡之。」饒炯說文解字部首訂：「指事。工爲巧飾之稱，篆當作⊿，象勾股之形，今隸變爲工，下橫爲勾，中直爲股，上橫者卽指其用之斜線；言象人有規榘，以凡工事，皆統於勾股。」是以文象構作巧飾虛象之形，故屬獨體指事文。

廿一　乃

乃：說文五上乃部：「曳詞之難也，象气之出難。」徐鉉注：「奴亥切。」

按：段注：「气出不能直，遂象形。」桂馥義證王筠句讀均引埤雅云：「气自下而上，至上而不得達，所以爲气出之難也。」饒炯說文解字部首訂：「指事，炯案語詞字，多取象於气，如兮只曰乎是也，故乃爲曳詞，亦象气出之屈曲。」是以文象气之出難形，唯其非實象，而爲人心所假構之象，故屬獨體指事文。

廿二　丶

丶：說文五上丶部：「有所絕止，丶而識之也。」徐鉉注：「却庾切。」

按：段注：「按此於六書爲指事，凡物有分別，事有可不，意所存主，心識其處者皆是，非專謂讀書止輒乙其處也。」朱氏通訓定聲：「指事。按今誦書點其句讀，亦其一耑也。」是以文取有所絕止之形，然以其非象特定之物，故屬獨體指事文。

廿三　入

入：說文五下入部：「內也，象从上俱下也。」徐鉉注：「人汁切。」

按：段注：「『內也』，自外而中也。『象从上俱下也』，上下者，外中之象。」宋育仁說文解字部首箋正：「从上俱下，順也，順而入之，故爲內字。」是以文象順而入之形，爲虛象，故屬獨體指事文。

廿四 冂 冂：說文五下冂部：「邑外謂之郊，郊外謂之野，野外謂之林，林外謂之冂，象遠界也。」徐鉉注：「古熒切。」

按：段注：「八 像遠所聯亙，一象各分介畫也。」王筠釋例：「冂與口同意，祇畫其三面者，與口相避也。……冂，指事。」是以文取虛泛之象，故屬獨體指事文。

廿五 夊 夊：說文五下 夊部：「行遲曳夊夊，象人兩脛有所躧也。」徐鉉注：「楚危切。」

按：段注：「通俗文：履不著跟曰屣，屣同躧。躧屣，古今字也。行遲者如有所拕曳然，故象之。」宋育仁說文解字部首箋正：「指事也，行遲曳夊夊，謂人行步遲，如後有所拕異夊夊也。……（字）象人兩脛乀而識之，如有所躧指；其事如此，所謂視而可識，察而可見，與夂久同意。」是以文象人兩脛有所躧之虛形，故屬獨體指事文。

廿六 夂 夂：說文五下夂部：「从後至也，象人兩脛後有致之者。讀若黹。」徐鉉注：「陟侈切。」

按：王筠句讀：「兩脛謂刀部，致之者謂乁也。許君以乁爲指事字，故不言從人從乀，而渾言之曰象。」宋育仁說文解字部首箋正：「指事也。从後至，謂自後而至，猶言向前也。夊夂久相互同意：夊象人脛有所躧也，有所躧則向後不前，故說爲行遲曳；久象人脛後有距也，有所距則不得向前，亦不向後，故說爲从後灸之；夂象人後有致之者，致，送詣也，後有致之，則勢當向前，故說爲从後至也。」是以文象人兩脛後有致之虛形，故屬獨體指事文。

廿七 久 久：說文五下久部：「从後灸之，象人兩脛後有距也。周禮曰：久諸牆以觀其橈。」徐鉉注：「舉友切。」

按：王筠句讀：「本字下體之乀，誠不是字，上體明是人字，而不云從人者，人而稽拄之，無是事也，故曰象，猶之瘍象，祇是有是象焉而已，無是事也。」宋育仁說文解字部首箋正：「指事也。……刀象人兩脛，乀箸其後，象相附箸而又推拒。」是以文象人兩脛後有距之虛形，故屬獨體指事文。

廿八 㞢 出：說文六下出部：「進也，象艸木益滋，上出達也。」徐鉉注：「尺律切。」

按：王筠釋例：「㞢從屮一會意，出則全體指事。㞢舉事本，出舉事末，故㞢下從一，有所著也，……出則已在外矣，故無所著，則字形亦取無所著而已矣！」饒炯說文解字部首訂：「指事。出即茁之本字，但後人用字，出專出入，遂加艸爲茁以分別之耳！」王筠說文繫傳校錄：「㞢，朱鈔本如此，案宋刻大徐本，从出之字，有作㞢者，有作㞢者，唐李陽冰作㞢，蓋此字爲指事，不必某形爲是。」是以文取艸木上出達之通象，故屬獨體指事文。

廿九 𠂹 𠂹：說文六下𠂹部：「艸木華葉𠂹，象形。」徐鉉注：「是爲切。」

按：徐鍇說文繫傳：「從仌，仌皆葉之低𠂹也，非仌雪之字。」饒炯說文解字部首訂：「指事。𠂹義之該甚廣，事不專屬華葉，而形但取象艸木者，造字遠取諸物之意，中象枝，左右象華葉，皆屈曲以指其下𠂹意。」是以凡物之下垂者皆似之，故屬獨體指事文。

三十 囗 囗：說文六下囗部：「回也，象回帀之形。」徐鉉注：「羽非切。」

按：段注：「回，轉也。按圍繞、週圍字當用此。圍行而囗廢矣！帀，周也。」宋育仁說文解字部首箋正：「囗之言，以爲凡回帀之名，是事非物，許說象回帀之形，實指事也。……欲知周囗何以明之？則指畫周囗示之，如此所謂視而可識，察而可見。」是以文象回帀之形，然以其非象特定之物，而爲虛泛之象，故屬獨體指事文。

卅一 囧 囧：說文七上囧部：「窻牖麗廔闓明，象形。讀若獷。賈侍中說：讀與明同。」徐鉉注：「俱求切。」

按：王筠句讀：「許君云闓明，蒼頡篇亦曰：囧，大明也，知是指事字。」饒炯說文解字部首訂：「指事。說解當云照也。象窻牖麗廔闓明之形，昧者分義與形之說解於囧朙兩部。」故

四　屬獨體指事文。

卅二𢎘：說文七上𢎘部：「嘾也，艸木之華未發函然，象形。讀若含。」徐鉉注：「乎感切。」

按：饒炯說文解字部首訂：「指事。說解當云：嘾也，象形。ㄩ即凵字，象口側面形，(即象其所含也，而艸木之華未發函然者似之，因借𢎘以形容其狀。」宋育仁說文解字部首箋正：「嘾下說含深也，即今所用啖字，函然謂如舌在口上深含未放，花蕊之含苞有此象，人之啖物，合口朵頤，正象艸木之華未發含蕊之皃，故遠取諸物，制爲𢎘字。」是以文取深含之通象，故屬獨體指事文。

卅三𠧪：說文七上𠧪部：「艸木實垂𠧪𠧪然，象形，讀若調。」徐鉉注：「徒遼切。」

按：段注：「𠧪𠧪，垂皃。」王筠釋例：「𠧪下云艸木實垂𠧪𠧪然，象形，吾詳思之，知爲指事，蓋第云艸木實，則可以果字推之，謂爲象形，云垂則是事，云𠧪𠧪然，則尤曉然屬指事也。篆蓋本作，上其蒂也，下則外爲實之輪郭，內爲實之文理也。」饒炯說文解字部首訂說同，故屬獨體指事文。

卅四齊：說文七上齊部：「禾麥吐穗上平也。象形。」徐鉉注：「徂兮切。」

按：饒炯說文解字部首訂：「齊周帛女鬲作，古禮記齊作，偏旁齊亦作，皆三者平列以見事。……義本通謂齊平，不專屬禾麥，而形取於禾麥吐穗者，遠取諸物以爲指事也。」是以文取禾麥屬之通象，故屬獨體指事文。

卅五克：說文七上克部：「肩也，象屋下刻木之形。」徐鉉注：「苦得切。」

按：王筠釋例：「克下云……，余未能解，但即其說，知爲指事耳。」饒炯說文解字部首訂：「指事。篆上象屋，下象刻木側面形以承之。」吾師謝筠扉先生云：「人爲屋，O爲勞構之端首，ㄅ爲肩負勞橑之物，以巨而厚之木刻之，或刻猛虎乳幼，或刻獅子滾球，皆彔彔精工而可觀，以外貌多作▽形，故松陽人謂之爲牛腿者。以其物之能負棟也，故取其形之略以爲符號，而表示『能』『勝』之義，以所言者事也，故非象形之文。」師說是也，故屬獨體指事文。

卅六 彔 彔：說文七上彔部：「刻木彔彔也，象形。」徐鉉注：「盧谷切。」

按：王筠句讀：「刀部剝從彔，云彔刻割也。……指事而謂之象形者，刻之固有形也。」釋例：「上象其交互之文，下象其分披之文，要之不定爲何物，不得爲象形也。彔彔猶云歷錄，形容之詞。」饒炯說文解字部首訂：「指事，彔彔猶言歷歷，合言之爲歷彔，本形容刻木次第之義，而篆象其事。」是以文無實物之象，故屬獨體指事文。

卅七 凶 凶：說文七上凶部：「惡也，象地穿交陷其中也。」徐鉉注：「許容切。」

按：段注：「此爲指事。」王筠釋例：「上承臼部，臼是掘地，凵與其外相似，故得地穿之義。云交陷者，交以釋乂，陷同臽，臽在臼部末，故取以爲義，但彼是陷穽，故從人從臼，皆實象，此是凶惡，特假象以明之。乂非五之古文，凵非口犯切之凵。」王說是也，是以文屬獨體指事文。

卅八 疒 疒：說文七下疒部：「倚也，人有疾病，象倚箸之形。」徐鉉注：「女戹切。」

按：宋育仁說文解字部首箋正：「指事也。倚謂人傾倚不能立也，人疾病則恒有所依箸，育仁謂即古文病字。」王筠釋例：「案無論云倚云疒（小徐本），皆是事，字形則許說已盡之。」是以文象倚箸之形，爲虛泛之象，故屬獨體指事文。

卅九 方 方：說文八下方部：「併船也，象兩舟省總頭形。」徐鉉注：「府良切。」

按：段注：「下象兩舟併爲一，上象兩船頭總於一處也。」王筠句讀：「ㄅ象兩舟省者，兩故併也。乀在其上，是總攝其頭也。」宋育仁說文解字部首箋正：「指事也。併船謂連併兩船也。……許以字形象併兩船爲本義，象兩舟省，當作象舟省，兩舟併則見爲一舟也，象總頭形，謂

ㄉ，畫ㄑ其處，以示相連併，是謂指事。」宋說是也，故文屬獨體指事文。

四十、厶：說文九上厶部：「姦衺也。韓非曰：蒼頡作字，自營爲厶。」徐鉉注：「息夷切。」

按：段注：「自營爲厶，六書之指事也。」王筠釋例：「案營者環也，其文曲如環也，然環而不交何也？公無阻隔，循環無端矣！厶者祇欲自利，其曲如鉤，不能通達無阻硋也。」孔廣居說文疑疑：「厶與乚同意（乚古隱字）、乚曲而斂衺，厶曲而縈繞，皆人心无形之象也。」宋育仁說文解字部首箋正：「厶者必作姦衺，其體自上詰屈引而下，復自下引而上，營爲姦衺之情，形狀似此。」是以文取象於人心所假構之形，爲虛象，故屬獨體指事文。

四一、飛：說文十一下飛部：「鳥翥也，象形。」徐鉉注：「甫微切。」

按：段注：「像舒頸展翅之狀。」王筠釋例：「飛字全體指事。」句讀：「『象形』，案此指事字也。……字象直刺上飛之形。」饒炯說文解字部首訂：「指事。鳥布翅游行曰飛，說解云翥者，翥下說飛擧也；凡鳥飛，則張兩羽，而亦伸翁以作勢，故飛篆畫翁與兩翅，而指其事爲展飛義，即敍所謂視而可識，察而見意者也。」是以鳥飛則差池上下不定，此屬動詞，故屬獨體指事文。

四二、西：說文十二上西部：「鳥在巢上，象形。日在西方而鳥棲，故因以爲東西之西。」徐鉉注：「先稽切。」

按：王筠釋例：「鳥在巢上，解字義，即解字形也；上象鳥，下象巢。苟以己作己字，囟作囟字，合之不成意，故以象形蔽之，亦如說飛以象形也。鳥棲是事，上下兩體皆非字，則是指事。」饒炯說文解字部首訂：「指事。西本鳥居之名，造文者，象鳥在巢上之形指其事，後因鳥棲日落，借以名方，本義廢而或體行矣，遂用重文棲爲凡居止之稱。」是以西屬獨體指事文。

四三、丿：說文十二下丿部：「右戾也，象左引之形。」徐鉉注：「房密切。」

按：段注：「戾者，曲也；右戾者，自右而曲於左也，故其字象自左方引之。丿音義略同撆，書家八法謂之掠。」是以文象左引之形，惟形爲虛泛之象，故屬獨體指事文。

四四 

丿：說文十二下丿部：「抴也，明也，象抴引之形。虒字从此。」徐鉉注：「余制切。」

按：段注：「抴者，捈也；捈者，臥引也；臥引者，橫引之。」朱氏通訓定聲：「按與曳抴略同，明也之訓未聞。」是以文象抴引之形，然亦取虛泛之象，故屬獨體指事文。

四五 

乚：說文十二下乚部：「匿也，象迟曲隱蔽形，讀若隱。」徐鉉注：「於謹切。」

按：孔廣居說文疑疑於「厶」字下云：「乚與ㄣ同意，ㄣ曲而敓弃衣，乚曲而縈繞，皆人心无形之象也。」是以文取象於人心所假構之无形之象，故屬獨體指事文。

四六 

曲：說文十二下曲部：「象器曲受物之形，或說：曲，蠶薄也。」徐鉉注：「丘玉切。」

按：徐灝說文解字注箋：「曲受物謂之曲，方受物謂之匚，皆無定名，蠶薄亦曲器之一也。」吾師謝筠扉先生云：「此非特定之物形，蓋爲凡曲者之偁耳。」是以文取受物之泛象，故屬獨體指事文。

四七 

二：說文十三下二部：「地之數也，从偶。」徐鉉注：「而至切。」

按：王筠句讀：「偶當作耦。……繫辭曰：陽卦奇，陰卦耦，故云從偶；三部曰從三數，不曰從三一，亦同意。許君蓋謂一二三皆獨體之文。」饒炯說文解字部首訂：「指事。炯案二訓地數，對天爲名，與一相耦。」徐灝說文解字注箋於「二」字下云：「造字之初，先有數而後有文，一二三亖盡如其數，是爲指事，亦謂之象事也。」是以文取二畫以爲符號，以記事物，故屬獨體指事文。

四八 

四：說文十四下四部：「陰數也，象四分之形。」徐鉉注：「息利切。」

按：宋育仁說文解字部首箋正：「天一地二，天三地四，陽奇陰耦，故四爲數，外四方形而中八分

之。方者徑一而圍四，故圍而八之，制以爲四字，指事也，所謂視而可識，察而見意。三、

古文四。」是以文象四分之形，惟係虛泛之象，故屬獨體指事文。

四九　宁：說文十四下宁部：「辨積物也，象形。」徐鉉注：「直呂切。」

按：饒炯說文解字部首訂：「指事。宁爲貯之古文，貯即宁之轉注，蓋積物者，必辨其種類，宁之乃有處所，篆畫六邊，正象辨積其物不一之形。」宋育仁說文解字部首箋正：「指事也。辨積物，人之事也，不名一物，不得畫成其物。」是以文取辨積其物之通象，故屬獨體指事文。

五〇　叕：說文十四下叕部：「綴聯也，象形。」徐鉉注：「陟劣切。」

按：饒炯說文解字部首訂：「指事。叕篆正象左右相聯形，以見其義爲合著不離，而音義取於接續爲名者也。」宋育仁說文解字部首箋正：「此篆橫衺交互，蓋象网交㸚系聯叕，以爲凡聯叕之名，不專屬圖畫其形者，遠取諸物也。」是以文表綴聯之象，故屬獨體指事文。

五一　亞：說文十四下亞部：「醜也，象人局背之形。賈侍中說：以爲次第也。」徐鉉注：「衣駕切。」

按：段注：「『象人局背之形』，像醜惡之狀也。」王筠釋例：「醜是事而不可指，借局背之形以指之，非惟駝背，抑且雞匈，可云醜矣？爾雅：亞，次也。賈侍中所本，許君列于後者，於字形不能得此義也。」饒炯說文解字部首訂：「指事。」王筠說：亞象人龜背雞胸，其言是也，蓋醜惡之義，其事難狀。」是以亞屬獨體指事文。

五二　九：說文十四下九部：「陽之變也，象其屈曲究盡之形。」徐鉉注：「舉有切。」

按：段注：「許書多作詰詘，此云屈曲，恐後人改之。」朱氏通訓定聲：「按究盡者，聲訓之法，屈曲有形，究盡豈有形乎？古人造字以紀數，起于一，極于九，皆指事也。二三四爲積畫，餘皆變化其體，無形可象，亦無意可會，於六書則指事云爾！」是以文象其屈曲究盡之形，爲虛象，故屬獨體指事文。

五三 乙

乙：說文十四下乙部：「象春艸木寃曲而出，陰气尙彊，其出乙乙也，與丨同意。乙承甲象人頸。」徐鉉注：「於筆切。」

按：段注：「寃之言鬱，曲之言詘也；乙乙，難出之皃，史記曰：乙者，言萬物生軋軋也。……月令鄭注：乙之言軋也，時萬物皆抽軋而出，物之出土，艱屯如車之輾地澁滯。『與丨同意』，謂與自下通上之丨同意也。乙自下出，上礙於陰，其書之也宜倒行。」段說是也，是以文取虛象，故屬獨體指事文。

五四 己

己：說文十四下己部：「中宮也，象萬物辟藏詘形也。己承戊象人腹。」徐鉉注：「居擬切。」

按：段注：「辟藏者，盤辟收斂，字像其詰詘之形也。」是以文象萬物辟藏詘之形，惟係虛象，故屬獨體指事文。

五五 庚

庚：說文十四下庚部：「位西方，象秋時萬物庚庚有實也。庚承己象人臍。」徐鉉注：「古行切。」

按：段注：「庚庚，成實皃。」桂馥義證：「象秋時萬物庚庚有實也者，淮南子『春氣發而百草生，得秋而萬物成實』。」是以文取秋時物成之通象，故屬獨體指事文。

五六 壬

壬：說文十四下壬部：「位北方也。陰極陽生，故易曰：龍戰于野，戰者接也。象人褢妊之形，承亥壬以子生之叙也。與巫同意。壬承辛象人脛，脛任體也。」徐鉉注：「如林切。」

按：饒炯說文解字部首訂：「指事。壬卽妊之本字，若借工爲人，一象陽氣位於其中，卽所以褢之，如巫借工爲人，左右岐象其舞褎，故云與巫同意，而日位北方，託之爲名者，卽說解陰極陽生之義，其時陽气初復，含育於中，如人之褢妊，結胎於內，然至子位而始生矣！因借壬爲之。」是以壬屬獨體指事文。

五七 卯

卯：說文十四下卯部：「冒也。二月萬物冒地而出，象開門之形，故二月爲天門。」徐鉉注：「莫飽切。」

按：饒炯說文解字部首訂：「指事。卯為二月時斗建方位本字，說解以冒釋卯，蓋謂陽气上地，萬物冒出，卯故因冒為聲，而象開門之形。」宋育仁說文解字部首箋正同之，故屬獨體指事文。

乙、合體指事例

凡文之取意，合一成文與一不成文以上而為一虛象之形者，謂之「合體指事」。其與合體象形之別：一則不成文部份，憑意構之象；一則不成文部份，象實物之形。

一 示：說文一上示部：「天垂象，見吉凶，所以示人也。从二，三垂，日月星也。觀乎天文，以察時變，示神事也。」徐鉉注：「神至切。」

按：段注：「『三垂』，謂小。」是以文之取意：合成文之「二」與不成文之「小」而成一虛象之形，故屬合體指事文。

二 王：說文一上王部：「天下所歸往也。董仲舒曰：古之造文者，三畫而連其中謂之王。三者天地人也，而參通之者王也。孔子曰：一貫三為王。」徐鉉注：「雨方切。」

按：徐灝說文解字注箋：「王與玉篆體相似，故以中畫近上別之，古文𤣩下曲，亦所以識別也。」是以文之取意：合成文之「三」與不成文之「丨」而成一虛象之形，故屬合體指事文。

三 中：說文一上丨部：「而也，从口，丨，上下通。」徐鉉注：「陟弓切。」

按：段注：「按中字會意之恉，必當从口，音圍；衛宏說：中字从卜中，則中字不从口明矣，从口，失之。」是以文之取象：合成文之「丨」與不成文之「口」而成一虛象之形，故屬合體指事文

四 牟：說文二上牛部：「牛鳴也，从牛，象其聲气从口出。」徐鉉注：「莫浮切。」

按：聲气非實象，是以文之取象：合成文之「牛」與不成文之「ㄙ」而成一虛象之形，故屬合體

指事文。

五 㗊：說文二下品部：「多言也。从品相連。春秋傳曰：次于㗊北，讀與聶同。」徐鉉注：「尼輒切。」

按：田吳炤說文二徐箋異：「山非山川之山也。」朱氏通訓定聲：「从品相連，指事。」是以文之取意：合成文之「品」與不成文之「山」而成一虛象之形，故屬合體指事文。

六 只：說文三上只部：「語已詞也，从口，象气下引之形。」徐鉉注：「諸氏切。」

按：「从口，象气下引之形」，是以文之取意：合成文之「口」與不成文之「八」而成一虛象之形，故屬合體指事文。

七 音：說文三上音部：「聲也。生於心，有節於外，謂之音。宮、商、角、徵、羽，聲；絲、竹、金、石、匏、土、革、木，音也。从言含一。」徐鉉注：「於今切。」

按：段注：「『从言含一』，有節之意也。」林義光文源：「从言，一以示音在言中。」是以文之取意：合成文之「言」與不成文之「一」而成一虛象之形，故屬合體指事文。

八 叉：說文三下又部：「手指相錯也，从又，象叉之形。」徐鉉注：「初牙切。」

按：段注改「从叉」為「从又一」云：「象指閒有物也。」是以文之取意：合成文之「又」與不成文之「一」而成一虛象之形，故屬合體指事文。

九 夬：說文三下又部：「分決也，从又，ㄓ象決形。」徐鉉注：「古賣切。」

按：王筠釋例：「ㄓ祇是決之之狀。」章炳麟文始：「此合體指事字也。」是以文之取意：合成文之「又」與不成文之「ㄓ」而成一虛象之形，故屬合體指事文。

十 尹：說文三下又部：「治也，从又丿，握事者也。」徐鉉注：「余準切。」

按：段注：「又為握，丿為事。」王筠釋例：「握以說又，事以說丿，然十二篇丿乁二字，皆無事義，恐丿非字，祇是以手有所料理之狀。」是以文之取意：合成文之「又」與不成文之「丿」而成一虛象之形，故屬合體指事文。

十一　芈　羋：說文四上羊部：「羊鳴也，从羊，象聲气上出。與牟同意。」徐鉉注：「緜婢切。」

按：「从羊，象聲气上出」，是以文之取象：合成文之「羊」與不成文之「丆」而成一虛象之形，故屬合體指事文。

十二　刅　刃：說文四下刃部：「刀堅也，象刀有刃之形。」徐鉉注：「而振切。」

按：王筠釋例：「有形不可象，轉而為指事者，乃指事之極變，刃字是也。夫刀以刃為用，刃不能離刀而成體也，顧刅之為字，有柄有脊有刃矣，欲別作刅字，不能不從刀而以丶指事處，謂刃在是而已，刃豈突出一鋒乎？」是以文之取意：合成文之「刀」與不成文之「丶」而成一虛象之形，故屬合體指事文。

十三　甘　甘：說文五上甘部：「美也。从口含一，一道也。」徐鉉注：「古三切。」

按：朱氏通訓定聲：「甘者，五味之美；一者，味也。」是以文之取意：合成文之「口」與不成文之「一」而成一虛象之形，故屬合體指事文。

十四　曰　曰：說文五上曰部：「詞也。从口乙聲，亦象口气出也。」徐鉉注：「王代切。」

按：段注：「『从口，乚象口气出也』，各本作『从口乙聲，亦象口气出也』，非是。孝經音義曰：从乙在口上，乙象氣，人將發語，口上有氣，今據正。」是以文之取意：合成文之「口」與不成文之「乚」而成一虛象之形，故屬合體指事文。

十五　曶　曶：說文五上曰部：「出气詞也，从曰，𠃌象气出形。春秋傳曰：鄭太子曶。」徐鉉注：「呼骨切。」

按：「从曰，𠃌象气出形」，是以文之取意：合成文之「曰」與不成文之「𠃌」而成一虛象之形，故屬合體指事文。

十六、丂　丂：說文五上丂部：「气欲舒出，ㄅ上礙於一也。丂古文以為亏字，又以為巧字。」徐鉉注：「苦浩切。」

按：段注：「ㄅ者气欲舒出之象，一其上，不能徑達。」是以文之取意：合成文之「一」與不成文之「ㄅ」而成一虛象之形，故屬合體指事文。

十七、兮　兮：說文五上兮部：「語所稽也。从丂，八象气越亏也。」徐鉉注：「胡雞切。」

按：段注：「越亏皆揚也，八象气分而揚也。」是以文之取意：合成文之「丂」與不成文之「八」而成一虛象之形，故屬合體指事文。

十八、乎　乎：說文五上兮部：「語之餘也，从兮，象聲上越揚之形也。」徐鉉注：「戶吳切。」

按：段注：「謂首筆也，象聲气上升越揚之狀。」是以文之取意：合成文之「兮」與不成文之「丿」而成一虛象之形，故屬合體指事文。

十九、京　京：說文五下京部：「人所為絕高丘也，从高省，丨象高形。」徐鉉注：「舉卿切。」

按：丨為指其高之所在之符號，是以文之取意：合成文之「高省」與不成文之「丨」而成一虛象之形，故屬合體指事文。

二十、亯　亯：說文五下亯部：「獻也，从高省，⊖象進孰物形。孝經曰：祭則鬼亯之。」徐鉉注：「許兩切，又普庚切。」

按：⊖象進孰物形，非特定之物，是以文之取意：合成文之「高省」與不成文之「⊖」而成一虛象之形，故屬合體指事文。

廿一、畗　畗：說文五下畗部：「滿也，从高省，象高厚之形，讀若伏。」徐鉉注：「芳逼切。」

按：段注：「『象高厚之形』，謂田也。」是以文之取意：合成文之「高省」與不成文之「田」

而成一虛象之形，故屬合體指事文。

廿二　本　本：說文六上木部：「木下曰本，从木，一在其下。」徐鉉注：「徐鍇曰：一記其處也。本末朱皆同義。布忖切。」

按：鄒伯奇讀段注說文札記：「本末朱皆指事字非象形也，朱固不可像，然木字為象形而畫一，木字則本末之形皆已具足，茲欲專像其本則為个，專像其末則為屮，皆與他文相混，故本末亦不可像，乃加一於木之上下為本末。」是以文之取意：合成文之「木」與不成文之「一」而成一虛象之形，故屬合體指事文。

廿三　朱　朱：說文六上木部：「赤心木，松柏屬，从木，一在其中。」徐鉉注：「章俱切。」

按：鄒伯奇讀段注說文札記：「赤心不可像，故以一識之。」是以文之取意：合成文之「木」與不成文之「一」而成一虛象之形，故屬合體指事文。

廿四　末　末：說文六上木部：「木上曰末，从木，一在其上。」徐鉉注：「莫撥切。」

按：「从木，一在其上」，是以文之取意：合成文之「木」與不成文之「一」而成一虛象之形，故屬合體指事文。

廿五　才　才：說文六上才部：「艸木之初也，从丨上貫一，將生枝葉；一，地也。」徐鉉注：「昨哉切。」

按：段注：「一，謂上畫也。將生枝葉，謂下畫。才有莖出地，而枝葉未出，故曰將。」是以文之取意：合成文之「丨」與不成文之「乚」「一」而成一虛象之形，故屬合體指事文。

廿六　之　之：說文六下之部：「出也，象艸過屮，枝莖益大，有所之，一者地也。」徐鉉注：「止而切。」

按：王筠句讀：「象者，象事也。字從屮從一，而不言從者，以字形見字義，故言象也。設言從屮，則不得言過屮，不得言益大矣！有所之者，與易繫辭各指其所之相似，釋詁：之，往也。……訓一為地，與一為天同例，乃指事字為象形字，故亦不言從。」是以文之取意：合成文之

「屮」與不成文之「一」而成一虛象之形，故屬合體指事文。

廿七 㞢

㞢：說文六下㞢部：「止也，从屮，盛而一橫止之也。」徐鉉注：「即里切。」

按：王筠釋例：「一無止義，祇是有止之者耳！」是以「一」非字，而爲止之符號，故文之取意：合成文之「屮」與不成文之「一」而成一虛象之形，即章炳麟文始所謂「合體指事」是也。

廿八 生

生：說文六下生部：「進也，象艸木生出土上。」徐鉉注：「所庚切。」

按：饒炯說文解字部首訂：「借物象以指事，……故生从土，象物出土初生之形。」是以文之取意：合成文之「土」與不成文之「屮」而成一虛象之形，故屬合體指事文。

廿九 丰

丰：說文六下生部：「艸盛丰丰也，从生，上下達也。」徐鉉注：「敷容切。」

按：徐鍇說文繫傳：「察草之生，上盛者其下必深根也。」章炳麟文始：「此合體指事也。」是以文之取意：合成文之「生」與不成文之「丨」而成一虛象之形，故屬合體指事文。

三十 回

回：說文六下口部：「轉也，从口，中象回轉形。」徐鉉注：「戶恢切。」

按：「从口，中象回轉形」，是以文之取意：合成文之「口」與不成文之「口」而成一虛象之形，故屬合體指事文。

卅一 旦

旦：說文七上旦部：「明也，从日見一上；一，地也。」徐鉉注：「得案切。」

按：徐鍇說文繫傳：「日出於地也。」章炳麟文始：「此合體指事也。」是以文之取意：合成文之「日」與不成文之「一」（地之通象）而成一虛象之形，故屬合體指事文。

卅二 毌

毌：說文七上毌部：「穿物持之也，从一橫貫，象寶貨之形，讀若冠。」徐鉉注：「古丸切。」

按：段注：「毌，象寶貨之形。」徐鍇說文繫傳：「古貝穿之，又珠亦穿之，謂之琲。」是毌象寶貨之通象。是以文之取意：合成文之「一」與不成文之「毌」而成一虛象之形，故屬合體指事文。

卅三　襾：說文七下襾部：「覆也，从冂上下覆之，讀若亞。」徐鉉注：「呼訝切。」

按：段注：「下字牘冂者，自上而下也；凵者，自下而上也，故曰上覆之。覆者，覂也。从一者，天也，上覆而不外乎天也。」段說是也，是以文之取意：合成文之「冂」與不成文之「一」「凵」而成一虛象之形，故屬合體指事文。

卅四　卒：說文八上衣部：「隸人給事者衣爲卒，卒衣有題識者。」徐鉉注：「臧沒切。」

按：王筠釋例：「卒爲衣名，故入衣部，其衣名卒，而衣此衣者，即謂之卒。……然何以衣爲卒也？故又申之曰卒衣有題識者，丿以象題識。」依王說則丿象題識，非字矣！是以文之取意：合成文之「衣」與不成文之「丿」而成一虛象之形，故屬合體指事文。

卅五　丏：說文九上丏部：「不見也，象壅蔽之形。」徐鉉注：「彌兗切。」

按：徐灝說文解字注箋：「从丏之字：眄，目偏合也；寡，冥合也；皆與壅蔽義近。」饒炯說文解字部首訂：「指事。丏篆夾於面下，當是象面壅蔽之形，以示不見之義。」孔廣居說文疑疑：「丏當作𠁊，象人蔽面形。」林義光文源：「按古作万（叡鐘寡字偏旁），象人頭上有物蔽之形。……篆作丏者，从𠂉，即人之變，一乚象有物在其上及前擁蔽之。」是以文之取意：合成文之「人」與不成文之「一」「乚」而成一虛象之形，故屬合體指事文。

卅六　豖：說文九下豕部：「豕絆足行豖豖，从豕繫二足。」徐鉉注：「丑六切。」

按：王筠釋例：「豕絆足行豖豖，可以望字形容，知爲指事矣！與馽形同，義亦近，但較直捷耳！」朱氏通訓定聲：「按丶者指事。」是以文之取意：合成文之「豕」與不成文之「丶」而成一虛象之形，故屬合體指事文。

卅七　馽：說文十上馬部：「馬一歲也，从馬，一絆其足，讀若弦，一曰若環。」徐鉉注：「戶關切。」

按：王筠句讀：「與豖同意，……非數目之一二字。」釋例：「一絆其足，則一歲之馬，即當攻治謂習，故絆之，而一無絆意，是由會意而變爲指事之字也。」是以文之取意：合成文之「馬」與不成文之「二」而成一虛象之形，故屬合體指事文。

卅八、馵：說文十上馬部：「馬後左足白也，从馬，二其足，讀若注。」徐鉉注：「之戍切。」

按：段注：「謂於足以二爲記識，如馬於足以一爲記識也，非一二字，變篆爲隸，馬既作馬，則馬作馬，與篆大乖矣，石經作馵。」是以文之取意：合成文之「馬」與不成文之「二」而成一虛象之形，故屬合體指事文。

卅九、馽：說文十上馬部：「絆馬也，从馬，口其足。春秋傳曰：韓厥執馽前，讀若輒。」徐鉉注：「陟立切。」

按：段注：「口象絆之形。」是以文之取意：合成文之「馬」與不成文之「口」而成一虛象之形，故屬合體指事文。

四十、犮：說文十上犬部：「走犬皃，从犬而丿之也，其足則剌犮也。」徐鉉注：「蒲撥切。」

按：丁福保案：「『而少之也』當作『而丿之曳』。朱氏通訓定聲：『从犬而丿之，指事：曳其足，則剌犮也。』」是以文之取意：合成文之「犬」與不成文之「丿」而成一虛象之形，故屬合體指事文。

四一、亦：說文十下亦部：「人之臂亦也。从大，象兩亦之形。」徐鉉注：「羊益切。」

按：段注：「『象兩亦之形』，謂左右兩直，所以象無形之形。」是以文之取意：合成文之「大」與不成文之「八」而成一虛象之形，故屬合體指事文。

四二、夾：說文十下亦部：「盜竊褱物也，从亦有所持，俗謂蔽人俾夾是也。弘農陜字从此。」徐鉉注：「失冉切。」

按：段注：「『从亦有所持』，兩亦下有物，盜竊而褱之意。」王筠釋例：「從亦有所持，所持謂

M，去M祇有大字。」章炳麟文始：「此合體指事也。」是以文之取意：合成文之「大」與不成文之「M」而成一虛象之形，故屬合體指事文。

四三 立：說文十下立部：「住也，从大立一之上。」徐鉉注：「力入切。」

按：段注：「鉉曰：大，人也；一，地也，會意。」一既為地，則為一不成文之符號，是以文之取意：合成文之「大」與不成文之「一」而成一虛象之形，故屬合體指事文。

四四 巛：說文十一下川部：「害也，从一雝川，春秋傳曰：川雝為澤，凶。」徐鉉注：「祖才切。」

按：徐灝說文解字注箋：「繫傳云从一指事是也。」朱氏通訓定聲：「从川，一雝之，指事。」章炳麟文始：「此合體指事也。」是以文之取意：合成文之「川」與不成文之「一」而成一虛象之形，故屬合體指事文。

四五 霝：說文十一下雨部：「雨零也，从雨，㗊象零形。詩曰：霝雨其濛。」徐鉉注：「郎丁切。」

按：「从雨，㗊象零形」，惟「㗊」乃取其泛象之皃，是以文之取意：合成文之「雨」與不成文之「㗊」而成一虛象之形，故屬合體指事文。

四六 不：說文十二上不部：「鳥飛上翔，不下來也。从一，一猶天也，象形。」徐鉉注：「方久切。」

按：徐鍇說文繫傳：「指事。」宋育仁說文解字部首箋正：「此與至同意，不至皆畫遠飛鳥，制字之初，書畫無別，猶今畫家寫意也。至下一，地也，惟初太始，道立於一，造分天地，故一在上為天，在下為地……故鳥飛上屬天，以為不字，鳥飛下屬地，以為至字，聖人制字，以明人事，以人為主，觀二字義不屬鳥，取於鳥飛者，遠取諸物也。」王筠釋例亦以為「不」「至」二字所孳乳之字，俱無涉鳥義，故確定此二文之製造乃起于事，然以事之抽象而不易製此字，乃借飛鳥之上下以造為此二文。是以文之取意：合成文之「一」與不成文之「ᛉ」而成一虛象之形，故屬合體指事文。

四七 至：說文十二上至部：「鳥飛从高下至地也。从一，一猶地也，象形。不上去而至下，來也。」徐鉉注：「脂利切。」

按：文之取意：合成文之「二」與不成文之「𢆉」而成一虛象之形，故屬合體指事文。

四八 耴：說文十二上耳部：「耳垂也，从耳，下垂，象形。春秋傳曰：秦公子輒者其耳下垂，故以爲名。」徐鉉注：「陟葉切。」

按：段注「下垂」之上補「乛」，以表下垂之假象是也。是以文之取意：合成文之「耳」與不成文之「乛」而成一虛象之形，故屬合體指事文。

四九 毋：說文十二下毋部：「止之也，从女，有奸之者。」徐鉉注：「武扶切。」

按：宋育仁說文解字部首箋正：「一非一字，以指明禁止之義。」章炳麟文始：「此合體指事字也。」是以文之取意：合成文之「女」與不成文之「一」而成一虛象之形，故屬合體指事文。

五〇 氐：說文十二下氐部：「至也，从氏下箸一；一，地也。」徐鉉注：「丁禮切。」

按：一爲地之通象，是以文之取意：合成文之「氏」與不成文之「一」而成一虛象之形，故屬合體指事文。

五一 匸：說文十二下匸部：「衺徯有所俠藏也，从乚，上有一覆之。讀與傒同。」徐鉉注：「胡禮切。」

按：饒炯說文解字部首訂：「从乚，以一掩之，而俠藏之意甚明，是爲指事，若云从乚从一，則俠藏之義不見矣！」章炳麟文始：「此合體指事字也。」是以文之取意：合成文之「乚」與不成文之「一」而成一虛象之形，故屬合體指事文。

五二 五：說文十四下五部：「五行也，从二，陰陽在天地閒交午也。」徐鉉注：「疑古切。」

按：段注：「『陰陽在天地閒交午也』，此謂乂也。」是文之取意：合成文之「二」與不成文之「乂」而成一虛象之形，故屬合體指事文。

五三 七：說文十四下七部：「陽之正也，从一，微陰从中衺出也。」徐鉉注：「親吉切。」

按：段注：「『微陰从中衺出也』，謂[illegible]。」是以文之取意：合成文之「一」與不成文之「[illegible]」而成一虛象之形，故屬合體指事文。

五四 丑

丑：說文十四下丑部：「紐也。十二月萬物動用事，象手之形，時加丑，亦舉手時也。」徐鉉注：「敕九切。」

按：段注：「『象手之形』，人於是舉手有爲，又者，手也。从又而聯綴其三指，象欲爲而凛冽氣寒，未得爲也。」宋育仁說文解字部首箋正：「手，用事者也，丨之，示當用事。」朱氏通訓定聲：「按从又而縶之，指事，與叉同意。」是以文之取意：合成文之「又」與不成文之「丨」而成一虛象之形，故屬合體指事文。

五五 申

申：說文十四下申部：「神也，七月陰气成，體自申束，从臼，自持也，吏㠯餔時聽事，申旦政也。[illegible]，古文申。[illegible]，籀文申。」徐鉉注：「失人切。」

按：段注：「臼，叉手也，申與𦥔同意，當是从丨，以象其申，从臼，以象其束，疑有奪文。」朱氏通訓定聲：「束身也。从臼自持也，从丨身也，指事。」是以文之取意：合成文之「臼」與不成文之「丨」而成一虛象之形，故屬合體指事文。

五六 戌

戌：說文十四下戌部：「滅也。九月陽气微，萬物畢成，陽下入地也。五行土生於戊，盛於戌，从戊含一。」徐鉉注：「辛聿切。」

指：宋育仁說文解字部首箋正：「戌从戊含一，與音从言含一，甘从口含一，同爲指事。」是以文之取意：合成文之「戊」與不成文之「一」而成一虛象之形，故屬合體指事文。

丙、變體指事例

凡依一文，稍變其形體，使音義俱異，而仍象其意構之形者，謂之「變體指事」。

壹、反寫例

一、止𣥂：說文二上止部：「蹈也，从反止，讀若撻。」徐鉉注：「他達切。」

按：朱氏通訓定聲「从反止，指事」，故屬反寫變體指事文。

二、彳亍：說文二下彳部：「步止也，从反彳，讀若畜。」徐鉉注：「丑玉切。」

按：朱氏通訓定聲「从反彳，指事」，故屬反寫變體指事文。

三、爪𠂈：說文三下爪部：「亦丮也，从反爪，闕。」徐鉉注：「諸兩切。」

按：朱氏通訓定聲：「从反爪，按於六書爲指事。闕者，闕其音也，後人讀如掌。」故屬反寫變體指事文。

四、丮𠃨：說文三下丮部：「拖持也，从反丮，闕。」徐鉉注：「居玉切。」

按：朱氏通訓定聲「从反丮，指事」，故屬反寫變體指事文。

五、丂𠀀：說文五上丂部：「反丂也，讀若呵。」徐鉉注：「虎何切。」

按：文从反丂，故屬反寫變體指事文。

六、夊㐄：說文五下夊部：「跨步也，从反夊，𣦼从此。」徐鉉注：「苦瓦切。」

按：文从反夊，故屬反寫變體指事文。

七、欠旡：說文八下旡部：「㱃食气屰不得息曰旡，从反欠。」徐鉉注：「居未切。」

按：文从反欠，故屬反寫變體指事文。

八、卪𠨍：說文九上卪部：「卪也，闕。」徐鉉注：「則候切。」

按：朱氏通訓定聲「按从反卪，指事」，故屬反寫變體指事文。

九、永𠂢：說文十一下𠂢部：「水之衺流別也，从反永，讀若稗縣。」徐鉉注：「匹卦切。」

按：朱氏通訓定聲「从反永，指事」，故屬反寫變體指事文。

十、乀：說文十二下丿部：「左戾也，从反丿，讀與弗同。」徐鉉注：「分勿切。」

按：文从反丿，故屬反寫變體指事文。

十一、乁：說文十二下乁部：「流也，从反厂，讀若移。」徐鉉注：「弋支切。」

按：文从反厂，故屬反寫變體指事文。

十二、乚：說文十二下亅部：「鉤識也，从反亅，讀若捕鳥罬。」徐鉉注：「居月切。」

按：段注：「鉤識者，用鉤表識其處也」，朱氏通訓定聲「从反亅，指事」，故屬反寫變體指事文。

十三、以：說文十四下巳部：「用也，从反巳。賈侍中說：巳，意已實也，象形。」徐鉉注：「羊止切。」

按：朱氏通訓定聲「用也，从反巳，指事」，故屬反寫變體指事文。

貳、倒寫例

一、幻：說文四下予部：「相詐惑也，从反予。周書曰：無或譸張為幻。」徐鉉注：「胡辦切。」

按：段注：「倒予也。」故屬倒寫變體指事文。

二、㫗：說文五下㫗部：「厚也，从反亯。」徐鉉注：「胡口切。」

按：段注：「倒亯者，不奉人而自奉㫗之意也。」是以文屬倒寫變體指事文。

三、帀：說文六下帀部：「周也，从反之而帀也。周盛說。」徐鉉注：「子答切。」

按：段注：「反㞢謂倒之也，凡物順屰往復，則周偏矣！」是以文屬倒寫變體指事文。

四、匕：說文八上匕部：「變也，从到人。」徐鉉注：「呼跨切。」

按：段注：「到者今之倒字，人而倒，變匕之意也。」王筠釋例：「人不可到，到之則是化去矣！」朱氏通訓定聲：「从倒人，指事。」饒炯說文解字部首訂：「篆从人反而到之，於六書為指事，蓋人反常，已為非類，又从而到之，尤見其詭為變異矣！」是以文从倒人以見意，故屬倒寫變體指事文。

県：說文九上県部：「到首也。賈侍中說：此斷首到縣県字。」徐鉉注：「古堯切。」

按：徐鍇說文繫傳：「漢律有県首，多借梟字。」林義光文源：「按今字以梟為之。」朱氏通訓定聲：「到首也，指事。」段注：「到者，今之倒字，此亦以形為義之例。」吾師謝筠扉先生曰：「首不可到，到之以見其為斷去，以形為義之反倒指事字也。」師說是也，故屬倒寫變體指事文。

六　𠫓：說文十四下𠫓部：「不順忽出也，从到子。易曰：突如其來，如不孝子突出不容於內也。」徐鉉注：「他骨切。」

按：段注：「謂凡物之反其常，凡事之並其理，突出至前者皆是也，不專謂人子。倒子會意。……子之不順者，謂之突如，造文者因有𠫓字，施諸凡不順者。」饒炯說文解字部首訂：「文从到子指事。」饒說是也，故屬倒寫變體指事文。

參、變化筆畫例

一　廴：說文二下廴部：「長行也。从彳引之。」徐鉉注：「余忍切。」

按：徐鍇說文繫傳：「彳而引之，故曰長行。」徐灝說文解字注箋：「長行者，連步行也，故从彳而引長之，與世从卅而引長之同例，此皆以意為形也。」是以文从彳引曳，以見長行之通稱，故屬變化筆畫變體指事文。

二　禾：說文六下禾部：「木之曲頭，止不能上也。」徐鉉注：「古兮切。」

按：廣韻：「禾，木曲頭不出，通作稽。」朱氏通訓定聲：「从木而屈其上，指事，與夭同意。」饒炯說文解字部首訂：「說解當云留止也，象木曲頭不能上之形，於六書為指事，與夭夰夨等同例。」是以文从木上礙而曲之通象，故屬變化筆畫變體指事文。

三　冂：說文七下冂部：「覆也。从一下垂也。」徐鉉注：「莫狄切。」

按：段注：「一者所以覆之也，覆之則四面下垂。」是以文从一下垂見識，故屬變化筆畫變體指事文。

四、勹：說文九上勹部：「裹也，象人曲形，有所包裹。」徐鉉注：「布交切。」

按：饒炯說文解字部首訂：「案勹省中有實而外以物束之，其事無定形，難以取狀，故从人而曲之，象其有所包裹，此屬變文指事。」饒說是也，故屬變化筆畫變體指事文。

五、夨：說文十下夨部：「傾頭也，从大象形。」徐鉉注：「阻力切。」

按：王筠句讀：「夨是左右傾側，非謂頭傾于左。」饒炯說文解字部首訂：「說形當云从大象頭傾形。……篆本作⺇，引長之則屬增文指事。」是以文屬从大之變化筆畫變體指事文。

六、夭：說文十下夭部：「屈也。从大象形。」徐鉉注：「於兆切。」

按：徐灝說文解字注箋：「夭者屈申之容也，論語曰：子之燕居申申如也，夭夭如也是也。」饒炯說文解字部首訂：「蓋夭義為屈，而屈其頭以指之，猶夨義為傾，而傾其頭以指之。」是以文屬變化筆畫變體指事文。

七、交：說文十下交部：「交脛也。从大，象交形。」徐鉉注：「古爻切。」

按：段注：「謂从大而象其交脛之形也。」饒炯說文解字部首訂：「指事。凡丩接之稱。……交義為互而交其兩脛以指之。」是以文屬變化筆畫變體指事文。

八、尢：說文十下尢部：「尳曲脛也，从大，象偏曲之形。」徐鉉注：「烏光切。」

按：段注：「謂从大而象一脛偏曲之形也。」饒炯說文解字部首訂：「指事。蓋尳者之足屈曲偏蹇為步，不能正行，故文从大而曲其一脛以示之也。」是以文屬變化筆畫變體指事文。

九、永：說文十一下永部：「長也，象水巠理之長。詩曰：江之永矣。」徐鉉注：「于憬切。」

按：段注：「巠者水脈，理者水文。」王筠句讀：「永篆與水篆相似，但屈曲引長之耳。」吾師謝筠扉先生中國文字學通論：「巠非水脈，蓋涇之借字，莊子秋水曰：『涇流之大』，釋爲通流，理爲脈理，巠蓋經之古文……其餘則以王說爲是，亦屈曲指事字也。」是以文屬變化筆畫變體指事文。

丁、媘體指事例

凡依一文，稍媘其某部分之形體，使音義皆有異於其原形，而其意之所含甚廣，與特定物形不類者，謂之「媘體指事」。

一 㐁：說文三上谷部：「舌皃，从谷省，象形。」徐鉉注：「他念切。」

按：徐鍇說文繫傳：「㐁，谷省也，人舌出㐁㐁然，靈光殿賦曰：玄熊㐁談也。」王筠句讀：「當云指事，以舌皃皃字知之。」是以文之取意从谷省，故屬媘體指事文。

二 歺：說文四下歺部：「𠛱骨之殘也，从半冎。讀若櫱岸之櫱。」徐鉉注：「五割切。」

按：饒炯說文解字部首訂：「指事。……歺从冎省以見其列骨之殘義。」是以文取半冎見意，故屬媘體指事文。

三 非：說文十一下非部：「違也，从飛下翄，取其相背。」徐鉉注：「甫微切。」

按：段注：「『从飛下翄』，謂从飛省而下其翄。」是以文之取意：以飛省，故屬媘體指事文。

四 卂：說文十一下卂部：「疾飛也，从飛而羽不見。」徐鉉注：「息晉切。」

按：「从飛而羽不見」，是以文之取意：从飛省，故屬媘體指事文。

第三節　會意條例

甲、純會意例

許氏說文解字敘云：「會意者，比類合誼，以見指撝，武信是也。」段注云：「會者，合也，合二體之意也。一體不足以見其義，故必合二體之意以成字。誼者，人所宜也。先鄭周禮注曰：『今人用義，古人用誼。』誼者本字，義者叚借字。指撝與指麾同，謂所指向也。比合人言之誼，可以見必是信字；比合戈止之誼，可以見必是武字，是會意也。會意者，合誼之謂也。」吾師謝筠扉先生中國文字學通論云：「比者竝也，二體比列曰比類，比類言字形，合誼言字義，指撝謂指向，段氏云指撝即指麾，謂所指向也。比其形，合其義，而觀其字義之所在，故曰會意。」按：武者，「楚莊王曰：夫武，定功戢兵，故止戈為武」；信者，「誠也，从人从言」。是止戈人言，二體相會，其意斯白，是謂「比類合誼，以見指撝」。王筠說文釋例曰：「會者，合也。合誼即會意之正解，說文用誼，今人用義。會意者，合二字三字之義，以成一字之義。」是以凡合二成文或二成文以上之形體，以成一新音新義之字者，謂之「會意」。

壹、同文比類

(1) 二體同文相合例：

一 祘 祘：說文一上示部：「明視以筭之，从二示。逸周書曰：士分民之祘，均分以祘之也。讀若筭。」徐鉉注：「蘇貫切。」按：字从二示，故屬二體同文相合例。

二 玨 玨：說文一上玨部：「二玉相合為一玨。」徐鉉注：「古岳切。」按：字合二玉，故屬二體同文相合例。

三 艸 艸：說文一下艸部：「百芔也，从二屮。」徐鉉注：「倉老切。」按：字从二屮，故屬二體同文相合例。

四 𠔁 𠔁：說文二上八部：「分也，从重八。孝經說曰：故上下有別。」徐鉉注：「兵列切。」按：字从重八，故屬二體同文相合例。

五 𠎝 𠎝：說文二上八部：「二余也，讀與余同。」

按：字从二余，故屬二體同文相合例。

六　吅

吅：說文二上吅部：「驚嘑也，从二口。讀若讙。」徐鉉注：「況袁切。」

按：字从二口，故屬二體同文相合例。

七　𣥠

𣥠：說文二上𣥠部：「足刺𣥠也，从止少。讀若撥。」徐鉉注：「北末切。」

按：字从止少，故屬二體同文相合例。

八　步

步：說文二上步部：「行也，从止少相背。」徐鉉注：「薄故切。」

按：字从止少相背，故屬二體同文相合例。

九　行

行：說文二下行部：「人之步趨也，从彳从亍。」徐鉉注：「戶庚切。」

按：字从彳从亍，故屬二體同文相合例。

十　廿

廿：說文三上十部：「二十并也，古文省。」徐鉉注：「人汁切。」

按：字从二十并也，故屬二體同文相合例。

十一　誩

誩：說文三上誩部：「競言也，从二言。讀若競。」徐鉉注：「渠慶切。」

按：字从二言，故屬二體同文相合例。

十二　廾

廾：說文三上廾部：「竦手也，从𠂇从又。」徐鉉注：「居竦切。」

按：字从𠂇又相對，故屬二體同文相合例。

十三　舁

舁：說文三上舁部：「共舉也，从𦥑从廾。讀若余。」徐鉉注：「以諸切。」

按：字从𦥑从廾，故屬二體同文相合例。

十四　𦥑

𦥑：說文三上𦥑部：「叉手也，从E彐。」徐鉉注：「居玉切。」

按：字从彐E，故屬二體同文相合例。

十五　鬥

鬥：說文三下鬥部：「兩士相對，兵杖在後，象鬥之形。」徐鉉注：「都豆切。」

按：段注：「當云爭也，兩丮相對象形，謂兩人手持相對也。」今見甲文作，皆象二人手相搏之狀，故字屬二體同文相合例。

十六　友

友：說文三下又部：「同志爲友，从二又相交友也。」徐鉉注：「云久切。」

按：字从二又，故屬二體同文相合例。

十七　𦣝

𦣝：說文三下臣部：「乖也，从二臣相違。讀若誑。」徐鉉注：「居況切。」

按：字从二臣相違，故屬二體同文相合也。

十八　㸚

㸚：說文三下㸚部：「二爻也。」徐鉉注：「力几切。」

按：字从二爻，故屬二體同文相合例。

十九　䀠

䀠：說文四上䀠部：「左右視也，从二目。讀若拘，又若良士瞿瞿。」徐鉉注：「九遇切。」

按：字从二目，故屬二體同文相合例。

二十　皕

皕：說文四上皕部：「二百也。讀若祕。」徐鉉注：「彼力切。」

按：字从二百，故屬二體同文相合例。

廿一　雔

雔：說文四上雔部：「雙鳥也，从二隹。讀若醻。」徐鉉注：「市流切。」

按：字从二隹，故屬二體同文相合例。

廿二　𢆶

𢆶：說文四下𢆶部：「微也，从二幺。」徐鉉注：「於虯切。」

按：字从二幺，故屬二體同文相合例。

廿三　玆

玆：說文四下玄部：「黑也，从二玄。春秋傳曰：何故使吾水玆。」徐鉉注：「子之切。」

按：字从二玄，故屬二體同文相合例。

廿四　哥

哥：說文五上可部：「聲也，从二可。古文以爲謌字。」徐鉉注：「古俄切。」

按：字从二可，故屬二體同文相合例。

廿五　虤　虤：說文五上虤部：「虎怒也，从二虎。」徐鉉注：「五閑切。」

按：字从二虎，故屬二體同文相合例。

廿六　𠓜　𠓜：說文五下入部：「二入也，㒳从此。闕。」徐鉉注：「良奬切。」

按：字从二入，故屬二體同文相合例。

廿七　舛　舛：說文五下舛部：「對臥也，从夊㐄相背。」徐鉉注：「昌兗切。」

按：字从夊㐄相背，故屬二體同文相合例。

廿八　夅　夅：說文五下夊部：「服也，从夊㐄相承，不敢竝也。」徐鉉注：「下江切。」

按：字从夊㐄相承，故屬二體同文相合例。

廿九　𣗥　𣗥：說文六上東部：「二東，曹从此。闕。」

按：字从二東，故屬二體同文相合例。

三十　林　林：說文六上林部：「平土有叢木曰林，从二木。」徐鉉注：「力尋切。」

按：字从二木，故屬二體同文相合例。

卅一　甡　甡：說文六下生部：「衆生並立之皃，从二生。詩曰：甡甡其鹿。」徐鉉注：「所臻切。」

按：字从二生，故屬二體同文相合例。

卅二　賏　賏：說文六下貝部：「頸飾也，从二貝。」徐鉉注：「烏莖切。」

按：字从二貝，故屬二體同文相合例。

卅三　𨛜　𨛜：說文六下𨛜部：「鄰道也，从邑从𨙵。闕。」徐鉉注：「胡絳切。」

按：字从邑从𨙵，故屬二體同文相合例。

卅四　多　多：說文七上多部：「重也，从重夕，夕者相繹也，故爲多，重夕爲多，重日爲曡。」徐鉉注：「得何切。」

按：字从重夕，故屬二體同文相合例。

卅五 𢎜：說文七上𢎘部：「艸木𢎘盛也，从二𢎘。」徐鉉注：「胡先切。」

按：字从二𢎘，故屬二體同文相合例。

卅六 棗：說文七上朿部：「羊棗也，从重朿。」徐鉉注：「子皓切。」

按：字从重朿，故屬二體同文相合例。

卅七 棘：說文七上朿部：「小棗叢生者，从並朿。」徐鉉注：「己力切。」

按：字从並朿，故屬二體同文相合例。

卅八 秝：說文七上秝部：「稀疏適也，从二禾。讀若歷。」徐鉉注：「郎狄切。」

按：字从二禾，故屬二體同文相合例。

卅九 㼌：說文七下瓜部：「本不勝末微弱也，从二瓜。讀若庾。」徐鉉注：「以主切。」

按：字从二瓜，故屬二體同文相合例。

四十 从：說文八上从部：「相聽也，从二人。」徐鉉注：「疾容切。」

按：字从二人，故屬二體同文相合例。

四一 北：說文八上北部：「乖也，从二人相背。」徐鉉注：「博墨切。」

按：字从二人相背，故屬二體同文相合例。

四二 兓：說文八下先部：「朁朁，銳意也，从二先。」徐鉉注：「子林切。」

按：字从二先，故屬二體同文相合例。

四三 兟：說文八下先部：「進也，从二先，贊从此，闕。」徐鉉注：「所臻切。」

按：字从二先，故屬二體同文相合例。

四四 覞：說文八下覞部：「竝視也，从二見。」徐鉉注：「弋笑切。」

按：字从二見，故屬二體同文相合例。

四五 頁頁：說文九上頁部：「選具也，从二頁。」徐鉉注：「士戀切。」

按：字从二頁，故屬二體同文相合例。

四六 弱：說文九上彡部：「橈也，上象橈曲，彡象毛氂橈弱也。弱物并，故从二𢒀。」徐鉉注：「而勺切。」

按：字从二𢒀，故屬二體同文相合例。

四七 𠨍：說文九上卩部：「二卩也，巽从此，闕。」徐鉉注：「士戀切。」

按：字从二卩，故屬二體同文相合例。

四八 卯：說文九上卯部：「事之制也，从卩𠂎。闕。」徐鉉注：「去京切。」

按：字从卩𠂎相對，故屬二體同文相合例。

四九 屾：說文九下屾部：「二山也。」徐鉉注：「所臻切。」

按：字从二山，故屬二體同文相合例。

五〇 𧰲：說文九下㣇部：「㣇屬，从二㣇。」徐鉉注：「息利切。」

按：字从二㣇，故屬二體同文相合例。

五一 豩：說文九下豕部：「二豕也，豳从此，闕。」徐鉉注：「伯貧切，又呼關切。」

按：字从二豕，故屬二體同文相合例。

五二 㹜：說文十上㹜部：「兩犬相齧也，从二犬。」徐鉉注：「語斤切。」

按：字从二犬，故屬二體同文相合例。

五三 炎：說文十上炎部：「火光上也，从重火。」徐鉉注：「于廉切。」

按：字从重火，故屬二體同文相合例。

五四 赫：說文十下赤部：「火赤皃，从二赤。」徐鉉注：「呼格切。」

按：字从二赤，故屬二體同文相合例。

五五 㚘：說文十下夫部：「竝行也，从二夫，輦字从此。讀若伴侶之伴。」徐鉉注：「薄旱切。」

按：字从二夫，故屬二體同文相合例。

五六 竝：說文十下竝部：「併也，从二立。」徐鉉注：「蒲迥切。」

按：字从二立，故屬二體同文相合例。

五七 沝：說文十一下沝部：「二水也，闕。」徐鉉注：「之壘切。」

按：字从二水，故屬二體同文相合例。

五八 州：說文十一下川部：「水中可居曰州，周遶其旁，从重川。昔堯遭洪水，民居水中高土，或曰九州。詩曰：在河之州。一曰：州，疇也，各疇其土而生之。」徐鉉注：「職流切。」

按：字从重川，故屬二體同文相合例。

五九 𩺰：說文十一下𩺰部：「二魚也。」徐鉉注：「語居切。」

按：字从二魚，故屬二體同文相合例。

六十 龖：說文十一下龍部：「飛龍也，从二龍。讀若沓。」徐鉉注：「徒合切。」

按：字从二龍，故屬二體同文相合例。

六一 臸：說文十二上至部：「到也，从二至。」徐鉉注：「人質切。」

按：字从二至，故屬二體同文相合例。

六二 門：說文十二上門部：「聞也。从二戶，象形。」徐鉉注：「莫奔切。」

按：字从二戶，故屬二體同文相合例。

六三 聑：說文十二上耳部：「安也，从二耳。」徐鉉注：「丁帖切。」

按：字从二耳，故屬二體同文相合例。

六四　奻：說文十二下女部：「訟也，从二女。」徐鉉注：「女還切。」

按：字从二女，故屬二體同文相合例。

六五　戔：說文十二下戈部：「賊也，从二戈。周書曰：戔戔，巧言。」徐鉉注：「昨干切。」

按：字从二戈，故屬二體同文相合例。

六六　弜：說文十二下弜部：「彊也，从二弓。」徐鉉注：「其兩切。」

按：字从二弓，故屬二體同文相合例。

六七　絲：說文十三上絲部：「蠶所吐也，从二糸。」徐鉉注：「息兹切。」

按：字从二糸，故屬二體同文相合例。

六八　䖵：說文十三下䖵部：「蟲之總名也，从二虫，讀若昆。」徐鉉注：「古魂切。」

按：字从二虫，故屬二體同文相合例。

六九　圭：說文十三下土部：「瑞玉也，上圜下方，公執桓圭九寸，侯執信圭，伯執躬圭皆七寸，子執穀璧，男執蒲璧皆五寸，以封諸侯。从重土。楚爵有執圭。」徐鉉注：「古畦切。」

按：字从重土，故屬二體同文相合例。

七十　畕：說文十三下畕部：「比田也，从二田。」徐鉉注：「居良切。」

按：字从二田，故屬二體同文相合例。

七一　幵：說文十四上幵部：「平也，象二干對構，上平也。」徐鉉注：「古賢切。」

按：字从二干對構，故屬二體同文相合例。

七二　斦：說文十四上斤部：「二斤也，从二斤。」徐鉉注：「語斤切。」

按：字从二斤，故屬二體同文相合例。

七三　𨺅：說文十四下𨺅部：「兩𨸏之閒也，从二𨸏。」徐鉉注：「房九切。」

按：字从二自相對，故屬二體同文相合例。

七四 辡 辡：說文十四下辡部：「辠人自與訟也，从二辛。」徐鉉注：「方免切。」

按：字从二辛，故屬二體同文相合例。

(2)三體同文相合例：

一 芔 芔：說文一下艸部：「艸之總名也，从艸屮。」徐鉉注：「許偉切。」

按：段注：「三屮即三艸也。」朱駿聲通訓定聲：「按三屮亦衆多意。」章炳麟文始：「案此字但从三屮。」故「芔」字為三體同文相合例。

二 品 品：說文二下品部：「衆庶也，从三口。」徐鉉注：「丕飲切。」

按：字从三口，故屬三體同文相合例。

三 卅 卅：說文三上卅部：「三十并也，古文省。」徐鉉注：「蘇沓切。」

按：字作三十并也，故屬三體同文相合例。

四 譶 譶：說文三上言部：「疾言也，从三言，讀若沓。」徐鉉注：「徒合切。」

按：字从三言，故屬三體同文相合例。

五 羴 羴：說文四上羴部：「羊臭也，从三羊。」徐鉉注：「式連切。」

按：字从三羊，故屬三體同文相合例。

六 雥 雥：說文四上雥部：「群鳥也，从三隹。」徐鉉注：「徂合切。」

按：字从三隹，故屬三體同文相合例。

七 晶 晶：說文七上晶部：「精光也，从三日。」徐鉉注：「莫經切。」

按：字从三日，故屬三體同文相合例。

八 皛 皛：說文七下白部：「顯也，从三白，讀若皎。」徐鉉注：「烏皎切。」

按：字从三白，故屬三體同文相合例。

九 㐺 㐺：說文八上㐺部：「眾立也，从三人。讀若欽崟。」徐鉉注：「魚音切。」

按：字从三人，且訓眾立，則此字可竝而不可重，故屬三體同文相合例。

十 毳 毳：說文八上毳部：「獸細毛也，从三毛。」徐鉉注：「此芮切。」

按：字从三毛，故屬三體同文相合例。

十一 磊 磊：說文九下石部：「眾石也，从三石。」徐鉉注：「落猥切。」

按：字从三石，故屬三體同文相合例。

十二 驫 驫：說文十上馬部：「眾馬也，从三馬。」徐鉉注：「甫虬切。」

按：字从三馬，故屬三體同文相合例。

十三 麤 麤：說文十上麤部：「行超遠也，从三鹿。」徐鉉注：「倉胡切。」

按：字从三鹿，故屬三體同文相合例。

十四 ⿱兔⿰兔兔 ⿱兔⿰兔兔：說文十上兔部：「疾也，从三兔，闕。」徐鉉注：「芳遇切。」

按：字从三兔，故屬三體同文相合例。

十五 猋 猋：說文十上犬部：「犬走皃，从三犬。」徐鉉注：「甫遙切。」

按：字从三犬，故屬三體同文相合例。

十六 焱 焱：說文十下焱部：「火華也，从三火。」徐鉉注：「以冉切。」

按：字从三火，故屬三體同文相合例。

十七 奰 奰：說文十下大部：「壯大也，从三大三目。二目為⿱罒大，三目為奰，益大也。一曰：迫也。讀若易虙羲氏。詩曰：不醉而怒謂之奰。」徐鉉注：「平祕切。」

按：字从三大三目，且云二目為⿱罒大，三目為奰，故似可併入三體同文相合例。

十八　惢：說文十下惢部：「心疑也，从三心。讀若易旅瑣瑣。」徐鉉注：「才規、才累二切。」

按：字从三心，故屬三體同文相合例。

十九　灥：說文十一下灥部：「三泉也，闕。」徐鉉注：「詳遵切。」

按：字从三泉，故屬三體同文相合例。

二十　鱻：說文十一下魚部：「新魚精也，从三魚，不變魚。」徐鉉注：「相然切。」

按：字从三魚，故屬三體同文相合例。

廿一　聶：說文十二上耳部：「附耳私小語也，从三耳。」徐鉉注：「尼輒切。」

按：字从三耳，故屬三體同文相合例。

廿二　姦：說文十二下女部：「私也，从三女。」徐鉉注：「古顏切。」

按：字从三女，故屬三體同文相合例。

廿三　蟲：說文十三下蟲部：「有足謂之蟲，無足謂之豸，从三虫。」徐鉉注：「直弓切。」

按：字从三虫，故屬三體同文相合例。

廿四　垚：說文十三下垚部：「土高也，从三土。」徐鉉注：「吾聊切。」

按：字从三土，故屬三體同文相合例。

廿五　劦：說文十三下劦部：「同力也，从三力。山海經曰：惟號之山，其風若劦。」徐鉉注：「胡頰切。」

按：字从三力，故屬三體同文相合例。

廿六　轟：說文十四上車部：「群車聲也，从三車。」徐鉉注：「呼宏切。」

按：字从三車，故屬三體同文相合例。

廿七　孨：說文十四下孨部：「謹也，从三子。讀若翦。」徐鉉注：「旨兗切。」

按：字从三子，故屬三體同文相合例。

(3)四體同文相合例：

一、茻　茻：說文一下茻部：「衆艸也，从四屮。讀與冈同。」徐鉉注：「模朗切。」

按：字从四屮，故屬四體同文相合例。

二、歰　歰：說文二上止部：「不滑也，从四止。」徐鉉注：「色亡切。」

按：字从四止，故屬四體同文相合例。

三、㗊　㗊：說文三上㗊部：「衆口也，从四口。讀若戢。」徐鉉注：「阻立切。」

按：字从四口，故屬四體同文相合例。

四、㠭　㠭：說文五上㠭部：「極巧視之也，从四工。」徐鉉注：「知衍切。」

按：字从四工，故屬四體同文相合例。

貳、異文比類

(1)二體異文相合例：

一 元：說文一上一部：「始也，从一从兀。」徐鉉注：「愚袁切。」

按：字从一从兀，故屬二體異文相合例。

二 天：說文一上一部：「顚也，至高無上，从一大。」徐鉉注：「他前切。」

按：字从一大，故屬二體異文相合例。

三 社：說文一上示部：「地主也，从示土。春秋傳曰：共工之子，句龍爲社神。周禮二十五家爲社，各樹其土所宜之木。」徐鉉注：「常者切。」

按：字从示土，故屬二體異文相合例。

四 祟：說文一上示部：「神禍也，从示从出。」徐鉉注：「雖遂切。」

按：字从示从出，故屬二體異文相合例。

五 閏：說文一上王部：「餘分之月，五歲再閏。告朔之禮，天子居宗廟，閏月居門中，从王在門中。周禮曰：閏月王居門中終月也。」徐鉉注：「如順切。」

按：字从王在門中，故屬二體異文相合例。

六 皇：說文一上王部：「大也，从自王。自，始也。始皇者，三皇，大君也。自讀若鼻，今俗以始生子爲鼻子。」徐鉉注：「胡光切。」

按：字从自王，故屬二體異文相合例。

七 瑞：說文一上玉部：「以玉爲信也，从玉耑。」徐鉉注：「是僞切。」

按：字从玉耑，故屬二體異文相合例。

八 班：說文一上玨部：「分瑞玉，从玨从刀。」徐鉉注：「布還切。」

按：字从玨从刀，故屬二體異文相合例。

九 𨔵：說文一上玨部：「車笭間皮篋，古者使奉玉以藏之。从車玨，讀與服同。」徐鉉注：「房六切。」

按：字从車玨，故屬二體異文相合例。

十　士：說文一上士部：「事也，數始於一，終於十，从一从十。孔子曰：推十合一爲士。」徐鉉注：「鉏里切。」

按：字从一从十，故屬二體異文相合例。

十一　屯：說文一下屮部：「難也，象艸木之初生，屯然而難，从屮貫一。一，地也，尾曲。易曰：屯剛柔始交而難生。」徐鉉注：「陟倫切。」

按：字从屮貫一，故屬二體異文相合例。

十二　毒：說文一下屮部：「厚也，害人之艸往往而生，从屮从毐。」徐鉉注：「徒沃切。」

按：字从屮从毐，故屬二體異文相合也。

十三　熏：說文一下屮部：「火煙上出也，从屮、从黑；屮黑，熏黑也。」徐鉉注：「許云切。」

按：字从屮从黑，故屬二體異文相合例。

十四　蓏：說文一下艸部：「在木曰果，在地曰蓏，从艸从㼌。」徐鉉注：「郎果切。」

按：字从艸从㼌，故屬二體異文相合例。

十五　蒐：說文一下艸部：「茅蒐，茹藘。人血所生，可以染絳。从艸从鬼。」徐鉉注：「所鳩切。」

按：字从艸鬼，故屬二體異文相合例。

十六　葻：說文一下艸部：「艸得風皃，从艸風，讀若婪。」徐鉉注：「盧含切。」

按：字从艸風，故屬二體異文相合例。

十七　苗：說文一下艸部：「艸生於田者，从艸从田。」徐鉉注：「武鑣切。」

按：字从艸从田，故屬二體異文相合例。

十八　芟：說文一下艸部：「刈艸也，从艸从殳。」徐鉉注：「所銜切。」

十九 若：說文一下艸部：「擇菜也，从艸右。右，手也。一曰：杜若，香艸。」徐鉉注：「而灼切。」

按：字从艸从又，故屬二體異文相合例。

二十 折：說文一下艸部：「斷也，从斤斷艸，譚長說。」徐鉉注：「食列切。」

按：字从斤斷艸，故屬二體異文相合例。

廿一 莫：說文一下茻部：「日且冥也，从日在茻中。」徐鉉注：「莫故切，又慕各切。」

按：字从日在茻中，故屬二體異文相合例。

廿二 小：說文二上小部：「物之微也。从八丨，見而分之。」徐鉉注：「私兆切。」

按：字从八丨，故屬二體異文相合例。

廿三 分：說文二上八部：「別也，从八刀，刀以分別物也。」徐鉉注：「甫文切。」

按：字从八从刀，故屬二體異文相合例。

廿四 介：說文二上八部：「畫也，从八从人，人各有介。」徐鉉注：「古拜切。」

按：字从八从人，故屬二體異文相合例。

廿五 公：說文二上八部：「平分也，从八从厶，音司，八猶背也。韓非曰：背厶爲公。」徐鉉注：「古紅切。」

按：字从八从厶，故屬二體異文相合例。

廿六 宷：說文二上釆部：「悉也，知宷諦也。从宀从釆。」徐鉉注：「式荏切。」

按：字从宀从釆，故屬二體異文相合例。

廿七 悉：說文二上釆部：「詳盡也，从心从釆。」徐鉉注：「息七切。」

按：字从心从釆，故屬二體異文相合例。

廿八　牛：說文二上牛部：「物中分也，从八从牛；牛爲物大，可以分也。」徐鉉注：「博慢切。」

按：字从八从牛，故屬二體異文相合例。

廿九　告：說文二上告部：「牛觸人，角箸横木，所以告人也。从口从牛。易曰：僮牛之告。」徐鉉注：「古奧切。」

按：字从口从牛，故屬二體異文相合例。

三十　吹：說文二上口部：「嘘也，从口从欠。」徐鉉注：「昌垂切。」

按：字从口从欠，故屬二體異文相合例。

卅一　名：說文二上口部：「自命也，从口从夕。夕者，冥也。冥不相見，故以口自名。」徐鉉注：「武并切。」

按：字从口从夕，故屬二體異文相合例。

卅二　君：說文二上口部：「尊也，从尹，發號故从口。」徐鉉注：「舉云切。」

按：字从尹从口，故屬二體異文相合例。

卅三　命：說文二上口部：「使也，从口从令。」徐鉉注：「眉病切。」

按：字从口从令，故屬二體異文相合例。

卅四　咠：說文二上口部：「聶語也，从口从耳。詩曰：咠咠幡幡。」徐鉉注：「七入切。」

按：字从口从耳，故屬二體異文相合例。

卅五　右：說文二上口部：「助也，从口从又。」徐鉉注：「于救切。」

按：字从口从又，故屬二體異文相合例。

卅六　启：說文二上口部：「開也，从戶从口。」徐鉉注：「康禮切。」

按：字从戶从口，故屬二體異文相合例。

卅七 咸：說文二上口部：「皆也悉也，从口从戌。戌，悉也。」徐鉉注：「胡監切。」

按：字从口从戌，故屬二體異文相合例。

卅八 吉：說文二上口部：「善也，从士口。」徐鉉注：「居質切。」

按：字从士口，故屬二體異文相合例。

卅九 周：說文二上口部：「密也，从用口。」徐鉉注：「職留切。」

按：字从用口，故屬二體異文相合例。

四〇 各：說文二上口部：「異辭也，从口夂，夂者有行而止之不相聽也。」徐鉉注：「古洛切。」

按：字从口夂，故屬二體異文相合例。

四一 否：說文二上口部：「不也，从口从不。」徐鉉注：「方九切。」

按：字从口从不，故屬二體異文相合例。

四二 吠：說文二上口部：「犬鳴也，从犬口。」徐鉉注：「符廢切。」

按：字从犬口，故屬二體異文相合例。

四三 局：說文二上口部：「促也，从口在尺下復句之。一曰：博所以行棊，象形。」徐鉉注：「渠綠切。」

按：字从口在尺下，故屬二體異文相合例。

四四 走：說文二上走部：「趨也，从夭止。夭止者屈也。」徐鉉注：「子苟切。」

按：字从夭止，故屬二體異文相合例。

四五 歬：說文二上止部：「不行而進謂之歬，从止在舟上。」徐鉉注：「昨先切。」

按：字从止在舟上，故屬二體異文相合例。

四六 癹：說文二上癶部：「以足蹋夷艸，从癶从殳。春秋傳曰：癹夷蘊崇之。」徐鉉注：「普活切。」

按：字从㞢从夂　，故屬二體異文相合例。

四七　此：說文二上此部：「止也，从止从匕，匕相比次也。」徐鉉注：「雌氏切。」

按：字从止从匕，故屬二體異文相合例。

四八　正：說文二下正部：「是也，从止一以止。」徐鉉注：「之盛切。」

按：字从止一，故屬二體異文相合例。

四九　是：說文二下是部：「直也，从日正。」徐鉉注：「承旨切。」

按：字从日正，故屬二體異文相合例。

五十　尟：說文二下是部：「是少也。尟，俱存也，从是少，賈侍中說。」徐鉉注：「酥典切。」

按：字从是少，故屬二體異文相合例。

五一　辵：說文二下辵部：「乍行乍止也，从彳从止。讀若春秋公羊傳曰：辵階而走。」徐鉉注：「丑略切。」

按：字从彳从止，故屬二體異文相合例。

五二　道：說文二下辵部：「所行道也，从辵从𩠐。一達謂之道。」徐鉉注：「徒皓切。」

按：字从辵从𩠐，故屬二體異文相合例。

五三　御：說文二下彳部：「使馬也，从彳从卸。」徐鉉注：「牛據切。」

按：字从彳从卸，故屬二體異文相合例。

五四　建：說文二下廴部：「立朝律也，从聿从廴。」徐鉉注：「居萬切。」

按：字从聿从廴，故屬二體異文相合例。

五五　延：說文二下延部：「安步延延也，从廴从止。」徐鉉注：「丑連切。」

按：字从又从止，故屬二體異文相合例。

五六 衙：說文二下行部：「行且賣也，从行从言。」徐鉉注：「黃絢切。」

按：字从行从言，故屬二體異文相合例。

五七 齔：說文二下齒部：「毀齒也。男八月生齒，八歲而齔。女七月生齒，七歲而齒，从齒从七。」徐鉉注：「初堇切。」

按：字从齒从七，故屬二體異文相合例。

五八 足：說文二下足部：「人之足也，在下，从止口。」徐鉉注：「即玉切。」

按：字从止口，故屬二體異文相合例。

五九 路：說文二下足部：「道也，从足从各。」徐鉉注：「洛故切。」

按：字从足从各，故屬二體異文相合例。

六十 喿：說文二下品部：「鳥群鳴也，从品在木上。」徐鉉注：「穌到切。」

按：字从品在木上，故屬二體異文相合例。

六一 龠：說文二下龠部：「樂之竹管三孔，以和衆聲也。从品侖；侖，理也。」徐鉉注：「以灼切。」

按：字从品侖，故屬二體異文相合例。

六二 扁：說文二下冊部：「署也，从戶冊。戶冊者，署門戶之文也。」徐鉉注：「方沔切。」

按：字从戶冊，故屬二體異文相合例。

六三 囂：說文三上㗊部：「聲也，气出頭上，从㗊从頁。頁，首也。」徐鉉注：「許嬌切。」

按：字从㗊从頁，故屬二體異文相合例。

六四 干：說文三上干部：「犯也。从反入、从一。」徐鉉注：「古寒切。」

按：字从反入从一，故屬二體異文相合例。

六五 羊：說文三上干部：「撖也，从干入一爲干，入二爲羊。讀若能，言稍甚也。」徐鉉注：「如審切。」
按：字从干入二，故屬二體異文相合例。

六六 屰：說文三上干部：「不順也，从干下屮屰之也。」徐鉉注：「魚戟切。」
按：字从干下屮逆之，故屬二體異文相合例。

六七 㕯：說文三上㕯部：「言之訥也，从口从內。」徐鉉注：「女滑切。」
按：字从口从內，故屬二體異文相合例。

六八 矞：說文三上㕯部：「以錐有所穿也，从矛从㕯。一曰：滿有所出也。」徐鉉注：「余律切。」
按：字从矛从㕯，故屬二體異文相合例。

六九 古：說文三上古部：「故也，从十口，識前言者也。」徐鉉注：「公戶切。」
按：字从十口，故屬二體異文相合例。

七十 丈：說文三上十部：「十尺也，从又持十。」徐鉉注：「直兩切。」
按：字从又持十，故屬二體異文相合例。

七一 千：說文三上十部：「十百也，从十从人。」徐鉉注：「此先切。」
按：字从十从人，故屬二體異文相合例。

七二 肸：說文三上十部：「響布也，从十从⿱八月。」徐鉉注：「羲乙切。」
按：字从十从⿱八月，故屬二體異文相合例。

七三 卙：說文三上十部：「卙卙，盛也，从十从甚。汝南名蠶盛曰卙。」徐鉉注：「子入切。」
按：字从十从甚，故屬二體異文相合例。

七四 博：說文三上十部：「大通也，从十从尃。尃，布也。」徐鉉注：「補各切。」

按：字从十从叀，故屬二體異文相合例。

七五 𧥣：說文三上言部：「快也，从言从中。」徐鉉注：「於力切。」

按：字从言从中，故屬二體異文相合例。

七六 信：說文三上言部：「誠也，从人从言，會意。」徐鉉注：「息晉切。」

按：字从人从言，故屬二體異文相合例。

七七 䚻：說文三上言部：「徒歌，从言肉。」徐鉉注：「余招切。」

按：字从言肉，故屬二體異文相合例。

七八 說：說文三上言部：「說釋也，从言兌，一曰談說。」徐鉉注：「失爇切，又弋雪切。」

按：字从言兌，故屬二體異文相合例。

七九 計：說文三上言部：「會也，筭也，从言从十。」徐鉉注：「古詣切。」

按：字从言从十，故屬二體異文相合例。

八十 設：說文三上言部：「施陳也，从言从殳。殳，使人也。」徐鉉注：「識列切。」

按：字从言从殳，故屬二體異文相合例。

八一 諰：說文三上言部：「思之意，从言从思。」徐鉉注：「胥里切。」

按：字从言从思，故屬二體異文相合例。

八二 訥：說文三上言部：「言難也，从言从內。」徐鉉注：「內骨切。」

按：字从言从內，故屬二體異文相合例。

八三 䜌：說文三上言部：「亂也，一曰治也，一曰不絕也。从言絲。」徐鉉注：「呂員切。」

按：字从言夾絲中，故屬二體異文相合例。

八四 諕：說文三上言部：「號也，从言从虎。」徐鉉注：「乎刀切。」

按：字从言从虎，故屬二體異文相合例。

八五 譱：說文三上誩部：「吉也，从誩从羊，此與義美同意。」徐鉉注：「常衍切。」

按：字从誩从羊，故屬二體異文相合例。

八六 章：說文三上音部：「樂竟爲一章，从音从十，十，數之終也。」徐鉉注：「諸良切。」

按：字从音从十，故屬二體異文相合例。

八七 竟：說文三上音部：「樂曲盡爲竟，从音从人。」徐鉉注：「居慶切。」

按：字从音从人，故屬二體異文相合例。

八八 辛：說文三上辛部：「辠也，从干二。二，古文上字。讀若愆，張林說。」徐鉉注：「去處切。」

按：字从干二，故屬二體異文相合例。

八九 妾：說文三上辛部：「有辠女子給事之得接於君者，从辛从女。春秋云：女爲人妾。妾，不娉也。」徐鉉注：「七接切。」

按：字从辛从女，故屬二體異文相合例。

九十 業：說文三上丵部：「大版也，所以飾縣鐘鼓，捷業如鋸齒以白畫之，象其鉏鋙相承也。从丵从巾，巾象版。詩曰：巨業維樅。」徐鉉注：「魚怯切。」

按：字从丵从巾，故屬二體異文相合例。

九一 弇：說文三上廾部：「蓋也，从廾从合。」徐鉉注：「古南切。又一儉切。」

故：字从廾从合，故屬二體異文相合例。

九二 弄：說文三上廾部：「玩也，从廾持玉。」徐鉉注：「盧貢切。」

按：字从廾持玉，故屬二體異文相合例。

九三 弅：說文二上廾部：「持弩拊，从廾肉，讀若逵。」徐鉉注：「渠追切。」

按：字从廾肉，故屬二體異文相合例。

九四 戒：說文三上廾部：「警也，从廾持戈，以戒不虞。」徐鉉注：「居拜切。」

按：字从廾持戈，故屬二體異文相合例。

九五 兵：說文三上廾部：「械也，从廾持斤并力之皃。」徐鉉注：「補明切。」

按：字从廾持斤，故屬二體異文相合例。

九六 共：說文三上共部：「同也，从廿廾。」徐鉉注：「渠用切。」

按：字从廿廾，故屬二體異文相合例。

九七 異：說文三上異部：「分也，从廾从畀。畀，予也。」徐鉉注：「徐諧曰：將欲與物，先分異之也。羊吏切。」

按：字从廾从畀，故屬二體異文相合例。

九八 與：說文三上舁部：「黨與也，从舁从与。」徐鉉注：「余呂切。」

按：字从舁从与，故屬二體異文相合例。

九九 興：說文三上舁部：「起也，从舁从同，同力也。」徐鉉注：「虛陵切。」

按：字从舁从同，故屬二體異文相合例。

一〇〇 鞍：說文三下革部：「馬鞁具也，从革从安。」徐鉉注：「烏寒切。」

按：字从革从安，故屬二體異文相合例。

一〇一 鬻：說文三下䰜部：「五味盉羹也，从䰜从羔。詩曰：亦有和鬻。」徐鉉注：「古行切。」

按：字从䰜从羔，故屬二體異文相合例。

一〇二 孚：說文三下爪部：「卵孚也，从爪从子。一曰：信也。」徐鉉注：「芳無切。」

按：字从爪从子，故屬二體異文相合例。

一〇三 埶：說文三下丮部：「種也，从坴丮，持亟種之。詩曰：我埶黍稷。」徐鉉注：「育祭切。」

按：字从坴丮，故屬二體異文相合例。

一〇四 鬩：說文三下鬥部：「恆訟也。詩云：兄弟鬩于牆。从鬥从兒。兒，善訟者也。」徐鉉注：「許激切。」

按：字从鬥从兒，故屬二體異文相合例。

一〇五 𩰫：說文三下鬥部：「試力士錘也，从鬥从戈，或从戰省。讀若縣。」徐鉉注：「胡畎切。」

按：字从鬥从戈，故屬二體異文相合例。

一〇六 右：說文三下又部：「手口相助也，从又从口。」徐鉉注：「于救切。」

按：字从又从口，故屬二體異文相合例。

一〇七 叜：說文三下又部：「老也，从又从灾，闕。」徐鉉注：「穌后切。」

按：字从又从灾，故屬二體異文相合例。

一〇八 及：說文三下又部：「逮也，从又从人。」徐鉉注：「巨立切。」

按：字从又从人，故屬二體異文相合例。

一〇九 秉：說文三下又部：「禾束也，从又持禾。」徐鉉注：「兵永切。」

按：字从又持禾，故屬二體異文相合例。

一一〇 反：說文三下又部：「覆也，从又厂反形。」徐鉉注：「府遠切。」

按：字从又厂，故屬二體異文相合例。

一一一 𠬝：說文三下又部：「治也，从又从卪。卪，事之節也。」徐鉉注：「房六切。」

按：字从又从卪，故屬二體異文相合例。

一一二 叏：說文三下又部：「滑也。詩云：叏兮達兮。从又屮。一曰：取也。」徐鉉注：「土刀切。」

按：字从又中，故屬二體異文相合例。

一一三 𠬛：說文三下又部：「入水有所取也，从又在回下。回，古文回。回，淵水也。讀若沫。」徐鉉注：「莫勃切。」

按：字从又在回下，故屬二體異文相合例。

一一四 取：說文三下又部：「捕取也，从又从耳。周禮：獲者取左耳。司馬法曰：載獻聝。聝者耳也。」徐鉉注：「七庾切。」

按：字从又从耳，故屬二體異文相合例。

一一五 彗：說文三下又部：「掃竹也，从又持甡。」徐鉉注：「祥歲切。」

按：字从又持甡，故屬二體異文相合例。

一一六 卑：說文三下𠂇部：「賤也，執事也，从𠂇甲。」徐鉉注：「補移切。」

按：字从𠂇甲，故屬二體異文相合例。

一一七 史：說文三下史部：「記事者也，从又持中。中，正也。」徐鉉注：「疏士切。」

按：字从又持中，故屬二體異文相合例。

一一八 支：說文三下支部：「去竹之枝也，从手持半竹。」徐鉉注：「章移切。」

按：字从手持半竹，故屬二體異文相合例。

一一九 聿：說文三下聿部：「手之疌巧也，从又持巾。」徐鉉注：「尼輒切。」

按：字从又持巾，故屬二體異文相合例。

一二〇 肅：說文三下聿部：「持事振敬也，从聿在𣶒上，戰戰兢兢也。」徐鉉注：「息逐切。」

按：字从聿在𣶒上，故屬二體異文相合例。

一二一 筆：說文三下聿部：「秦謂之筆，从聿从竹。」徐鉉注：「鄙密切。」

按：字从聿从竹，故屬二體異文相合例。

一三二 𦘔 𦘔：說文三下聿部：「聿飾也，从聿从彡。俗語以書好爲𦘔，讀若津。」徐鉉注：「將鄰切。」
按：字从聿从彡，故屬二體異文相合例。

一三三 堅 堅：說文三下臤部：「剛也，从臤从土。」徐鉉注：「古賢切。」
按：字从臤从土，故屬二體異文相合例。

一三四 杸 杸：說文三下殳部：「軍中士所持殳也，从木从殳。司馬法曰：執羽从杸。」徐鉉注：「市朱切。」
按：字从木从殳，故屬二體異文相合例。

一三五 毄 毄：說文三下殳部：「相擊中也，如車相擊，故从殳从軎。」徐鉉注：「古歷切。」
按：字从殳从軎，故屬二體異文相合例。

一三六 𣪘 𣪘：說文三下殳部：「揉屈也，从殳从皀。皀，古文叀字，廄字从此。」徐鉉注：「居又切。」
按：字从殳从皀。故屬二體異文相合例。

一三七 役 役：說文三下殳部：「戍邊也，从殳从彳。」徐鉉注：「營隻切。」
按：字从殳从彳，故屬二體異文相合例。

一三八 㐱 㐱：說文三下几部：「新生羽而飛也，从几从彡。」徐鉉注：「之忍切。」
按：字从几从彡，故屬二體異文相合例。

一三九 寸 寸：說文三下寸部：「十分也，人手卻一寸動𧖴謂之寸口。从又从一。」徐鉉注：「倉困切。」
按：字从又从一，故屬二體異文相合例。

一四〇 潄 潄：說文三下攴部：「辟潄鐵也，从攴从湅。」徐鉉注：「郎電切。」
按：字从攴从湅，故屬二體異文相合例。

一四一 改 改：說文三下攴部：「更也，从攴己。」徐鉉注：「古亥切。」
按：字从攴己，故屬二體異文相合例。

一三二 敗：說文三下攴部：「毀也，从攴貝。敗賊皆从貝。會意。」徐鉉注：「薄邁切。」

按：字从攴貝，故屬二體異文相合例。

一三三 寇：說文三下攴部：「暴也，从攴从完。」徐鉉注：「苦候切。」

按：字从攴从完，故屬二體異文相合例。

一三四 畋：說文三下攴部：「平田也，从攴田。周書曰：畋尒田。」徐鉉注：「待年切。」

按：字从攴田，故屬二體異文相合例。

一三五 牧：說文三下攴部：「養牛人也，从攴从牛。詩曰：牧人乃夢。」徐鉉注：「莫卜切。」

按：字从攴从牛，故屬二體異文相合例。

一三六 敎：說文三下敎部：「上所施，下所効也。从攴从孝。」徐鉉注：「古孝切。」

按：字从攴从孝，故屬二體異文相合例。

一三七 卟：說文三下卜部：「卜以問疑也，从口卜，讀與稽同。書云卟疑。」徐鉉注：「古兮切。」

按：字从口卜，故屬二體異文相合例。

一三八 貞：說文三下卜部：「卜問也，从卜貝，以爲贄。一曰鼎省聲，京房所說。」徐鉉注：「陟盈切。」

按：字从卜貝，故屬二體異文相合例。

一三九 占：說文三下卜部：「視兆問也，从卜从口。」徐鉉注：「職廉切。」

按：字从卜从口，故屬二體異文相合例。

一四〇 兆：說文三下卜部：「灼龜坼也，从卜兆，象形。」徐鉉注：「治小切。」

按：字从卜兆，故屬二體異文相合例。

一四一 用：說文三下用部：「可施行也，从卜从中，衞宏說。」徐鉉注：「余訟切。」

按：字从卜从中，故屬二體異文相合例。

一四二 庸 庸：說文三下用部：「用也，从用从庚。庚，更事也。易曰：先庚三日。」徐鉉注：「余封切。」
按：字从用从庚，故屬二體異文相合例。

一四三 棥 棥：說文三下爻部：「藩也，从爻从林。詩曰：營營青蠅止于棥。」徐鉉注：「附袁切。」
按：字从爻从林，故屬二體異文相合例。

一四四 爽 爽：說文三下㸚部：「明也，从㸚从大。」徐鉉注：「疏兩切。」
按：字从㸚从大，故屬二體異文相合例。

一四五 𡕥 𡕥：說文四上𡕥部：「舉目使人也，从攴从目。讀若颭。」徐鉉注：「火劣切。」
按：字从攴从目，故屬二體異文相合例。

一四六 夐 夐：說文四上𡕥部：「大視也，从大𡕥，讀若齤。」徐鉉注：「況晚切。」
按：字从大𡕥，故屬二體異文相合例。

一四七 睔 睔：說文四上目部：「目大也，从目侖。春秋傳有鄭伯睔。」徐鉉注：「古本切。」
按：字从目侖，故屬二體異文相合例。

一四八 窅 窅：說文四上目部：「深目也，从穴中目。」徐鉉注：「烏皎切。」
按：字从穴中目，故屬二體異文相合例。

一四九 相 相：說文四上目部：「省視也，从目从木。易曰：地可觀者，莫可觀於木。詩曰：相鼠有皮。」徐鉉注：「息良切。」
按：字从目从木，故屬二體異文相合例。

一五〇 ⿰目窅 ⿰目窅：說文四上目部：「目深皃，从目窅，讀若易曰：勿卹之卹。」徐鉉注：「於悅切。」
按：字从目窅，故屬二體異文相合例。

一五一 看 看：說文四上目部：「睎之。从手下目。」徐鉉注：「苦寒切。」

按：字从手下目，故屬二體異文相合例。

一五二 睡：說文四上目部：「坐寐也，从目垂。」徐鉉注：「是僞切。」

按：字从目垂，故屬二體異文相合例。

一五三 ⿰目叉：說文四上目部：「捾目也，从目叉。」徐鉉注：「烏括切。」

按：字从目叉，故屬二體異文相合例。

一五四 ⿱丿䀠：說文四上䀠部：「目圍也，从䀠丿，讀若書卷之卷。古文以爲醜字。」徐鉉注：「居倦切。」

按：字从丿䀠，故屬二體異文相合例。

一五五 ⿱䀠大：說文四上䀠部：「目衺也，从䀠从大。大，人也。」徐鉉注：「舉朱切。」

按：字从䀠从大，故屬二體異文相合例。

一五六 皆：說文四上白部：「俱詞也，从比从白。」徐鉉注：「古諧切。」

按：字从比从白，故屬二體異文相合例。

一五七 百：說文四上白部：「十十也，从一白。數，十百爲一貫相章也。」徐鉉注：「博陌切。」

按：字从一百，故屬二體異文相合例。

一五八 鼻：說文四上鼻部：「引气自畀也，从自畀。」徐鉉注：「入二切。」

按：字从自畀，故屬二體異文相合例。

一五九 習：說文四上習部：「數飛也，从羽从白。」徐鉉注：「似入切。」

按：字从羽从白，故屬二體異文相合例。

一六〇 翟：說文四上羽部：「山雉尾長者，从羽从隹。」徐鉉注：「徒歷切。」

按：字从羽从隹，故屬二體異文相合例。

一六一 翏：說文四上羽部：「高飛也，从羽从㐱。」徐鉉注：「力救切。」

按：字从羽从㐱，故屬二體異文相合例。

一六二　𦐇：說文四上羽部：「飛盛皃，从羽从月。」徐鉉注：「土盍切。」

按：字从羽从月，故屬二體異文相合例。

一六三　隻：說文四上隹部：「鳥一枚也，从又持隹。持一隹曰隻，二隹曰雙。」徐鉉注：「之石切。」

按：字从又持隹，故屬二體異文相合例。

一六四　雀：說文四上隹部：「依人小鳥也，从小隹。讀與爵同。」徐鉉注：「即略切。」

按：字从小隹，故屬二體異文相合例。

一六五　雋：說文四上隹部：「肥肉也，从弓所以射隹。長沙有下雋縣。」徐鉉注：「徂沇切。」

按：字从弓所以射隹，故屬二體異文相合例。

一六六　奞：說文四上奞部：「鳥張毛羽自奮也，从大从隹。讀若睢。」徐鉉注：「息遺切。」

按：字从大从隹，故屬二體異文相合例。

一六七　奪：說文四上奞部：「手持隹失之也，从又从奞。」徐鉉注：「徒活切。」

按：字从又从奞，故屬二體異文相合例。

一六八　奮：說文四上奞部：「翬也，从奞在田上。詩曰：不能奮飛。」徐鉉注：「方問切。」

按：字从奞在田上，故屬二體異文相合例。

一六九　萑：說文四上萑部：「鴟屬，从隹从𦫳，有毛角，所鳴其民有旤。讀若和。」徐鉉注：「胡官切。」

按：字从隹从𦫳，故屬二體異文相合例。

一七〇　蒦：說文四上萑部：「規蒦，商也。从又持萑。一曰：視遽皃。一曰：蒦，度也。」徐鉉注：「乙虢切。」

按：字从又持萑，故屬二體異文相合例。

一七一 乖：說文四上𦫳部：「戾也，从𦫳而兆，兆古文別。」徐鉉注：「古懷切。」

按：字从𦫳兆，故屬二體異文相合例。

一七二 苜：說文四上苜部：「目不正也，从𦫳从目。莧从此。讀若末。」徐鉉注：「徒結切。」

按：字从𦫳从目，故屬二體異文相合例。

一七三 瞢：說文四上苜部：「目不明也，从苜从旬。旬，目數搖也。」徐鉉注：「木空切。」

按：字从苜从旬，故屬二體異文相合例。

一七四 蔑：說文四上苜部：「勞目無精也，从苜，人勞則蔑然，从戍。」徐鉉注：「莫結切。」

按：字从苜从戍，故屬二體異文相合例。

一七五 美：說文四上羊部：「甘也，从羊从大。羊在六畜，主給膳也，美與善同意。」徐鉉注：「無鄙切。」

按：字从羊从大，故屬二體異文相合例。

一七六 羼：說文四上𦍌部：「羊相廁也，从𦍌在尸下。尸，屋也。一曰：相出前也。」徐鉉注：「初限切。」

按：字从𦍌在尸下，故屬二體異文相合例。

一七七 矍：說文四上瞿部：「隹欲逸走也，从文持之，矍矍也，讀若詩云穬彼淮夷之穬；一曰視遽皃。」徐鉉注：「九縛切。」

按：段注：「瞿瞿，各本作矍矍，今正。」故字从又持之瞿瞿然，故屬二體異文相合例。

一七八 霍：說文四上雔部：「飛聲也。从雨雔（鉉本缺，依段注補），雨而雔飛者其聲靃然。」徐鉉注：「呼郭切。」

按：字从雨雔，故屬二體異文相合例。

一七九　雙：說文四上雔部：「隹二枚也，从雔又持之。」徐鉉注：「所江切。」

按：字从雔又持之，故屬二體異文相合例。

一八〇　雧：說文四上雥部：「群鳥在木上也，从雥从木。」徐鉉注：「秦入切。」

按：字从雥从木，故屬二體異文相合例。

一八一　鳴：說文四上鳥部：「鳥聲也，从鳥从口。」徐鉉注：「武兵切。」

按：字从鳥从口，故屬二體異文相合例。

一八二　幼：說文四下幺部：「少也，从幺从力。」徐鉉注：「伊謬切。」

按：字从幺从力，故屬二體異文相合例。

一八三　幾：說文四下𢆶部：「微也，殆也，从𢆶从戍。戍，兵守也。𢆶而兵守者危也。」徐鉉注：「居衣切。」

按：字从𢆶从戍，故屬二體異文相合例。

一八四　惠：說文四下叀部：「仁也，从心从叀。」徐鉉注：「胡桂切。」

按：字从心从叀，故屬二體異文相合例。

一八五　敖：說文四下放部：「出游也，从出从放。」徐鉉注：「五牢切。」

按：字从出从放，故屬二體異文相合例。

一八六　敫：說文四下放部：「光景流也，从白从放，讀若龠。」徐鉉注：「以灼切。」

按：字从白从放，故屬二體異文相合例。

一八七　𠬪：說文四下𠬪部：「物落上下相付也，从爪从又。讀若詩摽有梅。」徐鉉注：「平小切。」

按：字从爪从又，故屬二體異文相合例。

一八八　爰：說文四下𠬪部：「引也，从𠬪从于。籀文以為車轅字。」徐鉉注：「羽元切。」

按：字从𠬪从于，故屬二體異文相合例。

一八九 𤓽：說文四下𠬪部：「撮也，从𠬪从己。」徐鉉注：「力輟切。」

按：字从𠬪从己，故屬二體異文相合例。

一九〇 爭：說文四下𠬪部：「引也，从𠬪厂。」徐鉉注：「厂音曳，𠬪二手而曳之，爭之道也。側莖切。」

按：字从𠬪厂，故屬二體異文相合例。

一九一 𢍏：說文四下𠬪部：「所依據也，从𠬪工，讀與隱同。」徐鉉注：「於謹切。」

按：字从𠬪工，故屬二體異文相合例。

一九二 𣦼：說文四下𣦼部：「殘穿也，从又从歺。讀若殘。」徐鉉注：「昨干切。」

按：字从又从歺，故屬二體異文相合例。

一九三 𣪊：說文四下𣦼部：「𣦼探堅意也，从𣦼从貝。貝，堅寶也，讀若概。」徐鉉注：「古代切。」

按：字从𣦼从貝，故屬二體異文相合例。

一九四 㕡：說文四下𣦼部：「溝也，从𣦼从谷，讀若郝。」徐鉉注：「呼各切。」

按：字从𣦼从谷，故屬二體異文相合例。

一九五 𣩡：說文四下歺部：「畜產疫病也，从歺从羸。」徐鉉注：「郎果切。」

按：字从歺从羸，故屬二體異文相合例。

一九六 𣧹：說文四下歺　部：「禽獸所食餘也，从歺从肉。」徐鉉注：「昨干切。」

按：字从歺从肉，故屬二體異文相合例。

一九七 死：說文四下死部：「澌也，人所離也，从歺从人。」徐鉉注：「息姊切。」

按：字从歺从人，故屬二體異文相合例。

一九八 𠛱：說文四下冎部：「分解也，从冎从刀。」徐鉉注：「憑列切。」

按：字从冎从刀，故屬二體異文相合例。

一九九 骨：說文四下骨部：「肉之覈也，从冎有肉。」徐鉉注：「古忽切。」

按：字从冎有肉，故屬二體異文相合例。

二〇〇 肘：說文四下肉部：「臂節也，从肉从寸。寸，手寸口也。」徐鉉注：「陟柳切。」

按：字从肉从寸，故屬二體異文相合例。

二〇一 肰：說文四下肉部：「犬肉也，从犬肉，讀若然。」徐鉉注：「如延切。」

按：字从犬肉，故屬二體異文相合例。

二〇二 肥：說文四下肉部：「多肉也，从肉从卪。」徐鉉注：「符非切。」

按：字从肉从卪，故屬二體異文相合例。

二〇三 初：說文四下刀部：「始也，从刀从衣，裁衣之始也。」徐鉉注：「楚居切。」

按：字从刀从　，故屬二體異文相合例。

二〇四 則：說文四下刀部：「等畫物也，从刀从貝。貝，古之物貨也。」徐鉉注：「子德切。」

按：字从刀从貝，故屬二體異文相合例。

二〇五 釗：說文四下刀部：「刓也，从刀从金，周康王名。」徐鉉注：「止遙切。」

按：字从刀从金，故屬二體異文相合例。

二〇六 制：說文四下刀部：「裁也。从刀从未。未，物成有滋味可裁斷；一曰止也。」徐鉉注：「征例切。」

按：字从刀从未，故屬二體異文相合例。

二〇七 罰：說文四下刀部：「辠之小者，从刀从詈，未以刀有所賊，但持刀罵詈則應罰。」徐鉉注：「房越切。」

按：字从刀从詈，故屬二體異文相合例。

二〇八 刵：說文四下刀部：「斷耳也，从刀从耳。」徐鉉注：「仍吏切。」

按：字从刀从耳，故屬二體異文相合例。

二〇九 魝：說文四下刀部：「楚人謂治魚也，从刀从魚，讀若鍥。」徐鉉注：「古屑切。」

按：字从刀从魚，故屬二體異文相合例。

二一〇 刅：說文四下刃部：「傷也，从刃从一。」徐鉉注：「楚良切。」

按：字从刃从一，故屬二體異文相合例。

二一一 栔：說文四下㓞部：「刻也，从㓞从木。」徐鉉注：「苦計切。」

按：字从㓞从木，故屬二體異文相合例。

二一二 耒：說文四下耒部：「手耕曲木也，从木推丰。古者垂作耒梠，以振民也。」徐鉉注：「盧對切。」

按：字从木推丰，故屬二體異文相合例。

二一三 等：說文五上竹部：「齊簡也，从竹从寺。寺官曹之等平也。」徐鉉注：「多肯切。」

按：字从竹从寺，故屬二體異文相合例。

二一四 簭：說文五上竹部：「易卦用蓍也，从竹从𢍜。𢍜，古文巫字。」徐鉉注：「時制切。」

按：字从竹从𢍜，故屬二體異文相合例。

二一五 筭：說文五上竹部：「長六寸計歷數者，从竹从弄，言常弄乃不誤也。」徐鉉注：「蘇貫切。」

按：字从竹从弄，故屬二體異文相合例。

二一六 算：說文五上竹部：「數也，从竹从具，讀若筭。」徐鉉注：「蘇管切。」

按：字从竹从具，故屬二體異文相合例。

二一七 顨：說文五上丌部：「巽也，从丌从頭，此易顨卦爲長女爲風者。」徐鉉注：「蘇困切。」

按：字从丌从頭，故屬二體異文相合例。

二一八 奠：說文五上丌部：「置祭也，从酋。酋，酒也，下其丌也。禮有奠祭者。」徐鉉注：「堂練切。

按：字从酉𠂇，故屬二體異文相合例。

二一九 左 左：說文五上左部：「手相左助也，从𠂇工。」徐鉉注：「則箇切。」

按：字从𠂇工，故屬二體異文相合例。

二二〇 差 差：說文五上左部：「貳也，差不相値也，从左从𠂹。」徐鉉注：「初牙切，又楚佳切。」

按：字从左从𠂹，故屬二體異文相合例。

二二一 覡 覡：說文五上巫部：「能齋肅事神明也，在男曰覡，在女曰巫，从巫从見。」徐鉉注：「胡狄切。」

按：字从巫从見，故屬二體異文相合例。

二二二 甛 甛：說文五上甘部：「美也，从甘从舌。舌，知甘者。」徐鉉注：「徒兼切。」

按：字从甘从舌，故屬二體異文相合例。

二二三 猒 猒：說文五上甘部：「飽也，从甘从肰。」徐鉉注：「於鹽切。」

按：字从甘从肰，故屬二體異文相合例。

二二四 甚 甚：說文五上甘部：「尤安樂也，从甘匹。匹，耦也。」徐鉉注：「常枕切。」

按：字从甘匹，故屬二體異文相合例。

二二五 沓 沓：說文五上曰部：「語多沓沓也，从水从曰，遼東有沓縣。」徐鉉注：「徒合切。」

按：字从水从曰，故屬二體異文相合例。

二二六 𣍘 𣍘：說文五上曰部：「獄之兩曹也，在廷東，从棘；治事者，从曰。」徐鉉注：「昨牢切。」

按：字从棘从曰，故屬二體異文相合例。

二二七 甹 甹：說文五上丂部：「亟詞也，从丂从由，或曰甹俠也。三輔謂輕財者爲甹。」徐鉉注：「普丁切。」

按：字从丂从由，故屬二體異文相合例。

二二八 奇 奇：說文五上可部：「異也，一曰不耦，从大从可。」徐鉉注：「渠羈切。」

按：字从大从可，故屬二體異文相合例。

二二九 号：說文五上号部：「痛聲也，从口在丂上。」徐鉉注：「胡到切。」

按：字从口在丂上，故屬二體異文相合例。

二三〇 號：說文五上号部：「呼也，从号从虎。」徐鉉注：「乎刀切。」

按：字从号从虎，故屬二體異文相合例。

二三一 亏：說文五上亏部：「於也，象气之舒，亏从丂从一；一者，其气平之也。」徐鉉注：「羽俱切。」

按：字从丂从一，故屬二體異文相合例。

二三二 粤：說文五上亏部：「亏也，審慎之詞者，从亏从宷。周書曰：粤三日丁亥。」徐鉉注：「王伐切。」

按：字从亏从宷，故屬二體異文相合例。

二三三 平：說文五上亏部：「語平舒也，从亏从八。八，分也，爰禮說。」徐鉉注：「符兵切。」

按：字从亏从八，故屬二體異文相合例。

二三四 喜：說文五上喜部：「樂也，从壴从口。」徐鉉注：「虛里切。」

按：字从壴从口，故屬二體異文相合例。

二三五 尌：說文五上壴部：「立也，从壴从寸，持之也，讀若駐。」徐鉉注：「常句切。」

按：字从壴从寸，故屬二體異文相合例。

二三六 鼓：說文五上鼓部：「郭也。春分之音，萬物郭皮甲而出，故謂之鼓。从壴支，象其手擊之也。周禮六鼓：靁鼓八面，靈鼓六面，路鼓四面，鼖鼓、皐鼓、晉鼓皆兩面。」徐鉉注：「工戶切。」

按：字从壴支，故屬二體異文相合例。

二三七 梪：說文五上豆部：「木豆謂之梪，从木豆。」徐鉉注：「徒候切。」

按：字从木豆，故屬二體異文相合例。

二三八 豑：說文五上豊部：「爵之次弟也，从豊从弟。虞書曰：平豑東作。」徐鉉注：「直質切。」

按：字从豊从弟，故屬二體異文相合例。

二三九 虡：說文五上虍部：「鐘鼓之柎也，飾爲猛獸，从虍異，象其下足。」徐鉉注：「其呂切。」

按：字从虍異，故屬二體異文相合例。

二四〇 彪：說文五上虎部：「虎文也，从虎彡，象其文也。」徐鉉注：「甫州切。」

按：字从虎彡，故屬二體異文相合例。

二四一 𧇭：說文五上虤部：「兩虎爭聲，从虤从曰，讀若憖。」徐鉉注：「語巾切。」

按：字从虤从曰，故屬二體異文相合例。

二四二 贙：說文五上虤部：「分別也，从虤對爭貝，讀若迴。」徐鉉注：「胡畎切。」

按：字从虤對爭貝，故屬二體異文相合例。

二四三 益：說文五上皿部：「饒也，从水皿。皿，益之意也。」徐注注：「伊昔切。」

按：字从水皿，故屬二體異文相合例。

二四四 盈：說文五上皿部：「滿器也，从皿夃。」徐鉉注：「以成切。」

按：字从皿夃，故屬二體異文相合例。

二四五 𥁕：說文五上皿部：「仁也，从皿以食囚也，官溥說。」徐鉉注：「烏渾切。」

按：字从皿以食囚，故屬二體異文相合例。

二四六 盇：說文五上血部：「覆也，从血大。」徐鉉注：「胡臘切。」

按：字从血大，故屬二體異文相合例。

二四七 彤：說文五下丹部：「丹飾也，从丹从彡，彡其畫也。」徐鉉注：「徒冬切。」

按：字从丹从彡，故屬二體異文相合例。

二四八 青：說文五下青部：「東方色也，木生火，从生丹，丹青之信，言必然。」徐鉉注：「倉經切。」
按：字从生丹，故屬二體異文相合例。

二四九 飤：說文五下食部：「糧也，从人食。」徐鉉注：「祥吏切。」
按：字从人食，故屬二體異文相合例。

二五〇 飧：說文五下食部：「餔也，从夕食。」徐鉉注：「思魂切。」
按：字从夕食，故屬二體異文相合例。

二五一 亼：說文五下亼部：「三合也。从入一，象三合之形。讀若集。」徐鉉注：「秦入切。」
按：字从入一，故屬二體異文相合例。

二五二 合：說文五下亼部：「合口也，从亼从口。」徐鉉注：「候閤切。」
按：字从亼从口，故屬二體異文相合例。

二五三 侖：說文五下亼部：「思也，从亼从册。」徐鉉注：「力屯切。」
按：字从亼从册，故屬二體異文相合例。

二五四 今：說文五下亼部：「是時也，从亼从乛。乛，古文及。」徐鉉注：「居音切。」
按：字从亼从乛，故屬二體異文相合例。

二五五 內：說文五下入部：「入也，从冂自外而入也。」徐鉉注：「奴對切。」
按：字从冂自外而入也，故屬二體異文相合例。

二五六 𡵉：說文五下入部：「入山之深也，从山从入，闕。」徐鉉注：「鉏箴切。」
按：字从山从入，故屬二體異文相合例。

二五七 糴：說文五下入部：「市穀也，从入从䊮。」徐鉉注：「徒歷切。」
按：字从入从䊮，故屬二體異文相合例。

二五八 全：說文五下入部：「完也，从入从工。」徐鉉注：「疾緣切。」
按：字从入从工，故屬二體異文相合例。

二五九 䠶：說文五下矢部：「弓弩發於身而中於遠也，从矢从身。」徐鉉注：「食夜切。」
按：字从矢从身，故屬二體異文相合例。

二六〇 知：說文五下矢部：「詞也，从口从矢。」徐鉉注：「陟离切。」
按：字从口从矢，故屬二體異文相合例。

二六一 冘：說文五下冂部：「淫淫，行皃。从人出冂。」徐鉉注：「余箴切。」
按：字从人出冂，故屬二體異文相合例。

二六二 央：說文五下冂部：「中央也，从大在冂之內。大，人也。央旁同意，一曰久也。」徐鉉注：「於良切。」
按：段注：「人在冂內，正居其中。」字亦从大在冂之內會意，故屬二體異文相合例。

二六三 隺：說文五下冂部：「高至也，从隹上欲出冂。易曰：夫乾隺然。」徐鉉注：「胡沃切。」
按：字从隹上欲門冂，故屬二體異文相合例。

二六四 就：說文五下京部：「就高也，从京从尤。尤，異於凡也。」徐鉉注：「疾僦切。」
按：字从京从尤，故屬二體異文相合例。

二六五 𦎫：說文五下亯部：「孰也，从亯从羊，讀若純；一曰鬻也。」徐鉉注：「常倫切。」
按：字从亯从羊，故屬二體異文相合例。

二六六 𩫖：說文五下亯部：「用也，从亯从自，自，知臭，香所食也，讀若庸。」徐鉉注：「余封切。」
按：字从亯从自，故屬二體異文相合例。

二六七 厚：說文五下𣆪部：「山陵之厚也，从𣆪从厂。」徐鉉注：「胡口切。」

按：字从㫗从厂，故屬二體異文相合例。

二六八　稟：說文五下㐭部：「賜穀也，从㐭从禾。」徐鉉注：「筆錦切。」

按：字从㐭从禾，故屬二體異文相合例。

二六九　啚：說文五下㐭部：「嗇也，从口㐭。㐭，受也。」徐鉉注：「方美切。」

按：字从口㐭，故屬二體異文相合例。

二七〇　嗇：說文五下嗇部：「愛濇也，从來从㐭。來者，㐭而藏之，故田夫謂之嗇夫。」徐鉉注：「所力切。」

按：字从來从㐭，故屬二體異文相合例。

二七一　麥：說文五下麥部：「芒穀，秋穜厚薶，故謂之麥。麥，金也，金王而生，火王而死，从來，有穗者，从夊。」徐鉉注：「莫獲切。」

按：字从來从夊，故屬二體異文相合例。

二七二　夌：說文五下夊部：「越也，从夊从兴。兴，高也。一曰：夌，偄也。」徐鉉注：「力膺切。」

按：字从夊从兴，故屬二體異文相合例。

二七三　致：說文五下夊部：「送詣也，从夊从至。」徐鉉注：「陟利切。」

按：字从夊从至，故屬二體異文相合例。

二七四　罤：說文五下弟部：「周人謂兄曰罤，从弟从眔。」徐鉉注：「古魂切。」

按：字从弟从眔，故屬二體異文相合例。

二七五　夃：說文五下夊部：「秦以市買多得為夃，从乃从夊。益至也。詩曰：我夃酌彼金罍。」徐鉉注：「古乎切。」

按：字从乃从夊，故屬二體異文相合例。

二七六　桀：說文五下桀部：「磔也，从舛在木上也。」徐鉉注：「渠列切。」

按：字从廾在木上，故屬二體異文相合例。

二七七 椉：說文五下桀部：「覆也，从入桀。桀，黠也。軍法曰椉。」徐鉉注：「食陵切。」

按：字从入桀，故屬二體異文相合例。

二七八 某：說文六上木部：「酸果也，从木从甘，闕。」徐鉉注：「莫厚切。」

按：字从木从甘，故屬二體異文相合例。

二七九 枚：說文六上木部：「榦也，可為杖，从木从攴。詩曰：施于條枚。」徐鉉注：「莫桮切。」

按：字从木从攴，故屬二體異文相合例。

二八〇 栞：說文六上木部：「槎識也，从木㚘，闕。夏書曰：隨山栞木，讀若刊。」徐鉉注：「苦寒切。」

按：字从木㚘，故屬二體異文相合例。

二八一 杲：說文六上木部：「明也，从日在木上。」徐鉉注：「古老切。」

按：字从日在木上，故屬二體異文相合例。

二八二 杳：說文六上木部：「冥也，从日在木下。」徐鉉注：「烏皎切。」

按：字从日在木下，故屬二體異文相合例。

二八三 枓：說文六上木部：「勺也，从木从斗。」徐鉉注：「之庾切。」

按：字从木从斗，故屬二體異文相合例。

二八四 杓：說文六上木部：「枓柄也，从木从勺。」徐鉉注：「甫搖切。」

按：字从木从勺，故屬二體異文相合例。

二八五 臬：說文六上木部：「射準的也，从木从自。」徐鉉注：「五結切。」

按：字从木从自，故屬二體異文相合例。

二八六 采：說文六上木部：「捋取也，从木从爪。」徐鉉注：「倉宰切。」

按：字从木从爪，故屬二體異文相合例。

二八七 析：說文六上木部：「破木也，一曰折也，从木从斤。」徐鉉注：「先激切。」

按：字从木从斤，故屬二體異文相合例。

二八八 休：說文六上木部：「息止也，从人依木。」徐鉉注：「許尤切。」

按：字从人依木，故屬二體異文相合例。

二八九 東：說文六上東部：「動也。从木，官溥說。从日在木中。」徐鉉注：「得紅切。」

按：字从日在林中，故屬二體異文相合例。

二九〇 無：說文六上林部：「豐也，从林𡘲，或說規模字从大卌，數之積也。林者，木之多也。卌與庶同意。商書曰：庶草繁無。」徐鉉注：「文甫切。」

按：字从林𡘲，故屬二體異文相合例。

二九一 森：說文六上林部：「木多皃，从林从木，讀若曾參之參。」徐鉉注：「所今切。」

按：字从林从木，故屬二體異文相合例。

二九二 桑：說文六下叒部：「蠶所食葉木，从叒木。」徐鉉注：「息郎切。」

按：字从叒木，故屬二體異文相合例。

二九三 㞷：說文六下之部：「艸木妄生也，从之在土上，讀若皇。」徐鉉注：「戶光切。」

按：字从之在土上，故屬二體異文相合例。

二九四 師：說文六下帀部：「二千五百人爲師，从帀从𠂤。𠂤，四帀衆意也。」徐鉉注：「疎夷切。」

按：字从帀从𠂤，故屬二體異文相合例。

二九五 敖：說文六下出部：「游也，从出从放。」徐鉉注：「五牢切。」

按：字从出从放，故屬二體異文相合例。

二九六 賣：說文六下出部：「出物貨也，从出从買。」徐鉉注：「莫邂切。」

按：字从出从買，故屬二體異文相合例。

二九七 索：說文六下𣎵部：「艸有莖葉可作繩索，从𣎵糸。杜林說：𣎵亦朱木字。」徐鉉注：「蘇各切。」

按：字从𣎵糸，故屬二體異文相合例。

二九八 皣：說文六下華部：「艸木白華也，从華从白。」徐鉉注：「筠輒切。」

按：字从華从白，故屬二體異文相合例。

二九九 束：說文六下束部：「縛也，从口木。」徐鉉注：「書玉切。」

按：字从口木，故屬二體異文相合例。

三〇〇 柬：說文六下束部：「分別簡之也，从束从八。八，分別也。」徐鉉注：「古限切。」

按：字从束从八，故屬二體異文相合例。

三〇一 剌：說文六下束部：「戾也，从束从刀。刀者，剌之也。」徐鉉注：「盧達切。」

按：字从束从刀，故屬二體異文相合例。

三〇二 圖：說文六下口部：「畫計難也，从口从啚。啚，難意也。」徐鉉注：「同都切。」

按：字从口从啚，故屬二體異文相合例。

三〇三 國：說文六下口部：「邦也，从口从或。」徐鉉注：「古惑切。」

按：字从口从或，故屬二體異文相合例。

三〇四 囷：說文六下口部：「廩之圜者，从禾在口中。圜謂之囷，方謂之京。」徐鉉注：「去倫切。」

按：字从禾在口中，故屬二體異文相合例。

三〇五 因：說文六下口部：「就也，从口大。」徐鉉注：「於真切。」

按：字从口大，故屬二體異文相合例。

三〇六 𡇒：說文六下口部：「下取物縮藏之，从口从又，讀若聶。」徐鉉注：「女洽切。」

按：字从口从又，故屬二體異文相合例。

三〇七 囚：說文六下口部：「繫也，从人在口中。」徐鉉注：「似由切。」

按：字从人在口中，故屬二體異文相合例。

三〇八 困：說文六下口部：「故廬也，从木在口中。」徐鉉注：「苦悶切。」

按：字从木在口中，故屬二體異文相合例。

三〇九 圂：說文六下口部：「廁也，从口，象豕在口中也，會意。」徐鉉注：「胡困切。」

按：字从口，象豕在口中，故屬二體異文相合例。

三一〇 囮：說文六下口部：「譯也，从口化。率鳥者繫生鳥以來之，名曰囮，讀若譌。」徐鉉注：「五禾切。」

按：字从口化，故屬二體異文相合例。

三一一 𧴪：說文六下貝部：「貝聲也，从小貝。」徐鉉注：「酥果切。」

按：字从小貝，故屬二體異文相合例。

三一二 贊：說文六下貝部：「見也，从貝从兟。」徐鉉注：「則旰切。」

按：字从貝从兟，故屬二體異文相合例。

三一三 負：說文六下貝部：「恃也，从人守貝，有所恃也；一曰受貸不償。」徐鉉注：「房九切。」

按：字从人守貝，故屬二體異文相合例。

三一四 贅：說文六下貝部：「以物質錢，从敖貝。敖者猶放，貝當復取之也。」徐鉉注：「之芮切。」

按：字从敖貝，故屬二體異文相合例。

三一五 質：說文六下貝部：「以物相贅，从貝从斦，闕。」徐鉉注：「之日切。」

按：字从貝从斦，故屬二體異文相合例。

三一六 買：說文六下貝部：「市也，从网貝。孟子曰：登壟斷而网市利。」徐鉉注：「莫蟹切。」

按：字从网貝，故屬二體異文相合例。

三一七 貶：說文六下貝部：「損也，从貝从乏。」徐鉉注：「方歛切。」

按：字从貝从乏，故屬二體異文相合例。

三一八 邑：說文六下邑部：「國也，从口。先王之制，尊卑有大小，从卩。」徐鉉注：「於汲切。」

按：字从口从卩，故屬二體異文相合例。

三一九 郵：說文六下邑部：「境上行書舍，从邑垂。垂，邊也。」徐鉉注：「羽求切。」

按：字从邑垂，故屬二體異文相合例。

三二〇 𨞰：說文六下𨛜部：「里中道也，从𨛜从共，皆在邑中所共也。」徐鉉注：「胡絳切。」

按：字从𨛜从共，故屬二體異文相合例。

三二一 早：說文七上日部：「晨也，从日在甲上。」徐鉉注：「子浩切。」

按：字从日在甲上，故屬二體異文相合例，

三二二 晉：說文七上日部：「進也，日出萬物進，从日从臸。易曰：明出地上晉。」徐鉉注：「卽刃切。」

按：字从日从臸，故屬二體異文相合例。

三二三 曅：說文七上日部：「光也，从日从𠌶。」徐鉉注：「筠輒切。」

按：字从日从𠌶，故屬二體異文相合例。

三二四 𣅀：說文七上日部：「望遠合也，从日匕。匕，合也。讀若窈窕之窈。」徐鉉注：「烏皎切。」

按：字从日匕，故屬二體異文相合例。

三一五 昌：說文七上日部：「美言也，从日从曰。一曰日光也。詩曰：東方昌矣。」徐鉉注：「尺良切。」

按：字从日从曰，故屬二體異文相合例。

三一六 㬎：說文七上日部：「衆微杪也，从日中視絲，古文以爲顯字；或曰衆口皃，讀若唫唫。或以爲繭。繭者，絮中往往有小繭也。」徐鉉注：「五合切。」

按：字从日中視絲，故屬二體異文相合例。

三一七 昆：說文七上日部：「同也，从日从比。」徐鉉注：「古渾切。」

按：字从日从比，故屬二體異文相合例。

三一八 普：說文七上日部：「日無色也，从日从並。」徐鉉注：「滂古切。」

按：字从日从並，故屬二體異文相合例。

三一九 旋：說文七上㫃部：「周旋，旌旗之指麾也，从㫃从疋。疋，足也。」徐鉉注：「似沿切。」

按：字从㫃从疋，故屬二體異文相合例。

三二〇 旅：說文七上㫃部：「軍之五百人爲旅，从㫃从从。从，俱也。」徐鉉注：「力舉切。」

按：字从㫃从从，故屬二體異文相合例。

三二一 族：說文七上㫃部：「矢鋒也，束之族族也，从㫃从矢。」徐鉉注：「昨木切。」

按：字从㫃从矢，故屬二體異文相合例。

三二二 疊：說文七上晶部：「揚雄說：以爲古理官決罪三日，得其宜乃行之，从晶从宜。亡新以爲疊，从三日大盛，改爲三田。」徐鉉注：「徒叶切。」

按：字从晶从宜，故屬二體異文相合例。

三二三 朏：說文七上月部：「月未盛之明，从月出。周書曰：丙午朏。」徐鉉注：「普乃切，又芳尾切。」

按：字从月出，故屬二體異文相合例。

三三四 朙：說文七上朙部：「照也，从月从囧。」徐鉉注：「武兵切。」

按：字从月从囧，故屬二體異文相合例。

三三五 盟：說文七上囧部：「周禮曰：國有疑則盟，諸侯再相與會，十二歲一盟，北面詔天之司慎司命，盟殺牲歃血朱盤玉敦，以立牛耳，从囧从血。」徐鉉注：「武兵切。」

按：字从囧从血，故屬二體異文相合例

三三六 夗：說文七上夕部：「轉臥也，从夕从卪。臥有卪也。」徐鉉注：「於阮切。」

按：字从夕从卪，故屬二體異文相合例。

三三七 夙：說文七上夕部：「早敬也，从丮，持事雖夕不休，早敬者也。」徐鉉注：「息逐切。」

按：依段注「丮」下補一「夕」文，則字从丮夕，故屬二體異文相合例。

三三八 𡖋：說文七上多部：「厚脣皃，从多从尚。」徐鉉注：「陟加切。」

按：字从多从尚，故屬二體異文相合例。

三三九 貫：說文七上毌部：「錢貝之貫，从毌貝。」徐鉉注：「古玩切。」

按：字从毌貝，故屬二體異文相合例。

三四〇 㮚：說文七上鹵部：「木也，从木，其實下垂，故从鹵。」徐鉉注：「力質切。」

按：字从木从鹵，故屬二體異文相合例。

三四一 粟：說文七上鹵部：「嘉穀實也，从鹵从米。孔子曰：粟之爲言續也。」徐鉉注：「相玉切。」

按：字从鹵从米，故屬二體異文相合例。

三四二 秫：說文七上禾部：「稷之黏者，从禾朮，象形。」徐鉉注：「食聿切。」

按：字从禾朮，故屬二體異文相合例。

三四三　𥝩：說文七上禾部：「禾成秀也，人所以收，从爪禾。」徐鉉注：「徐醉切。」

按：字从爪禾，故屬二體異文相合例。

三四四　科：說文七上禾部：「程也，从禾从斗。斗者，量也。」徐鉉注：「苦禾切。」

按：字从禾从斗，故屬二體異文相合例。

三四五　香：說文七上香部：「芳也，从黍从甘。春秋傳曰：黍稷馨香。」徐鉉注：「許良切。」

按：字从黍从甘，故屬二體異文相合例。

三四六　臼米：說文七上米部：「舂糗也，从臼米。」徐鉉注：「其九切。」

按：字从臼米，故屬二體異文相合例。

三四七　毇：說文七上毇部：「米一斛，舂爲八斗也，从臼从殳。」徐鉉注：「許委切。」

按：字从臼从殳，故屬二體異文相合例。

三四八　臿：說文七上臼部：「舂去麥皮也，从臼干，所以臿之。」徐鉉注：「楚洽切。」

按：字从臼干，故屬二體異文相合例。

三四九　舀：說文七上臼部：「抒臼也，从爪臼。詩曰：或簸或舀。」徐鉉注：「以沼切。」

按：字从爪臼，故屬二體異文相合例。

三五〇　臽：說文七上臼部：「小阱也，从人在臼上。」徐鉉注：「戶猎切。」

按：字从人在臼上，故屬二體異文相合例。

三五一　兇：說文七上凶部：「擾恐也，从人在凶下。春秋傳曰：曹人兇懼。」徐鉉注：「許拱切。」

按：字从人在凶下，故屬二體異文相合例。

三五二　朩：說文七下朩部：「分枲莖皮也。从屮，八，象枲之皮莖也。讀若髕。」徐鉉注：「匹刃切。」

按：字从屮八，故屬二體異文相合例。

二五三 㪚：說文七下𣏟部：「分離也，从攴从𣏟。𣏟，分㪚之意也。」徐鉉注：「穌旰切。」

按：字从攴从𣏟，故屬二體異文相合例。

二五四 麻：說文七下麻部：「與𣏟同，人所治在屋下，从广从𣏟。」徐鉉注：「莫遐切。」

按：字从广从𣏟，故屬二體異文相合例。

二五五 室：說文七下宀部：「實也，从宀从至。至，所止也。」徐鉉注：「式質切。」

按：字从宀从至，故屬二體異文相合例。

二五六 向：說文七下宀部：「北出牖也，从宀从口。詩曰：塞向墐戶。」徐鉉注：「許諒切。」

按：字从宀从口，故屬二體異文相合例。

二五七 定：說文七下宀部：「安也，从宀从正。」徐鉉注：「徒徑切。」

按：字从宀从正，故屬二體異文相合例。

二五八 安：說文七下宀部：「靜也，从女在宀下。」徐鉉注：「烏寒切。」

按：字从女在宀下，故屬二體異文相合例。

二五九 察：說文七下宀部：「覆也，从宀祭。」徐鉉注：「初八切。」

按：字从宀祭，故屬二體異文相合例。

二六〇 實：說文七下宀部：「富也，从宀从貫。貫，貨貝也。」徐鉉注：「神質切。」

按：字从宀从貫，故屬二體異文相合例。

二六一 容：說文七下宀部：「盛也，从宀谷。」徐鉉注：「余封切。」

按：字从宀谷，故屬二體異文相合例。

二六二 宂：說文七下宀部：「㪚也，从宀，人在屋下無田事。周書曰：宮中之宂食。」徐鉉注：「而隴切。」

按：字从宀人在屋下，故屬二體異文相合例。

三六三 宦：說文七下宀部：「仕也，从宀从臣。」徐鉉注：「胡慣切。」

按：字从宀从臣，故屬二體異文相合例。

三六四 宰：說文七下宀部：「辠人在屋下執事者，从宀从辛。辛，辠也。」徐鉉注：「作亥切。」

按：字从宀从辛，故屬二體異文相合例。

三六五 守：說文七下宀部：「守官也，从宀从寸。寺府之事者，从寸。寸，法度也。」徐鉉注：「書九切。」

按：字从宀从寸，故屬二體異文相合例。

三六六 寡：說文七下宀部：「少也，从宀从頒。頒，分賦也，故爲少。」徐鉉注：「古瓦切。」

按：字从宀从頒，故屬二體異文相合例。

三六七 宋：說文七下宀部：「居也，从宀从木，讀若送。」徐鉉注：「蘇統切。」

按：字从宀从木，故屬二體異文相合例。

三六八 宗：說文七下宀部：「尊祖廟也，从宀从示。」徐鉉注：「作冬切。」

按：字从宀从示，故屬二體異文相合例。

三六九 躳：說文七下呂部：「身也，从身从呂。」徐鉉注：「居戎切。」

按：字从身从呂，故屬二體異文相合例。

三七〇 穿：說文七下穴部：「通也，从牙在穴中。」徐鉉注：「昌緣切。」

按：字从牙在穴中，故屬二體異文相合例。

三七一 ⿱穴抉：說文七下穴部：「深抉也，从穴从抉。」徐鉉注：「於決切。」

按：字从穴从抉，故屬二體異文相合例。

三七二　窋：說文七下穴部：「物在穴中皃，从穴中出。」徐鉉注：「丁滑切。」

按：字从穴中出，故屬二體異文相合例。

三七三　竄：說文七下穴部：「匿也，从鼠在穴中。」徐鉉注：「七亂切。」

按：字从鼠在穴中，故屬二體異文相合例。

三七四　疢：說文七下疒部：「熱病也，从疒从火。」徐鉉注：「丑刃切。」

按：字从疒从火，故屬二體異文相合例。

三七五　同：說文七下冃部：「合會也，从冃从口。」徐鉉注：「徒紅切。」

按：字从冃从口，故屬二體異文相合例。

三七六　冡：說文七下冃部：「覆也，从冃豕。」徐鉉注：「莫紅切。」

按：字从冃豕，故屬二體異文相合例。

三七七　冃：說文七下冃部：「小兒蠻夷頭衣也。从冂。二，其飾也。」徐鉉注：「莫報切。」

按：字从冂二，故屬二體異文相合例。

三七八　冒：說文七下冃部：「冡而前也，从冃从目。」徐鉉注：「莫報切。」

按：字从冃从目，故屬二體異文相合例。

三七九　最：說文七下冃部：「犯而取也，从冃从取。」徐鉉注：「祖外切。」

按：字从冃从取，故屬二體異文相合例。

三八〇　㒼：說文七下㒳部：「平也，从廿，五行之數，二十分爲一辰。㒳㒼平也。讀若蠻。」徐鉉注：「母官切。」

按：字从廿从㒳（依段注），故屬二體異文相合例。

三八一　罪：說文七下网部：「捕魚竹网，从网非。秦以罪爲辠字。」徐鉉注：「徂賄切。」

按：字从网非，故屬二體異文相合例。

三八二 羅：說文七下网部：「以絲罟鳥也，从网从維。古者芒氏初作羅。」徐鉉注：「魯何切。」

按：字从网从維，故屬二體異文相合例。

三八三 罷：說文七下网部：「遣有辠也，从网能，言有賢能而入网，而貫遣之。周禮曰：議能之辟。」徐鉉注：「薄蟹切。」

按：字从网能，故屬二體異文相合例。

三八四 置：說文七下网部：「赦也，从网直。」徐鉉注：「陟吏切。」

按：字从网直，故屬二體異文相合例。

三八五 詈：說文七下网部：「罵也，从网从言。网，辠人。」徐鉉注：「力智切。」

按：字从网从言，故屬二體異文相合例。

三八六 𦋺：說文七下网部：「馬絡頭也，从网从馽。馽，馬絆也。」徐鉉注：「居宜切。」

按：字从网从馽，故屬二體異文相合例。

三八七 帥：說文七下巾部：「佩巾也。从巾𠂤。」徐鉉注：「所律切。」

按：字从巾𠂤，故屬二體異文相合例。

三八八 𢄼：說文七下巾部：「禮巾也，从巾从執。」徐鉉注：「輸芮切。」

按：字从巾从執，故屬二體異文相合例。

三八九 白：說文七下白部：「西方色也，陰用事，物色白，从入合二。二，陰數。」徐鉉注：「旁陌切。」

按：字从入合二，故屬二體異文相合例。

三九〇 仁：說文八上人部：「親也，从人从二。」徐鉉注：「如鄰切。」

按：字从人从二，故屬二體異文相合例。

三九一 仕：說文八上人部：「學也，从人从士。」徐鉉注：「鉏里切。」

按：字从人从士，故屬二體異文相合例。

三九二 佼：說文八上人部：「交也，从人从交。」徐鉉注：「下巧切。」

按：字从人从交，故屬二體異文相合例。

三九三 伊：說文八上人部：「殷聖人阿衡，尹治天下者，从人从尹。」徐鉉注：「於脂切。」

按：字从人从尹，故屬二體異文相合例。

三九四 徛：說文八上人部：「待也，从人从待。」徐鉉注：「直里切。」

按：字从人从待，故屬二體異文相合例。

三九五 位：說文八上人部：「列中庭之左右謂之位，从人立。」徐鉉注：「于備切。」

按：字从人立，故屬二體異文相合例。

三九六 付：說文八上人部：「與也，从寸持物對人。」徐鉉注：「方遇切。」

按：字从寸持物對人，故屬二體異文相合例。

三九七 仰：說文八上人部：「舉也，从人从卬。」徐鉉注：「魚兩切。」

按：字从人从卬，故屬二體異文相合例，

三九八 伍：說文八上人部：「相參伍也，从人从五。」徐鉉注：「疑古切。」

按：字从人从五，故屬二體異文相合例。

三九九 什：說文八上人部：「相什保也，从人十。」徐鉉注：「是執切。」

按：字从人十，故屬二體異文相合例。

四〇〇 佰：說文八上人部：「相什伯也，从人百。」徐鉉注：「博陌切。」

按：字从人百，故屬二體異文相合例。

四〇一 作：說文八上人部：「起也，从人从乍。」徐鉉注：「則洛切。」

按：字从人从乍，故屬二體異文相合例。

四〇二 便：說文八上人部：「安也，人有不便更之，从人更。」徐鉉注：「房連切。」

按：字从人更，故屬二體異文相合例。

四〇三 俔：說文八上人部：「譬諭也，一曰閒見，从人从見。詩曰：俔天之妹。」徐鉉注：「苦甸切。」

按：字从人从見，故屬二體異文相合例。

四〇四 俒：說文八上人部：「完也。逸周書曰：朕實不明以俒伯父。从人从完。」徐鉉注：「胡困切。」

按：字从人从完，故屬二體異文相合例。

四〇五 倌：說文八上人部：「小臣也，从人从官。詩曰：命彼倌人。」徐鉉注：「古患切。」

按：字从人从官，故屬二體異文相合例。

四〇六 偄：說文八上人部：「弱也，从人从耎。」徐鉉注：「奴亂切。」

按：字从人从耎，故屬二體異文相合例。

四〇七 儗：說文八上人部：「僭也，一曰相疑。从人从疑。」徐鉉注：「魚巳切。」

按：字从人从疑，故屬二體異文相合例。

四〇八 伏：說文八上人部：「司也，从人从犬。」徐鉉注：「房六切。」

按：字从人从犬，故屬二體異文相合例。

四〇九 伐：說文八上人部：「擊也，从人持戈，一曰敗也。」徐鉉注：「房越切。」

按：字从人持戈，故屬二體異文相合例。

四一〇 件：說文八上人部：「分也，从人从牛。牛大物故可分。」徐鉉注：「其輦切。」

按：字从人从牛，故屬二體異文相合例。

四一一 咎：說文八上人部：「災也，从人从各。各者相違也。」徐鉉注：「其久切。」

按：字从人从各，故屬二體異文相合例。

四一二 弔：說文八上人部：「問終也，古之葬者厚衣之以薪，从人持弓會毆禽。」徐鉉注：「多嘯切。」

按：字从人持弓，故屬二體異文相合例。

四一三 仚：說文八上人部：「人在山上，从人从山。」徐鉉注：「呼堅切。」

按：字从人从山，故屬二體異文相合例。

四一四 𠤏：說文八上匕部：「相次也，从匕从十，鴇从此。」徐鉉注：「博抱切。」

按：字从匕从十，故屬二體異文相合例。

四一五 頃：說文八上匕部：「頭不正也，从匕从頁。」徐鉉注：「去營切。」

按：字从匕从頁，故屬二體異文相合例。

四一六 卬：說文八上匕部：「望欲有所庶及也，从匕从卪。詩曰：高山卬止。」徐鉉注：「伍岡切。」

按：字从匕从卪，故屬二體異文相合例。

四一七 卓：說文八上匕部：「高也，早匕爲卓，匕卪爲卬皆同義。」徐鉉注：「竹角切。」

按：字从早匕，故屬二體異文相合例。

四一八 艮：說文八上匕部：「很也，从匕目。匕目，猶目相匕不相下也。易曰：艮其限。匕目爲皀，匕目爲眞也。」徐鉉注：「古恨切。」

按：字从匕目，故屬二體異文相合例。

四一九 丘：說文八上丘部：「土之高也，非人所爲也，从北从一。一，地也。人居在丘南，故从北，中邦之居，在崑崙東南。一曰四方高、中央下爲丘。象形。」徐鉉注：「去鳩切。」

按：字从北从一，故屬二體異文相合例。

四二〇 衆：說文八上㐺部：「多也，从㐺目衆意。」徐鉉注：「之仲切。」

按：字从㐺目，故屬二體異文相合例。

四二一 壬：說文八上壬部：「善也，从人士。士，事也。一曰：象物出地挺生也。」徐鉉注：「他鼎切。」

按：字从人士，故屬二體異文相合例。

四二二 㸒：說文八上壬部：「近求也，从爪壬。壬，徼幸也。」徐鉉注：「余箴切。」

按：字从爪壬，故屬二體異文相合例。

四二三 臥：說文八上臥部：「休也，从人臣，取其伏也。」徐鉉注：「吾貨切。」

按：字从人臣，故屬二體異文相合例。

四二四 𩞁：說文八上臥部：「楚謂小兒嬾𩞁，从臥食。」徐鉉注：「尼見切。」

按：字从臥食，故屬二體異文相合例。

四二五 殷：說文八上㐆部：「作樂之盛稱殷，从㐆从殳。易曰：殷薦之上帝。」徐鉉注：「於身切。」

按：字从㐆从殳，故屬二體異文相合例。

四二六 表：說文八上衣部：「上衣也，从衣从毛。古者衣裘，以毛爲表。」徐鉉注：「陂矯切。」

按：字从衣从毛，故屬二體異文相合例。

四二七 製：說文八上衣部：「裁也，从衣从制。」徐鉉注：「征制切。」

按：字从衣从制，故屬二體異文相合例。

四二八 𧘹：說文八上衣部：「棺中縑裏也，从衣弔，讀若雕。」徐鉉注：「都僚切。」

按：字从衣弔，故屬二體異文相合例。

四二九 褭：說文八上衣部：「以組帶馬也，从衣从馬。」徐鉉注：「奴鳥切。」

按：字从衣从馬，故屬二體異文相合例。

四三〇 老：說文八上老部：「考也，七十日老，从人毛匕，言須髮變白也。」徐鉉注：「盧皓切。」

按：段注：「按此篆蓋本从毛匕，長毛之末筆，非中有人字也，韻會無人字。」故字从毛匕，屬二體異文相合例。

四三一 居：說文八上尸部：「蹲也，从尸，古者居从古。」徐鉉注：「九魚切。」

按：字从尸从古，故屬二體異文相合例。

四三二 屓：說文八上尸部：「臥息也，从尸自。」徐鉉注：「許介切。」

按：字从尸自，故屬二體異文相合例。

四三三 ⿸尸臿：說文八上尸部：「從後相臿也，从尸从臿。」徐鉉注：「楚洽切。」

按：字从尸从臿，故屬二體異文相合例。

四三四 㞋：說文八上尸部：「柔皮也，从申尸之後，或从又。」徐鉉注：「注似闕脫，未詳。人善切。」

按：段注：「『㞋，柔皮也，从尸又，又申尸之後也』，从尸謂皮也，从又謂申其後也，申者引伸之意；此九字大小徐本皆不完，今補。」是以字从尸又，故屬二體異文相合例。

四三五 屍：說文八上尸部：「終主，从尸从死。」徐鉉注：「式脂切。」

按：字从尸从死，故屬二體異文相合例。

四三六 屋：說文八上尸部：「居也，从尸。尸，所主也。一曰：尸象屋形。从至。至，所至止。室屋皆至。」徐鉉注：「烏谷切。」

按：字从尸从至，故屬二體異文相合例。

四三七 尺：說文八下尺部：「十寸也，人手卻十分動脈爲寸口。十寸爲尺，尺所以指尺規榘事也。从尸、从乙；乙，所識也。周制寸尺咫尋常仞諸度量，皆以人之體爲法。」徐鉉注：「昌石切。」

按：字从尸从乙，故屬二體異文相合例。

四三八尾：說文八下尾部：「微也，从到毛在尸後。古人或飾系尾，西南夷亦然。」徐鉉注：「無斐切。」

按：字从倒毛在尸後，故屬二體異文相合例。

四三九尿：說文八下尾部：「人小便也，从尾从水。」徐鉉注：「奴弔切。」

按：字从尾从水，故屬二體異文相合例。

四四〇般：說文八下舟部：「辟也，象舟之旋，从舟从殳。殳，所以旋也。」徐鉉注：「北潘切。」

按：字从舟从殳，故屬二體異文相合例。

四四一兀：說文八下儿部：「高而上平也，从一在人上，讀若敻，茂陵有兀桑里。」徐鉉注：「五忽切。」

按：字从一在人上，故屬二體異文相合例。

四四二兄：說文八下兄部：「長也，从儿从口。」徐鉉注：「許榮切。」

按：字从儿从口，故屬二體異文相合例。

四四三先：說文八下先部：「前進也，从儿从之。」徐鉉注：「穌前切。」

按：字从儿从之，故屬二體異文相合例。

四四四見：說文八下見部：「視也，从儿从目。」徐鉉注：「古甸切。」

按：字从儿从目，故屬二體異文相合例。

四四五視：說文八下見部：「瞻也，从見示。」徐鉉注：「神至切。」

按：字从見示，故屬二體異文相合例。

四四六㝵：說文八下見部：「取也，从見从寸。寸，度之亦手也。」徐鉉注：「多則切。」

按：字从見从寸，故屬二體異文相合例。

四四七⿱冖見：說文八下見部：「突前也，从見冂。」徐鉉注：「莫紅、亡沃二切。」

按：字从見冂，故屬二體異文相合例。

四四八 覼：說文八下覞部：「見雨而比息，从覞从雨，讀若歊。」徐鉉注：「虛器切。」

按：字从覞从雨，故屬二體異文相合例。

四四九 欠：說文八下欠部：「張口气悟也，象气从人上出之形。」徐鉉注：「去劍切。」

按：字从气人，故屬二體異文相合例。

四五〇 歖：說文八下欠部：「卒喜也，从欠从喜。」徐鉉注：「許其切。」

按：字从欠从喜，故屬二體異文相合例。

四五一 㳄：說文八下㳄部：「慕欲口液也。从欠从水。」徐鉉注：「敘連切。」

按：字从欠从水，故屬二體異文相合例。

四五二 盜：說文八下㳄部：「私利物也，从㳄皿。㳄，欲皿者。」徐鉉注：「徒到切。」

按：字从㳄皿，故屬二體異文相合例。

四五三 頁：說文九上頁部：「頭也。从百从儿。古文䭫首如此。百者，䭫首字也。」徐鉉注：「胡結切。」

按：字从百从儿，故屬二體異文相合例。

四五四 順：說文九上頁部：「理也，从頁从巛。」徐鉉注：「食閏切。」

按：字从頁从巛，故屬二體異文相合例。

四五五 顥：說文九上頁部：「白皃，从頁从景。楚詞曰：天白顥顥，南山四顥，白首人也。」徐鉉注：「胡老切。」

按：字从頁从景，故屬二體異文相合例。

四五六 頪：說文九上頁部：「頭不正也，从頁从耒。耒頭傾也，讀又若春秋陳夏齧之齧。」徐鉉注：「盧封切。」

按：字从頁从耒，故屬二體異文相合例。

四五七 煩：說文九上頁部：「熱頭痛也，从頁从火。一曰焚省聲。」徐鉉注：「附袁切。」

按：字从頁从火，故屬二體異文相合例。

四五八 頪：說文九上頁部：「難曉也，从頁米，一曰鮮白皃，从粉省。」徐鉉注：「盧對切。」

按：字从頁米，故屬二體異文相合例。

四五九 𩈣：說文九上面部：「面焦枯小也，从面焦。」徐鉉注：「即消切。」

按：字从面焦，故屬二體異文相合例。

四六〇 𩠐：說文九上𥄉部：「截也，从𥄉从斷。」徐鉉注：「大丸，旨沇二切。」

按：字从𥄉从斷，故屬二體異文相合例。

四六一 縣：說文九上県部：「繫也，从系持県。」徐鉉注：「胡涓切。」

按：字从系持県，故屬二體異文相合例。

四六二 須：說文九上須部：「面毛也，从頁从彡。」徐鉉注：「相俞切。」

按：字从頁从彡，故屬二體異文相合例。

四六三 㐱：說文九上彡部：「稠髮也，从彡从人。詩曰：㐱髮如雲。」徐鉉注：「之忍切。」

按：字从彡从人，故屬二體異文相合例。

四六四 彣：說文九上彣部：「䛐也。从彡文。」徐鉉注：「無分切。」

按：字从彡文，故屬二體異文相合例。

四六五 髟：說文九上髟部：「長髮猋猋也，从長从彡。」徐鉉注：「必凋切，又所銜切。」

按：字从長从彡，故屬二體異文相合例。

四六六 䰈：說文九上髟部：「髮好也，从髟差。」徐鉉注：「千可切。」

按：字从髟差，故屬二體異文相合例。

四六七 髦：說文九上髟部：「髮也，从髟从毛。」徐鉉注：「莫袍切。」
按：字从髟从毛，故屬二體異文相合例。

四六八 詞：說文九上司部：「意內而言外也，从司从言。」徐鉉注：「似茲切。」
按：字从司从言，故屬二體異文相合例。

四六九 卮：說文九上卮部：「圜器也，一名觛，所以節飲食，象人，卪在其下也。易曰：君子節飲食。」
徐鉉注：「章移切。」
按：段注：「『象人』，謂上體似人字橫寫也。卮从人卪，與后从人口同意。」是以文屬二體異文相合例。

四七〇 令：說文九上卪部：「發號也，从亼卪。」徐鉉注：「力正切。」
按：字从亼卪，故屬二體異文相合例。

四七一 色：說文九上色部：「顏气也，从人从卪。」徐鉉注：「所力切。」
按：字从人从卪，故屬二體異文相合例。

四七二 𨐨：說文九上辟部：「治也，从辟从井。周書曰：我之不𨐨。」徐鉉注：「必益切。」
按：字从辟从井，故屬二體異文相合例。

四七三 匊：說文九上勹部：「在手曰匊，从勹米。」徐鉉注：「居六切。」
按：字从勹米，故屬二體異文相合例。

四七四 勻：說文九上勹部：「少也，从勹二。」徐鉉注：「羊倫切。」
按：字从勹二，故屬二體異文相合例。

四七五 旬：說文九上勹部：「徧也，十日為旬，从勹日。」徐鉉注：「詳遵切。」
按：字从勹日，故屬二體異文相合例。

四七六 勽：說文九上勹部：「覆也，从勹覆人。」徐鉉注：「薄皓切。」

按：字从勹覆人，故屬二體異文相合例。

四七七 胞：說文九上包部：「兒生裹也，从肉从包。」徐鉉注：「匹交切。」

按：字从肉从包，故屬二體異文相合例。

四七八 敬：說文九上茍部：「肅也，从攴茍。」徐鉉注：「居慶切。」

按：字从攴茍，故屬二體異文相合例。

四七九 鬽：說文九上鬼部：「老精物也，从鬼彡。彡，鬼毛。」徐鉉注：「密祕切。」

按：字从鬼彡，故屬二體異文相合例。

四八〇 禺：說文九上甶部：「母猴屬，頭似鬼，从甶从肉。」徐鉉注：「牛具切。」

按：字从甶从肉，故屬二體異文相合例。

四八一 𦍒：說文九上厶部：「相訹呼也，从厶从羑。」徐鉉注：「與久切。」

按：字从厶从羑，故屬二體異文相合例。

四八二 嵒：說文九下山部：「山巖也，从山品，讀若吟。」徐鉉注：「五咸切。」

按：字从山品，故屬二體異文相合例。

四八三 岊：說文九下山部：「陬隅，高山之節，从山从卪。」徐鉉注：「子結切。」

按：字从山从卪，故屬二體異文相合例。

四八四 崔：說文九下山部：「大高也，从山隹。」徐鉉注：「昨回切。」

按：字从山隹，故屬二體異文相合例。

四八五 庫：說文九下广部：「兵車藏也，从車在广下。」徐鉉注：「苦故切。」

按：字从車在广下，故屬二體異文相合例。

四八六 庶：說文九下广部：「屋下衆也，从广炗。炗，古文光字。」徐鉉注：「商署切。」

按：字从广炗，故屬二體異文相合例。

四八七 仄：說文九下厂部：「側傾也，从人在厂下。」徐鉉注：「阻力切。」

按：字从人在厂下，故屬二體異文相合例。

四八八 厃：說文九下厂部：「仰也，从人在厂上，一曰屋梠也，秦謂之桷，齊謂之厃。」徐鉉注：「魚毀切。」

按：字从人在厂上，故屬二體異文相合例。

四八九 危：說文九下危部：「在高而懼也，从厃，自卪止之。」徐鉉注：「魚爲切。」

按：字从厃卪，故屬二體異文相合例。

四九〇 碞：說文九下石部：「磛嵒也，从石品。周書曰：畏于民碞。讀與巖同。」徐鉉注：「五銜切。」

按：字从石品，故屬二體異文相合例。

四九一 耏：說文九下而部：「罪不至髡也，从而从彡。」徐鉉注：「奴代切。」

按：字从而从彡，故屬二體異文相合例。

四九二 豦：說文九下豕部：「鬭相丮不解也，从豕虍，豕虍之鬭不解也。讀若蘮蒘草之蘮。司馬相如說：豦，封豕之屬。一曰虎兩足舉。」徐鉉注：「强魚切。」

按：字从豕虍，故屬二體異文相合例。

四九三 豙：說文九下豕部：「豕怒毛豎，一曰殘艾也，从豕辛。」徐鉉注：「魚既切。」

按：字从豕辛，故屬二體異文相合例。

四九四 彖：說文九下彑部：「豕也，从彑从豕，讀若弛。」徐鉉注：「式視切。」

按：字从彑从豕，故屬二體異文相合例。

四九五　𩡧：說文十上馬部：「馬八歲也，从馬从八。」徐鉉注：「博拔切。」

按：字从馬从八，故屬二體異文相合例。

四九六　騛：說文十上馬部：「馬逸足也，从馬飛。司馬法曰：飛衛斯輿。」徐鉉注：「甫微切。」

按：字从馬飛，故屬二體異文相合例。

四九七　馺：說文十上馬部：「馬行相及也，从馬从及，讀若爾雅小山馺大山峘。」徐鉉注：「穌答切。」

按：字从馬从及，故屬二體異文相合例。

四九八　薦：說文十上廌部：「獸之所食艸，从廌从艸。古者神人以廌遺黃帝，帝曰：何食何處？曰：食薦；夏處水澤，冬處松柏。」徐鉉注：「作甸切。」

按：字从廌从艸，故屬二體異文相合例。

四九九　塵：說文十上麤部：「鹿行揚土也，从麤从土。」徐鉉注：「直珍切。」

按：字从麤从土，故屬二體異文相合例。

五〇〇　毚：說文十上㲋部：「狡兔也，兔之駿者。从㲋兔。」徐鉉注：「士咸切。」

按：字从㲋兔，故屬二體異文相合例。

五〇一　逸：說文十上兔部：「失也，从辵兔。兔謾訑善逃也。」徐鉉注：「夷質切。」

按：字从辵兔，故屬二體異文相合例。

五〇二　冤：說文十上兔部：「屈也，从兔从冂。兔在冂下，不得走，益屈折也。」徐鉉注：「於袁切。」

按：字从兔从冂，故屬二體異文相合例。

五〇三　婏：說文十上兔部：「兔子也，婏疾也，从女兔。」徐鉉注：「芳萬切。」

按：字从女兔，故屬二體異文相合例。

五〇四　尨：說文十上犬部：「犬之多毛者，从犬从彡。詩曰：無使尨也吠。」徐鉉注：「莫江切。」

按：字从犬从彡，故屬二體異文相合例。

五〇五　狊：說文十上犬部：「犬視也，从犬目。」徐鉉注：「古闃切。」

按：字从犬目，故屬二體異文相合例。

五〇六　獿：說文十上犬部：「獿，獶也，从犬夒。」徐鉉注：「女交切。」

按：字从犬夒，故屬二體異文相合例。

五〇七　狧：說文十上犬部：「犬食也，从犬从舌，讀若比目魚鰈之鰈。」徐鉉注：「他合切。」

按：字从犬从舌，故屬二體異文相合例。

五〇八　戾：說文十上犬部：「曲也，从犬出戶下。戾者，身曲戾也。」徐鉉注：「郎計切。」

按：字从犬出戶下，故屬二體異文相合例。

五〇九　臭：說文十上犬部：「禽走臭而知其迹者犬也。从犬从自。」徐鉉注：「尺救切。」

按：字从犬从自，故屬二體異文相合例。

五一〇　尞：說文十上火部：「柴祭天也，从火从昚。昚，古文愼字，祭天所以愼也。」徐鉉注：「力照切。」

按：字从火从昚，故屬二體異文相合例。

五一一　灰：說文十上火部：「死火餘㶳也，从火从又。又，手也。火既滅，可以執持。」徐鉉注：「呼恢切。」

按：字从火从又，故屬二體異文相合例。

五一二　㶾：說文十上火部：「火飛也，从火𡋯。與䙴同意。」徐鉉注：「方昭切。」

按：字从火𡋯，故屬二體異文相合例。

五一三　⿰火多：說文十上火部：「盛火也，从火从多。」徐鉉注：「冒氏切。」

按：字从火从多，故屬二體異文相合例。

五一四　光：說文十上火部：「明也，从火在人上，光明意也。」徐鉉注：「古皇切。」

按：字从火在人上，故屬二體異文相合例。

五一五　炅：說文十上火部：「見也，从火日。」徐鉉注：「古迥切。」

按：字从火日，故屬二體異文相合例。

五一六　威：說文十上火部：「滅也，从火戌。火死於戌，陽氣至戌而盡。詩曰：赫赫宗周，褒似滅之。」

徐鉉注：「許劣切。」

按：字从火戌，故屬二體異文相合例。

五一七　粦：說文十上炎部：「兵死及牛馬之血爲粦。粦，鬼火也。从炎舛。」徐鉉注：「良刃切。」

按：字从炎舛，故屬二體異文相合例。

五一八　熒：說文十下焱部：「屋下燈燭之光，从焱冂。」徐鉉注：「戶扃切。」

按：字从焱冂，故屬二體異文相合例。

五一九　燊：說文十下焱部：「盛皃，从焱在木上，讀若詩曰莘莘征夫，一曰役也。」徐鉉注：「所臻切。」

按：字从焱在木上，故屬二體異文相合例。

五二〇　炙：說文十下炙部：「炮肉也，从肉在火上。」徐鉉注：「之石切。」

按：字从肉在火上，故屬二體異文相合例。

五二一　赤：說文十下赤部：「南方色也，从大从火。」徐鉉注：「昌石切。」

按：字从大从火，故屬二體異文相合例。

五二二　奄：說文十下大部：「覆也，大有餘也，又欠也，从大从申。申，展也。」徐鉉注：「依檢切。」

按：字从大从申，故屬二體異文相合例。

五二三　契：說文十下大部：「大約也，从大从㓞。易曰：後代聖人易之以書契。」徐鉉注：「苦計切。」

按：字从大从㓞，故屬二體異文相合例。

五二四　夷：說文十上大部：「平也，从大从弓，東方之人也。」徐鉉注：「以脂切。」

按：字从大从弓，故屬二體異文相合例。

五二五　吳：說文十下夨部：「姓也，亦郡也。一曰：吳，大言也。从夨口。」徐鉉注：「五乎切。」

按：字从夨口，故屬二體異文相合例。

五二六　幸：說文十下夭部：「吉而免凶也，从屰从夭。夭，死之事，故死謂之不幸。」徐鉉注：「胡耿切。」

按：字从屰从夭，故屬二體異文相合例。

五二七　絞：說文十下交部：「縊也，从交从糸。」徐鉉注：「古巧切。」

按：字从交从糸，故屬二體異文相合例。

五二八　𡰝：說文十下尢部：「厀中病也，从尢从羸。」徐鉉注：「郎果切。」

按：字从尢从羸，故屬二體異文相合例。

五二九　壹：說文十下壺部：「壹壹也，从凶从壺，不得泄凶也。易曰：天地壹壹。」徐鉉注：「於云切。」

按：字从凶从壺，故屬二體異文相合例。

五三〇　㚔：說文十下㚔部：「所以驚人也，从大从羊。一曰大聲也，一曰讀若瓠，一曰俗語以盜不止爲㚔；㚔讀若籋。」徐鉉注：「尼輒切。」

按：字从大从羊，故屬二體異文相合例。

五三一　睪：說文十下㚔部：「司視也，从橫目从㚔，令吏將目捕罪人也。」徐鉉注：「羊益切。」

按：字从橫目从㚔，故屬二體異文相合例。

五三二 圉：說文十下㚔部：「囹圄，所以拘罪人，从㚔从囗。一曰：圉，垂也。一曰：圉，人掌馬者。」徐鉉注：「魚擧切。」

按：字从㚔从口，故屬二體異文相合例。

五三三 報：說文十下㚔部：「當罪人，从㚔从𠬝。𠬝，服罪也。」徐鉉注：「博耗切。」

按：字从㚔从𠬝，故屬二體異文相合例。

五三四 夲：說文十下夲部：「進趣也，从大从十，大十猶兼十人也。讀若滔。」徐鉉注：「土刀切。」

按：字从大从十，故屬二體異文相合例。

五三五 皋：說文十下夲部：「气皋白之進也。从夲从白。禮：祖曰皋，登謌曰奏，故皋奏皆从夲。周禮曰：詔來鼓皋舞。皋，告之也。」徐鉉注：「古勞切。」

按：字从夲从白，故屬二體異文相合例。

五三六 夰：說文十下夰部：「放也，从大而八分也。」徐鉉注：「古老切。」

按：字从大而八分，故屬二體異文相合例。

五三七 𡚁：說文十下夰部：「驚走也，一曰往來也。从夰臦。周書曰伯臦。古文臦，古文囧字。」徐鉉注：「具往切。」

按：字从夰臦，故屬二體異文相合例。

五三八 臭：說文十下大部：「大白澤也，从大从白，古文以爲澤字。」徐鉉注：「古老切。」

按：字从大从白，故屬二體異文相合例。

五三九 䇐：說文十下立部：「臨也，从立从隶。」徐鉉注：「力至切。」

按：字从立从隶，故屬二體異文相合例。

五四〇 竦：說文十下立部：「敬也，从立从束。束曰申束。」徐鉉注：「息拱切。」

按：字从立从束，故屬二體異文相合例。

五四一　𥩟：說文十下立部：「見鬼魅皃，从立从彔。彔，籀文魅字，讀若虙羲氏之虙。」徐鉉注：「房六切。」

按：字从立从彔，故屬二體異文相合例。

五四二　意：說文十下心部：「志也，从心察言而知意也，从心从音。」徐鉉注：「於記切。」

按：字从心从音，故屬二體異文相合例。

五四三　悳：說文十下心部：「外得於人，內得於己也，从直从心。」徐鉉注：「多則切。」

按：字从直从心，故屬二體異文相合例。

五四四　𢜩：說文十下心部：「疾利口也，从心从冊。詩曰：相時𢜩民。」徐鉉注：「息廉切。」

按：字从心从冊，故屬二體異文相合例。

五四五　愚：說文十下心部：「戇也，从心从禺。禺，猴屬，獸之愚者。」徐鉉注：「麌俱切。」

按：字从心从禺，故屬二體異文相合例。

五四六　態：說文十下心部：「意也，从心从能。」徐鉉注：「他代切。」

按：字从心从能，故屬二體異文相合例。

五四七　𢝊：說文十下心部：「愁也，从心从頁。」徐鉉注：「於求切。」

按：字从心从頁，故屬二體異文相合例。

五四八　衍：說文十一上水部：「水朝宗于海也，从水从行。」徐鉉注：「以淺切。」

按：字从水从行，故屬二體異文相合例。

五四九　沖：說文十一上水部：「涌搖也，从水中，讀若動。」徐鉉注：「直弓切。」

按：字从水中，故屬二體異文相合例。

五五〇　沙：說文十一上水部：「水散石也，从水从少。水少沙見，楚東有沙水。」徐鉉注：「所加切。」

按：字从水从少，故屬二體異文相合例。

五五一 衍：說文十一上水部：「溝水行也，从水从行。」徐鉉注：「戶庚切。」

按：字从木从行，故屬二體異文相合例。

五五二 決：說文十一上水部：「行流也，从水从夬。廬江有決水，出於大別山。」徐鉉注：「古穴切。」

按：字从水从夬，故屬二體異文相合例。

五五三 汓：說文十一上水部：「浮行水上也，从水从子。古或以汓爲沒。」徐鉉注：「似由切。」

按：字从水从子，故屬二體異文相合例。

五五四 砅：說文十一上水部：「履石渡水也，从水从石。詩曰：深則砅。」徐鉉注：「力制切。」

按：字从水从石，故屬二體異文相合例。

五五五 氼：說文十一上水部：「沒也，从水从人。」徐鉉注：「奴歷切。」

按：字从水从人，故屬二體異文相合例。

五五六 㲻：說文十一上水部：「沈也，从水从𠬛。」徐鉉注：「莫勃切。」

按：字从水从𠬛，故屬二體異文相合例。

五五七 泐：說文十一上水部：「水石之理也，从水从阞。周禮曰：石有時而泐。」徐鉉注：「盧則切。」

按：字从水从阞，故屬二體異文相合例。

五五八 𤅊：說文十一上水部：「議辠也，从水獻，與法同意。」徐鉉注：「魚列切。」

按：字从水獻，故屬二體異文相合例。

五五九 𣴑：說文十一下沝部：「水行也，从沝㐬。㐬，突忽也。」徐鉉注：「力求切。」

按：字从沝㐬，故屬二體異文相合例。

五六〇 涉：說文十一下沝部：「徒行厲水也，从沝从步。」徐鉉注：「時攝切。」

按：字从沝从步，故屬二體異文相合例。

五六一 瀕：說文十一下瀕部：「水厓人所賓附，頻蹙不前而止，从頁从涉。」徐鉉注：「符眞切。」

按：字从頁从涉，故屬二體異文相合例。

五六二 邕：說文十一下川部：「四方有水自邕城池者，从川从邑。」徐鉉注：「於容切。」

按：字从川从邑，故屬二體異文相合例。

五六三 厵：說文十一下灥部：「水泉本也，从灥出厂下。」徐鉉注：「愚袁切。」

按：字从灥出厂下，故屬二體異文相合例。

五六四 衇：說文十一下𠂢部「血理分衺行體者，从𠂢从血。」徐鉉注：「莫獲切。」

按：字从𠂢从血，故屬二體異文相合例。

五六五 覛：說文十一下𠂢部：「衺視也，从𠂢从見。」徐鉉注：「莫狄切。」

按：字从𠂢从見，故屬二體異文相合例。

五六六 𧮫：說文十一下谷部：「深通川也，从谷从𣦵。𣦵，殘也，阬坎意也。虞書曰：睿畎澮距川。」徐鉉注：「私閏切。」

按：字从谷从𣦵，故屬二體異文相合例。

五六七 冰：說文十一下仌部：「水堅也，从仌从水。」徐鉉注：「魚陵切。」

按：字从仌从水，故屬二體異文相合例。

五六八 冬：說文十一下仌部：「四時盡也，从仌从夂。夂，古文終字。」徐鉉注：「都宗切。」

按：字从仌从夂，故屬二體異文相合例。

五六九 電：說文十一下雨部：「陰陽激燿也，从雨从申。」徐鉉注：「堂練切。」

按：字从雨从申，故屬二體異文相合例。

五七一 屚：說文十一下雨部：「屋穿水下也，从雨在尸下。尸者屋也。」徐鉉注：「盧后切。」

按：字从雨在尸下，故屬二體異文相合例。

五七二 䨣：說文十一下雨部：「雨濡革也，从雨从革，讀若膊。」徐鉉注：「匹各切。」

按：字从雨从革，故屬二體異文相合例。

五七三 𩺱：說文十一下𩺰部：「捕魚也，从𩺰从水。」徐鉉注：「語居切。」

按：字从𩺰从水，故屬二體異文相合例。

五七三 孔：說文十二上乙部：「通也，从乙从子。乙請子之候鳥也，乙至而得子，嘉美之也。古人名嘉字子孔。」徐鉉注：「康董切。」

按：字从乙从子，故屬二體異文相合例。

五七四 乳：說文十二上乙部：「人及鳥生子曰乳，獸曰產，从孚从乙。乙者玄鳥也，明堂月令：玄鳥至之日，祠于高禖以請子，故乳从乙。請子必以乙至之日者，乙春分來秋分去開生之候鳥，帝少昊司分之官也。」徐鉉注：「而主切。」

按：字从孚从乙，故屬二體異文相合例。

五七五 𦤎：說文十二上至部：「忿戾也，从至，至而復遜。遜，遁也。周書曰：有夏氏之民叨𦤎。𦤎讀若摯。」徐鉉注：「丑利切。」

按：段注：「二孫字大徐作遜非，古無遜字」，是字宜从至从孫會意，則屬二體異文相合例。

五七六 肁：說文十二上戶部：「始開也，从戶从聿。」徐鉉注：「治矯切。」

按：字从戶从聿，故屬二體異文相合例。

五七七 開：說文十二上門部：「張也，从門从开。」徐鉉注：「苦哀切。」

按：字从門从开，故屬二體異文相合例。

五七八　閒：說文十二上門部：「隙也，从門从月。」徐鉉注：「古閑切。」

按：字从門从月，故屬二體異文相合例。

五七九　閑：說文十二上門部：「闌也，从門中有木。」徐鉉注：「戶閒切。」

按：字从門中有木，故屬二體異文相合例。

五八〇　閉：說文十二上門部：「闔門也，从門才，所以歫門也。」徐鉉注：「博計切。」

按：字从門才，故屬二體異文相合例。

五八一　𨳿：說文十二上門部：「登也，从門二。二，古文下字。讀若軍敶之敶。」徐鉉注：「直刃切。」

按：字从門二，故屬二體異文相合例。

五八二　閃：說文十二上門部：「闚頭門中也，从人在門中。」徐鉉注：「失冉切。」

按：字从人在門中，故屬二體異文相合例。

五八三　闖：說文十二上門部：「馬出門皃，从馬在門中，讀若郴。」徐鉉注：「丑禁切。」

按：字从馬在門中，故屬二體異文相合例。

五八四　聯：說文十二上耳部：「連也，从耳，耳連於頰也；从絲，絲連不絕也。」徐鉉注：「力延切。」

按：字从耳从絲，故屬二體異文相合例。

五八五　聅：說文十二上耳部：「軍法以矢貫耳也，从耳从矢。司馬法曰：小罪聅，中罪刖，大罪剄。」徐鉉注：「恥列切。」

按：字从耳从矢，故屬二體異文相合例。

五八六　𢷎：說文十二上手部：「首至地也，从手𠦪。𠦪音忽。」徐鉉注：「博怪切。」

按：字从手𠦪，故屬二體異文相合例。

五八七　摯：說文十二上手部：「握持也，从手从執。」徐鉉注：「脂利切。」

按：字从手从執，故屬二體異文相合例。

五八八 [篆] 插：說文十二上手部：「刺肉也，从手从臿。」徐鉉注：「楚洽切。」

按：字从手从臿，故屬二體異文相合例。

五八九 [篆] 投：說文十二上手部：「擿也，从手从殳。」徐鉉注：「度侯切。」

按：字从手从殳，故屬二體異文相合例。

五九〇 [篆] 脊：說文十二上𠦬部：「背呂也，从𠦬从肉。」徐鉉注：「資背切。」

按：字从𠦬从肉，故屬二體異文相合例。

五九一 [篆] 婦：說文十二下女部：「服也，从女持帚灑埽也。」徐鉉注：「房九切。」

按：字从女持帚，故屬二體異文相合例。

五九二 [篆] 威：說文十二下女部：「姑也，从女从戌。漢律曰：婦告威姑。」徐鉉注：「於非切。」

按：字从女从戌，故屬二體異文相合例。

五九三 [篆] 奴：說文十二下女部：「奴婢皆古之辠人也。周禮曰：其奴男子入于辠隸，女子入于舂藁。从女从又。」徐鉉注：「乃都切。」

按：字从女从又，故屬二體異文相合例。

五九四 [篆] 好：說文十二下女部：「美也，从女子。」徐鉉注：「呼皓切。」

按：字从女子，故屬二體異文相合例。

五九五 [篆] 嫋：說文十二下女部：「姌也，从女从弱。」徐鉉注：「奴鳥切。」

按：字从女从弱，故屬二體異文相合例。

五九六 [篆] 委：說文十二下女部：「委，隨也，从女从禾。」徐鉉注：「於詭切。」

按：字从女从禾，故屬二體異文相合例。

五九七　如：說文十二下女部：「從隨也，从女从口。」徐鉉注：「人諸切。」

按：字从女从口，故屬二體異文相合例。

五九八　晏：說文十二下女部：「安也，从女日。詩曰：以晏父母。」徐鉉注：「烏諫切。」

按：字从女日，故屬二體異文相合例。

五九九　嬰：說文十二下女部：「頸飾也，从女賏。賏，其連也。」徐鉉注：「於盈切。」

按：字从女賏，故屬二體異文相合例。

六〇〇　媛：說文十二下女部：「美女也，人所援也，从女从爰。爰，於也。詩曰：邦之媛兮。」徐鉉注：「玉眷切。」

按：字从女从爰，故屬二體異文相合例。

六〇一　毐：說文十二下毋部：「人無行也，从士从毋，賈侍中說秦始皇母與嫪毐淫，坐誅，故世罵淫曰嫪毐，讀若娭。」徐鉉注：「遏在切。」

按：字从士从毋，故屬二體異文相合例。

六〇二　乂：說文十二下丿部：「芟艸也，从丿从乀相交。」徐鉉注：「魚廢切。」

按：字从丿从乀相交，故屬二體異文相合例。

六〇三　戎：說文十二下戈部：「兵也，从戈从甲。」徐鉉注：「如融切。」

按：字从戈从甲，故屬二體異文相合例。

六〇四　戟：說文十二下戈部：「有枝兵也，从戈倝。周禮：戟長丈六尺。讀若棘。」徐鉉注：「訖逆切。」

按：字从戈倝，故屬二體異文相合例。

六〇五　戛：說文十二下戈部：「戟也，从戈从百，讀若棘。」徐鉉注：「古黠切。」

按：字从戈从百，故屬二體異文相合例。

六〇六 戍：說文十二下戈部：「守邊也，从人持戈。」徐鉉注：「傷遇切。」

按：字从人持戈，故屬二體異文相合例。

六〇七 𢦟：說文十二下戈部：「絕也，一曰田器，从从持戈。古文讀若咸，讀若詩云攕攕女手。」徐鉉注：「子廉切。」

按：字从从持戈，故屬二體異文相合例。

六〇八 武：說文十二下戈部：「楚莊王曰：夫武定功戢兵，故止戈爲武。」徐鉉注：「文甫切。」

按：字从止戈，故屬二體異文相合例。

六〇九 戠：說文十二下戈部：「闕。从戈从音。」徐鉉注：「之弋切。」

按：字从戈音，故屬二體異文相合例。

六一〇 我：說文十二下我部：「施身自謂也。或說：我，頃頓也。从戈从手。手，或說古垂字，一曰古殺字。」徐鉉注：「五可切。」

按：字从戈从手，故屬二體異文相合例。

六一一 義：說文十二下我部：「己之威儀也，从我羊。」徐鉉注：「宜寄切。」

按：字从我羊，故屬二體異文相合例。

六一二 亡：說文十二下亡部：「逃也，从入从乚。」徐鉉注：「武方切。」

按：字从入从乚，故屬二體異文相合例。

六一三 乍：說文十二下亡部：「止也，一曰亡也，从亡从一。」徐鉉注：「鉏駕切。」

按：字从亡从一，故屬二體異文相合例。

六一四 匄：說文十二下亡部：「气也，逯安說：亡人爲匄。」徐鉉注：「古代切。」

按：段注：「逯安亦通人之一也，从亡人者，人有所無，必求諸人，故字从亡从人。」故字屬二體異文相合例。

六一五 區：說文十二下匚部：「踦區，藏匿也。从品在匚中。品，衆也。」徐鉉注：「豈俱切。」

按：字从品在匚中，故屬二體異文相合例。

六一六 㔷：說文十二下匚部：「側逃也。从匚丙聲。一曰箕屬。」徐鉉注：「丙非聲，義當从丙會意，疑傳寫之誤。盧候切。」

按：字依徐鉉注从匚从丙會意，則宜屬二體異文相合例。

六一七 医：說文十二下匚部：「盛弓弩矢器也。从匚从矢。國語曰：兵不解医。」徐鉉注：「於計切。」

按：字从匚从矢，故屬二體異文相合例。

六一八 匠：說文十二下匚部：「木工也，从匚斤。斤，所以作器也。」徐鉉注：「疾亮切。」

按：字从匚斤，故屬二體異文相合例。

六一九 引：說文十二下弓部：「開弓也，从弓丨。」徐鉉注：「余忍切。」

按：字从弓丨，故屬二體異文相合例。

六二〇 弛：說文十二下弓部：「弓解也，从弓从也。」徐鉉注：「施氏切。」

按：字从弓从也，故屬二體異文相合例。

六二一 弢：說文十二下弓部：「弓衣也，从弓从犮，犮垂飾與鼓同意。」徐鉉注：「土刀切。」

按：字从弓从犮，故屬二體異文相合例。

六二二 孫：說文十二下系部：「子之子曰孫，从子从系。系，續也。」徐鉉注：「思魂切。」

按：字从子从系，故屬二體異文相合例。

六二三 緜：說文十二下系部：「聯微也，从系从帛。」徐鉉注：「武延切。」

按：字从系从帛，故屬二體異文相合例。

六二四 繼：說文十三上糸部：「續也，从糸𢇍，一曰反㡭爲繼。」徐鉉注：「古詣切。」

按：字从糸𢇍，故屬二體異文相合例。

六二五 䌖：說文十三上糸部：「合也，从糸从集，讀若捷。」徐鉉注：「姊入切。」

按：字从糸从集，故屬二體異文相合例。

六二六 綏：說文十三上糸部：「車中把也，从糸从妥。」徐鉉注：「息遺切。」

按：字从糸从妥，故屬二體異文相合例。

六二七 素：說文十三上素部：「白緻繒也，从糸𠂹，取其澤也。」徐鉉注：「桑故切。」

按：字从糸𠂹，故屬二體異文相合例。

六二八 轡：說文十三上絲部：「馬轡也，从絲从惠，與連同意。詩曰：六轡如絲。」徐鉉注：「兵媚切。」

按：字从絲从惠，故屬二體異文相合例。

六二九 䗪：說文十三上虫部：「𧔦也，脩爲䗪，圜爲蝺，从虫庶。」徐鉉注：「蒲猛切。」

按：字从虫庶，故屬二體異文相合例。

六三〇 蠱：說文十三下蟲部：「腹中蟲也，春秋傳曰：皿蟲爲蠱，晦淫之所生也，梟桀死之鬼亦爲蠱。从蟲从皿。皿，物之用也。」徐鉉注：「公戶切。」

按：字从蟲从皿，故屬二體異文相合例。

六三一 蠅：說文十三下黽部：「營營青蠅，蟲之大腹者，从黽从虫。」徐鉉注：「余陵切。」

按：字从黽从虫，故屬二體異文相合例。

六三二 鼂：說文十三下黽部：「匽鼂也，讀若朝。揚雄說：匽鼂蟲名。杜林以爲朝旦，非是。从黽从旦。」徐鉉注：「直遙切。」

按：字从且从旦，故屬二體異文相合例。

六三三　恆：說文十三下二部：「當也，从心从舟，在二之間上下，必以舟施恒也。」徐鉉注：「胡登切。」

按：字从心从舟，故屬二體異文相合例。

六三四　亘：說文十三下二部：「求亘也，从二从回。回，古文回，象亘回形，上下所求物也。」徐鉉注：「須緣切。」

按：字从二从回，故屬二體異文相合例。

六三五　凡：說文十三下二部：「最括也，从二。二，偶也。从了。了，古文及。」徐鉉注：「浮芝切。」

按：字从二从了，故屬二體異文相合例。

六三六　坤：說文十三下土部：「地也，易之卦也，从土从申，土位在申。」徐鉉注：「苦昆切。」

按：字从土从申，故屬二體異文相合例。

六三七　埽：說文十三下土部：「棄也，从土从帚。」徐鉉注：「穌老切。」

按：字从土从帚，故屬二體異文相合例。

六三八　塞：說文十三下土部：「隔也，从土从𡨄。」徐鉉注：「先代切。」

按：字从土从𡨄，故屬二體異文相合例。

六三九　圣：說文十三下土部：「汝潁之間，謂致力於地曰圣。从土从又，讀若兔窟。」徐鉉注：「苦骨切。」

按：字从土从又，故屬二體異文相合例。

六四〇　堯：說文十三下垚部：「高也，从垚在兀上，高遠也。」徐鉉注：「吾聊切。」

按：字从垚在兀上，故屬二體異文相合例。

六四一　里：說文十三下里部：「居也，从田从土。」徐鉉注：「良止切。」

按：字从田从土，故屬二體異文相合例。

六四二 畜：說文十三下田部：「田畜也。淮南子曰：玄田爲畜。」徐鉉注：「丑六切。」

按：字从玄从田，故屬二體異文相合例。

六四三 男：說文十三下男部：「丈夫也，从田从力，言男用力於田也。」徐鉉注：「那含切。」

按：字从田从力，故屬二體異文相合例。

六四四 劣：說文十三下力部：「弱也，从力少。」徐鉉注：「力輟切。」

按：字从力从少，故屬二體異文相合例。

六四五 加：說文十三下力部：「語相增加也，从力从口。」徐鉉注：「舌牙切。」

按：字从力从口。故屬二體異文相合例。

六四六 劫：說文十三下力部：「人欲去，以力脅止曰劫；或曰：以力止去曰劫。」徐鉉注：「居怯切。」

按：字从力去，故屬二體異文相合例。

六四七 恊：說文十三下劦部：「同心之和，从劦从心。」徐鉉注：「胡頰切。」

按：字从劦从心，故屬二體異文相合例。

六四八 勰：說文十三下劦部：「同思之和，从劦从思。」徐鉉注：「胡頰切。」

按：字从劦从思，故屬二體異文相合例。

六四九 協：說文十三下劦部：「衆之同和也，从劦从十。」徐鉉注：「胡頰切。」

按：字从劦从十，故屬二體異文相合例。

六五〇 銜：說文十四上金部：「馬勒口中，从金从行，銜行馬者也。」徐鉉注：「戶監切。」

按：字从金从行，故屬二體異文相合例。

六五一 与：說文十四上勺部：「賜予也，一勺爲与，此與與同。」徐鉉注：「余呂切。」

按：字从一勹，故屬二體異文相合例。

六五二　凭：說文十四上几部：「依几也，从几从任。周書：凭玉几。讀若馮。」徐鉉注：「皮冰切。」

按：字从几从任，故屬二體異文相合例。

六五三　尻：說文十四上几部：「處也，从尸得几而止。孝經曰：仲尼尻尻，謂閒居如此。」徐鉉注：「九魚切。」

按：字从尸得几而止，故屬二體異文相合例。

六五四　処：說文十四上几部：「止也，得几而止，从几从夂。」徐鉉注：「昌與切。」

按：字从几从夂，故屬二體異文相合例。

六五五　斲：說文十四上斤部：「斫也，从斤𠁁。」徐鉉注：「竹角切。」

按：字从斤𠁁，故屬二體異文相合例。

六五六　釿：說文十四上斤部：「劑斷也，从斤金。」徐鉉注：「宜引切。」

按：字从斤金，故屬二體異文相合例。

六五七　斷：說文十四上斤部：「截也，从斤从㡭。㡭，古文絕。」徐鉉注：「徒玩切。」

按：字从斤从㡭，故屬二體異文相合例。

六五八　料：說文十四上斗部：「量也，从斗，米在其中，讀若遼。」徐鉉注：「洛蕭切。」

按：字从斗，米在其中，故屬二體異文相合例。

六五九　𧗿：說文十四上車部：「車搖也，从車从行，一曰衍省聲。」徐鉉注：「古絢切。」

按：字从車从行，故屬二體異文相合例。

六六〇　軵：說文十四上車部：「反推車令有所付也，从車从付，讀若胥。」徐鉉注：「而隴切。」

按：字从車从付，故屬二體異文相合例。

六六一 輦：說文十四上車部：「輓車也，从車从㚘，在車前引之。」徐鉉注：「力展切。」

按：字从車从㚘，故屬二體異文相合例。

六六二 斬：說文十四上車部：「截也，从車从斤，斬法車裂也。」徐鉉注：「側減切。」

按：字从車从斤，故屬二體異文相合例。

六六三 官：說文十四上𠂤部：「吏事君也，从宀从𠂤。𠂤猶衆也。此與師同意。」徐鉉注：「古丸切。」

按：字从宀从𠂤，故屬二體異文相合例。

六六四 ⿱𠂤臾：說文十四下𠂤部：「⿱𠂤臾商，小塊也，从𠂤从臾。」徐鉉注：「去衍切。」

按：字从𠂤从臾，故屬二體異文相合例。

六六五 絫：說文十四下厽部：「增也，从厽从糸。絫，十黍之重也。」徐鉉注：「力軌切。」

按：字从厽从糸，故屬二體異文相合例。

六六六 垒：說文十四下厽部：「絫墼也，从厽从土。」徐鉉注：「力軌切。」

按：字从厽从土，故屬二體異文相合例。

六六七 ⿰甾宁：說文十四下宁部：「⿰巾昏也，所以載盛米，从宁从甾。甾，缶也。」徐鉉注：「陟呂切。」

按：字从宁从甾，故屬二體異文相合例。

六六八 綴：說文十四下叕部：「合箸也，从叕从糸。」徐鉉注：「陟衛切。」

按：字从叕从糸，故屬二體異文相合例。

六六九 六：說文十四下六部：「易之數，陰變於六，正於八，从入从八。」徐鉉注：「力竹切。」

按：字从入从八，故屬二體異文相合例。

六七〇 馗：說文十四下九部：「九達道也，似龜背，故謂之馗。馗，高也，从九从首。」徐鉉注：「渠追切。」

按：字从九从首，故屬二體異文相合例。

六七一

獸：說文十四下嘼部：「守備者，从嘼从犬。」徐鉉注：「舒救切。」

按：字从嘼从犬，故屬二體異文相合例。

六七二

亂：說文十四下乙部：「治也，从乙。乙，治之也。从𤔔。」徐鉉注：「郎段切。」

按：字从乙从𤔔，故屬二體異文相合例。

六七三

丞：說文十四下己部：「謹身有所承也，从己丞，讀若詩云：赤舄己己。」徐鉉注：「居隱切。」

按：字从己丞，故屬二體異文相合例。

六七四

𢀳：說文十四下巴部：「𢀳擊也，从巴帚，闕。」徐鉉注：「博下切。」

按：字从巴帚，故屬二體異文相合例。

六七五

辛：說文十四下辛部：「秋時萬物成而孰，金剛味辛，辛痛卽泣出，从一辛。辛，辠也。」徐鉉注：「息鄰切。」

按：字从一辛，故屬二體異文相合例。

六七六

辠：說文十四下辛部：「犯法也，从辛从自，言辠人蹙鼻苦辛之憂，秦以辠似皇字，改爲罪。」徐鉉注：「徂賄切。」

按：字从辛从自，故屬二體異文相合例。

六七七

辤：說文十四下辛部：「不受也，从辛从受。受辛宜辤之。」徐鉉注：「似兹切。」

按：字从辛从受，故屬二體異文相合例。

六七八

辭：說文十四下辛部：「訟也，从𤔔辛：猶理辜也。𤔔，理也。」徐鉉注：「似兹切。」

按：字从𤔔辛，故屬二體異文相合例。

六七九

辯：說文十四下辡部：「治也，从言在辡之閒。」徐鉉注：「符蹇切。」

按：字从言在辡之閒，故屬二體異文相合例。

六〇〇 孕：說文十四下子部：「裹子也，从子从乃。」徐鉉注：「以證切。」

按：字从子从乃，故屬二體異文相合例。

六〇一 娩：說文十四下子部：「生子免身也，从子从免。」徐鉉注：「亡辯切。」

按：字从子从免，故屬二體異文相合例。

六〇二 孱：說文十四下孨部：「迮也，一曰呻吟也，从孨在尸下。」徐鉉注：「士連切。」

按：字从孨在尸下，故屬二體異文相合例。

六〇三 孴：說文十四下孨部：「盛皃，从孨从日，讀若薿薿，一曰若存。」徐鉉注：「魚紀切。」

按：字从孨从日，故屬二體異文相合例。

六〇四 𦙍：說文十四下丑部：「食肉也，从丑从肉。」徐鉉注：「女久切。」

按：字从丑从肉，故屬二體異文相合例。

六〇五 辱：說文十四下辰部：「恥也，从寸在辰下，失耕時，於封畺上戮之也。辰者，農之時也，故房星為辰，田候也。」徐鉉注：「而蜀切。」

按：字从寸在辰下，故屬二體異文相合例。

六〇六 臾：說文十四下申部：「束縛捽抴為臾。从申从乙。」徐鉉注：「羊朱切。」

按：字从申从乙，故屬二體異文相合例。

六〇七 醉：說文十四下酉部：「卒也，卒其度量，不至於亂也；一曰潰也，从酉从卒。」徐鉉注：「將遂切。」

按：字从酉从卒，故屬二體異文相合例。

六〇八 莤：說文十四下酉部：「禮：祭束茅加于裸圭而灌鬯酒，是為莤，象神歆之也。一曰：莤，榼上塞也。从酉从艸。春秋傳曰：爾貢包茅不入，王祭不供，無以莤酒。」徐鉉注：「所六切。」

按：字从酉从艸，故屬二體異文相合例。

六八九　醢：說文十四下酉部：「肉醬也，从酉𥁎。」徐鉉注：「呼改切。」

按：字从酉𥁎，故屬二體異文相合例。

六九〇　尊：說文十四下酉部：「酒器也，从酋廾以奉之。周禮六尊：犧尊、象尊、箸尊、壺尊、太尊、山尊，以待祭祀賓客之禮。」徐鉉注：「祖昆切。」

按：字从酋廾，故屬二體異文相合例。

(2)三體異文相合例：

一　祭：說文一上示部：「祭祀也，从示以手持肉。」徐鉉注：「子例切。」

按：字从示从手持肉，故屬三體異文相合例。

二　祝：說文一上示部：「祭主贊詞者，从示，从人口。一曰：从兌省。易曰：兌爲口爲巫。」徐鉉注：「之六切。」

按：字从示从人口，故屬三體異文相合例。

三　尒：說文二上八部：「詞之必然也，从入丨八，八象气之分散。」徐鉉注：「兒氏切。」

按：字从入丨八，故屬三體異文相合例。

四　詹：說文二上八部：「多言也，从言从八从厃。」徐鉉注：「職廉切。」

按：字从言从八从厃，故屬三體異文相合例。

五　邍：說文二下辵部：「高平之野，人所登，从辵备彔，闕。」徐鉉注：「愚袁切。」

按：字从辵备彔，故屬三體異文相合例。

六　退：說文二下彳部：「却也，一曰行遲也，从彳从日从夊。」徐鉉注：「他內切。」

按：字从彳从日从夕，故屬三體異文相合例。

七後　後：說文二下彳部：「遲也，从彳幺夊；夊者，後也。」徐鉉注：「胡口切。」

按：字从彳幺夊，故屬三體異文相合例。

八衛　衛：說文二下行部：「宿衛也，从韋帀从行。行，列衛也。」徐鉉注：「于歲切。」

按：字从韋帀从行，故屬三體異文相合例。

九諡　諡：說文三上言部：「行之迹也，从言兮皿，闕。」徐鉉注：「神至切。」

按：字从言兮皿，故屬三體異文相合例。

十競　競：說文三上誩部：「彊語也，一曰逐也，从誩从二人。」徐鉉注：「渠慶切。」

按：字从誩从二人，故屬三體異文相合例。

十一對　對：說文三上丵部：「譍無方也。从丵从口从寸。」徐鉉注：「都隊切。」

按：字从丵从口从寸，故屬三體異文相合例。

十二丞　丞：說文三上廾部：「翊也，从廾从卩从山。山高奉承之義。」徐鉉注：「署陵切。」

按：字从廾从卩从山，故屬三體異文相合例。

十三燮　燮：說文三下又部：「和也，从言从又炎。」徐鉉注：「穌叶切。」

按：字从言从又炎，故屬三體異文相合例。

十四㕞　㕞：說文三下又部：「拭也，从又持巾在尸下。」徐鉉注：「所劣切。」

按：字从又持巾在尸下，故屬三體異文相合例

十五徹　徹：說文三下攴部：「通也，从彳从攴从育。」徐鉉注：「丑列切。」

按：字从彳从攴从育，故屬三體異文相合例。

十六夐　夐：說文四上旻部：「營求也，从旻从人在穴上。商書曰：高宗夢得說，使百工夐求，得之傅巖。巖，穴也。」徐鉉注：「朽正切。」

按：字从昊从人在穴上，故屬三體異文相合例。

十七
𥏼：說文四上白部：「識詞也，从白从亏从知。」徐鉉注：「知義切。」

按：字从白从亏从知，故屬三體異文相合例。

十八
糞：說文四下𠦒部：「棄除也，从廾推𠦒棄釆也。官溥說：似米而非米者矢字。」徐鉉注：「方問切。」

按：字从廾推𠦒棄釆，故屬三體異文相合例。

十九
棄：說文四下𠦒部：「捐也，从廾推𠦒棄之，从𠫓。𠫓，逆子也。」徐鉉注：「詰利切。」

按：字从廾推𠦒棄之，从𠫓，故屬三體異文相合例。

二十
胤：說文四下肉部：「子孫相承續也，从肉从八，象其長也。从幺象重累也。」徐鉉注：「羊晉切。」

按：字从肉从八从幺，故屬三體異文相合例。

廿一
筋：說文四下筋部：「肉之力也，从力从肉从竹。竹，物之多筋者。」徐鉉注：「居銀切。」

按：字从力从肉从竹，故屬三體異文相合例。

廿二
觲：說文四下角部：「用角低仰便也，从羊牛角。詩曰：觲觲角弓。」徐鉉注：「息營切。」

按：字从牛羊角，故屬三體異文相合例。

廿三
解：說文四下角部：「判也，从刀判牛角。一曰：解，廌獸也。」徐鉉注：「佳買切，又戶賣切。」

按：字从刀判牛角，故屬三體異文相合例。

廿四
簋：說文五上竹部：「黍稷方器也，从竹从皿从皀。」徐鉉注：「居洧切。」

按：字从竹从皿从皀，故屬三體異文相合例。

廿五
𡨄：說文五上𢀩部：「窒也，从𢀩从廾窒宀中，𢀩猶齊也。」徐鉉注：「穌則切。」

按：字从𢀩从廾窒宀中，故屬三體異文相合例。

廿六 𢍺：說文五上豆部：「禮器也，从廾持肉在豆上，讀若鐙同。」徐鉉注：「都滕切。」

按：字从廾持肉在豆上，故屬三體異文相合例。

廿七 虐：說文五上虍部：「殘也，从虍，虎足反爪人也。」徐鉉注：「魚約切。」

按：字从虍从爪从人，故屬三體異文相合例。

廿八 盥：說文五上皿部：「澡手也，从臼水臨皿。春秋傳曰：奉匜沃盥。」徐鉉注：「古玩切。」

按：字从臼水臨皿，故屬三體異文相合例。

廿九 僉：說文五下亼部：「皆也，从亼从吅从从。虞書曰：僉曰伯夷。」徐鉉注：「七廉切。」

按：字从亼从吅从从，故屬三體異文相合例。

三十 竷：說文五下夊部：「繇也，舞也，樂有章。从章从夅从夊。詩曰：竷竷舞我。」徐鉉注：「苦感切。」

按：字从章从夅从夊，故屬三體異文相合例。

卅一 夏：說文五下夊部：「中國之人也，从夊、从頁、从臼。臼，兩手，夊，兩足也。」徐鉉注：「胡雅切。」

按：字从夊从頁从臼，故屬三體異文相合例。

卅二 畟：說文五下夊部：「治稼畟畟進也。从田人，从夊。詩曰：畟畟良耜。」徐鉉注：「初力切。」

按：字从田人从夊，故屬三體異文相合例。

卅三 牖：說文七上片部：「穿壁以木為交窻也，从片戶甫。譚長以為：甫上，日也，非戶也，牖所以見日。」徐鉉注：「與久切。」

按：字从片戶甫，故屬三體異文相合例。

卅四 兼：說文七上秝部：「并也，从又持秝，兼持二禾，秉持一禾。」徐鉉注：「古甜切。」

按：字从又持秝兼持二禾，則字屬三體異文相合例。

五　寍：說文七下宀部：「安也，从宀心在皿上。人之飲食器，所以安人。」徐鉉注：「奴丁切。」

按：字从宀心在皿上，故屬三體異文相合例。

卅六　瘚：說文七下疒部：「屰气也，从疒从屰从欠。」徐鉉注：「居月切。」

按：字从疒从屰从欠，故屬三體異文相合例。

卅七　㒳：說文七下㒳部：「再也，从冂，闕。易曰：參天㒳地。」徐鉉注：「良奬切。」

按：依段注此字之形爲「从冂从㒳从丨」則屬三體異文相合例。

卅八　帚：說文七下巾部：「糞也，从又持巾埽冂內。古者少康初作箕帚、秫酒。少康，杜康也，葬長垣。」徐鉉注：「支手切。」

按：字从又持巾埽冂內，故屬三體異文相合例。

卅九　𡭴：說文七下白部：「際見之白也，从白，上下小見。」徐鉉注：「起戟切。」

按：字从白上下小見以會其意，故屬三體異文相合例。

四〇　佩：說文八上人部：「大帶佩也，从人从凡从巾，佩必有巾，巾謂之飾。」徐鉉注：「蒲妹切。」

按：字从人从凡从巾，故屬三體異文相合例。

四一　侵：說文八上人部：「漸進也，从人又持帚，若埽之進。又，手又。」徐鉉注：「七林切。」

按：字从人又持帚，故屬三體異文相合例。

四二　朢：說文八上壬部：「月滿與日相望，以朝君也，从月从臣从壬。壬，朝廷也。」徐鉉注：「無放切。」

按：字从月从臣从壬，故屬三體異文相合例。

四三　𡱂：說文八上尸部：「髀也，从尸下丌居几。」徐鉉注：「徒魂切。」

按：字从尸下丌居几，故屬三體異文相合例。

四四 俞：說文八下舟部：「空中木爲舟也，从亼从舟从巜。巜，水也。」徐鉉注：「羊朱切。」

按：字从亼从舟从巜，故屬三體異文相合例。

四五 卸：說文九上卩部：「舍車解馬也，从卩止午，讀若汝南人寫書之寫。」徐鉉注：「司夜切。」

按：字从卩止午，故屬三體異文相合例。

四六 辟：說文九上辟部：「法也，从卩从辛，節制其辠也，从口，用法者也。」徐鉉注：「父益切。」

按：字从卩从辛从口，故屬三體異文相合例。

四七 鬼：說文九上鬼部：「人所歸爲鬼，从人，象鬼頭，鬼陰气賊害从厶。」徐鉉注：「居偉切。」

按：字从人从厶从甶，故屬三體異文相合例。

四八 昜：說文九下勿部：「開也，从日一勿。一曰飛揚，一曰長也，一曰彊者衆皃。」徐鉉注：「與章切。」

按：字从日一勿，故屬三體異文相合例。

四九 灋：說文十上廌部：「刑也，平之如水，从水。廌所以觸不直者去之，从廌去。」徐鉉注：「方乏切。」

按：字从水从廌去，故屬三體異文相合例。

五〇 獄：說文十上㹜部：「确也，从㹜从言。二犬所以守也。」徐鉉注：「魚欲切。」

按：字从二犬所以守言，故屬三體異文相合例。

五一 尉：說文十上火部：「从上案下也，从𡰥又持火，以尉申繒也。」徐鉉注：「於胃切。」

按：字从𡰥又持火，故屬三體異文相合例。

五二 燮：說文十上炎部：「大熟也，从又持炎辛。辛者，物熟味也。」徐鉉注：「蘇俠切。」

按：字从又持炎辛，故屬三體異文相合例。

五三 夾 夾：說文十下大部：「持也，从大俠二人。」徐鉉注：「古狎切。」

按：字从大俠二人會意，故屬三體異文相合例。

五四 盩 盩：說文十下㚔部：「引擊也，从㚔攴見血也，扶風有盩厔縣。」徐鉉注：「張流切。」

按：字从㚔攴見血，故屬三體異文相合例。

五五 奏 奏：說文十下夲部：「奏進也，从夲从𠬞从屮。屮，上進之義。」徐鉉注：「則候切。」

按：字从夲从𠬞从屮，故屬三體異文相合例。

五六 承 承：說文十二上手部：「奉也，受也，从手从卪从𠬞。」徐鉉注：「署陵切。」

按：字从手从卪从𠬞，故屬三體異文相合例。

五七 妻 妻：說文十二下女部：「婦與夫齊者也。从女从屮从又，又持事，妻職也。」徐鉉注：「七稽切。」

按：字从女从屮从又，故屬三體異文相合例。

五八 婁 婁：說文十二下女部：「空也，从毌从中女，空之意也。一曰婁務也。」徐鉉注：「洛侯切。」

按：字从毌从中女，故屬三體異文相合例。

五九 或 或：說文十二下戈部：「邦也，从口，从戈又从一；一，地也。」徐鉉注：「于逼切。」

按：字从口从戈从一，故屬三體異文相合例。

六〇 直 直：說文十二下乚部：「正見也，从乚从十从目。」徐鉉注：「徐鍇曰：乚，隱也。今十目所見是直也。除力切。」

按：字从乚从十从目，故屬三體異文相合例。

六一 絕 絕：說文十三上糸部：「斷絲也，从糸从刀从卪。」徐鉉注：「情雪切。」

按：字从糸从刀从卪，故屬三體異文相合例。

六二　封：說文十三下土部：「爵諸侯之土也，从之从土从寸，守其制度也。公侯百里，伯七十里，子男五十里。」徐鉉注：「府容切。」

按：字从之从土从寸，故屬三體異文相合例。

六三　丙：說文十四下丙部：「位南方，萬物成炳然，陰气初起，陽气將虧，从一入冂。一者陽也，丙承乙象人肩。」徐鉉注：「兵求切。」

按：字从一入冂，故屬三體異文相合例。

(3)四體異文相合例：

一　𤔔：說文四下𠬪部：「治也，幺子相亂，𠬪治之也，讀若亂同。一曰理也。」徐鉉注：「郎段切。」

按：段注：「幺子謂𢆶亂當作爭，謂冂也。冂音扃、介也，彼此分介則爭。……又治之，如爭，下又寸分理之。」是以字从幺从子从𠬪从冂，故屬四體異文相合例。

二　夒：說文五下夊部：「貪獸也，一曰母猴，似人，从頁，巳止夊其手足。」徐鉉注：「奴刀切。」

按：字从頁巳止夊會意，故屬四體異文相合例。

三　㬥：說文七上日部：「晞也，从日从出从廾从米。」徐鉉注：「薄報切。」

按：字从日从出从廾从米，故屬四體異文相合例。

四　寒：說文七下宀部：「凍也，从人在宀下，以茻薦覆之，下有仌。」徐鉉注：「胡安切。」

按：字从人宀茻仌會意，故屬四體異文相合例。

五　履：說文八下履部：「足所依也。从尸从彳从夊舟，象履形。一曰尸聲。」徐鉉注：「良止切。」

按：字从尸从彳从夊舟，故屬四體異文相合例。

六　廛：說文九下广部：「二畝半，一家之居，从广里八土。」徐鉉注：「直連切。」

按：字从广里八土，故屬四體異文相合例。

七 暴：說文十下夲部：「疾有所趣也，从日出夲廾之。」徐鉉注：「薄報切。」

按：字从日出夲廾之，故屬四體異文相合例。

八 亟：說文十三下二部：「敏疾也。从人从口从又从二。二，天地也。」徐鉉注：「紀力切，又去吏切。」

按：字从人从口从又从二，故屬四體異文相合例。

(4)五體異文相合例：

一 鬱：說文五下鬯部：「芳艸也，十葉爲貫，百廿貫，築以煮之爲鬱。从臼冂缶鬯，彡其飾也。一曰：鬱鬯，百艸之華，遠方鬱人所貢芳艸，合釀之以降神。鬱今鬱林郡也。」徐鉉注：「迂勿切。」

按：字从臼冂缶鬯彡會意，故屬五體異文相合例。

乙、變體會意例

依一會意字，稍變其形體，使音義俱異，而仍屬會意者，謂之「變體會意」。

壹、反寫例

一 乏：說文二下正部：「春秋傳曰：反正爲乏。」徐鉉注：「房法切。」

按：說文二下正部：「正：是也，从止一以正。」是以字从反正，故屬反寫變體會意字。

二 𠬞：說文三上𠬞部：「引也，从反廾。」徐鉉注：「普班切。」

按：說文三上廾部：「廾：竦手也，从𠂇又。」是以字从反廾，故屬反寫變體會意字。

三 𨙨：說文六下邑部：「从反邑，𨛜字从此。闕。」

按：說文六下邑部：「邑：國也。从口，先王之制，尊卑有大小，从卪。」是以字从反邑，故屬反寫變體會意字。

四 比：說文八上比部：「密也，二人爲从，反从爲比。」徐鉉注：「毗至切。」

按：說文八上从部：「从：相聽也，从二人。」是以字从反从，故屬反寫變體會意字。

五 司：說文九上司部：「臣司事於外者，从反后。」徐鉉注：「息兹切。」

按：說文九上后部：「后：繼體君也，象人之形，施令以告四方，故厂之从一口，發號者君后也。」是以字从反后，故屬反寫變體會意字。

六 𠨍：說文九上印部：「按也，从反印。」徐鉉注：「於棘切。」

按：說文九上印部：「印：執政所持信也，从爪卩。」是以字从反印，故屬反寫變體會意字。

七 丸：說文九下丸部：「圜傾側而轉者，从反仄。」徐鉉注：「胡官切。」

按：說文九下厂部：「仄：側傾也，从人在厂下。」是以字从反仄，故屬反寫變體會意字。

貳、變化筆畫例

一 𠯑：說文二上口部：「語相訶歫也，从口歫辛。辛，惡聲也，讀櫱。」徐鉉注：「五葛切。」

按：王筠句讀：「言歫者，言字亦從口辛，其辛如本形，此則尾曲，是由歫之而然。」是以字从口歫辛而曲，故屬變化筆畫變體會意字。

二 世：說文三上卅部：「三十年爲一世，从卅而曳長之，亦取其聲也。」徐鉉注：「舒制切。」

按：段注：「『从卅而曳長之』，曳長之謂末筆也。」說文三上卅部：「卅：三十幷也，古文省。」是以字从卅而曳長之，故屬變化筆畫變體會意字。

丙、媘體會意例

依一會意字，稍媘其某部份之形體，惟音義皆無異於其原字，亦屬會意者，謂之「媘體會意」。

一、𦳊：說文一下艸部：「糞也，从艸胃省。」徐鉉注：「式視切。」

按：字从艸胃省，故屬媘體會意例。

二、牢：說文二上牛部：「閑養牛馬圈也。从牛冬省，取其四周帀也。」徐鉉注：「魯刀切。」

按：字从牛冬省，故屬媘體會意例。

三、㕣：說文二上口部：「山間陷泥地，从口，从水敗皃，讀若沇州之沇，九州之渥地也，故以沇名焉。」徐鉉注：「以轉切。」

按：字从口从水敗皃，故屬媘體會意例。

四、送：說文二下辵部：「遣也，从辵倂省。」徐鉉注：「蘇弄切。」

按：字从辵倂省，故屬媘體會意例。

五、逐：說文二下辵部：「追也，从辵，从豚省。」徐鉉注：「直六切。」

按：字从辵，从豚省，故屬媘體會意例。

六、具：說文三上廾部：「共置也，从廾从貝省。古以貝為貨。」徐鉉注：「其遇切。」

按：字从廾从貝省，故屬媘體會意例。

七、䰈：說文三上爨部：「所以枝鬲者，从爨省鬲省。」徐鉉注：「渠容切。」

按：字从爨省鬲省，故屬媘體會意例。

八、釁：說文三上爨部：「血祭也，象祭竈也。从爨省，从酉，酉所以祭也。从分，分亦聲。」徐鉉注：「虛振切。」

按：字从爨省，从酉，从分，分亦聲，故屬媘體會意例；或屬會意兼聲例。

九、晝：說文三下畫部：「日之出入，與夜為界，从畫省，从日。」徐鉉注：「陟救切。」

按：字从畫省，从日，故屬媘體會意例。

十 隶：說文三下隶部：「及也，从又从尾省，又持尾者，从後及之也。」徐鉉注：「徒耐切。」

按：字从又从尾省，故屬媘體會意例。

十一 緊：說文三下臤部：「纏絲急也，从臤从絲省。」徐鉉注：「糾忍切。」

按：字从臤从絲省，故屬媘體會意例。

十二 攸：說文三下攴部：「行水也，从攴从人，水省。」徐鉉注：「以周切。」

按：字从攴，从人，水省，故屬媘體會意例。

十三 葡：說文三下用部：「具也，从用苟省。」徐鉉注：「平祕切。」

按：字从用苟省，故屬媘體會意例。

十四 眔：說文四上目部：「目相及也，从目从隶省。」徐鉉注：「徒合切。」

按：字从目，从隶省，故屬媘體會意例。

十五 省：說文四上目部：「視也，从眉省从屮。」徐鉉注：「所景切。」

按：字从眉省从屮，故屬媘體會意例。

十六 再：說文四下冓部：「一舉而二也，从冓省。」徐鉉注：「作代切。」

按：段注、通訓定聲、義證、句讀、繹例皆作「从一从冓省」，故字屬媘體會意例。

十七 爯：說文四下冓部：「并舉也，从爪冓省。」徐鉉注：「處陵切。」

按：字从爪冓省，故屬媘體會意例。

十八 叀：說文四下叀部：「專，小謹也。从幺省，屮，屮，財見也。屮亦聲。」徐鉉注：「職緣切。」

按：字从幺省，从屮，屮亦聲，故屬媘體會意例，或屬會意兼聲例。

十九 玄：說文四下玄部：「幽遠也，黑而有赤色者爲玄，象幽而入覆之也。」徐鉉注：「胡涓切。」

按：字象幽而入覆之，故屬媘體會意例。

二十 叡：說文四下𣦵部：「深明也，通也，从𣦵从目从谷省。」徐鉉注：「以芮切。」

按：字从𣦵从目从谷省，故屬媘體會意例。

廿一 肎：說文四下肉部：「骨間肉肎肎箸也，从肉从冎省；一曰骨無肉也。」徐鉉注：「苦等切。」

按：字从肉从冎省，故屬媘體會意例。

廿二 利：說文四下刀部：「銛也，从刀和然後利，从和省。易曰：利者義之和也。」徐鉉注：「刀至切。」

按：字从刀从和省，故屬媘體會意例。

廿三 醯：說文五上皿部：「酸也，作醯以鬻以酒，从鬻酒並省，从皿。皿，器也。」徐鉉注：「呼雞切。」

按：字从皿，从鬻酒並省，故屬媘體會意例。

廿四 會：說文五下會部：「合也，从亼从曾省。曾，益也。」徐鉉注：「黃外切。」

按：字从亼从曾省，故屬媘體會意例。

廿五 梟：說文六上木部：「不孝鳥也，日至捕梟磔之，从鳥頭在木上。」徐鉉注：「古堯切。」

按：字从鳥頭在木上，故屬媘體會意例。

廿六 叟：說文六下巢部：「傾覆也，从寸臼覆之。寸，人手也。从巢省。杜林說：以爲貶損之貶。」徐鉉注：「方斂切。」

按：字从寸臼，从巢省，故屬媘體會意例。

廿七 昏：說文七上日部：「日冥也，从日氐省。氐者，下也。一曰民聲。」徐鉉注：「呼昆切。」

按：字从日氐省，故屬媘體會意例。

廿八 秦：說文七上禾部：「伯益之後所封國，地宜禾，从禾舂省。一曰：秦，禾名。」徐鉉注：「匠鄰切。」

按：字从禾舂省，故屬媘體會意例。

廿九 舂：說文七上臼部：「擣粟也，从廾持杵臨臼上。午，杵省也。古者雝父初作舂。」徐鉉注：「書容切。」

按：字从廾，从臼，从杵省，故屬媘體會意例。

三十 𢇍：說文七下𣏟部：「枲屬，从𣏟熒省。詩曰：衣錦𢇍衣。」徐鉉注：「去穎切。」

按：字从𣏟熒省，故屬媘體會意例。

卅一 罙：說文七下穴部：「深也，一曰竈突。从穴从火从求省。」徐鉉注：「式鍼切。」

按：字从穴从火从求省，故屬媘體會意例。

卅二 寣：說文七下㝱部：「臥驚也，一曰小兒號寣寣，一曰河內相評也，从㝱省从言。」徐鉉注：「火滑切。」

按：字从㝱省从言，故屬媘體會意例。

卅三 席：說文七下巾部：「藉也，禮：天子諸侯席有黼黻純飾。从巾庶省。」徐鉉注：「祥易切。」

按：字从巾庶省，故屬媘體會意例。

卅四 黹：說文七下黹部：「箴縷所紩衣，从㡀丵省。」徐鉉注：「陟九切。」

按：字从㡀丵省，故屬媘體會意例。

卅五 黺：說文七下黹部：「衮衣山龍華蟲黺畫粉也，从黹从粉省，衞宏說。」徐鉉注：「方吻切。」

按：字从黹从粉省，故屬媘體會意例。

卅六 保：說文八上人部：「養也，从人从𤓽省。𤓽，古文孚。」徐鉉注：「博褎切。」

按：字从人从𤓽省，故屬媘體會意例。

卅七　徵：說文八上壬部：「召也，从微省壬爲徵，行於微而文達者即徵之。」徐鉉注：「陟陵切。」

按：字从微省从壬，故屬媘體會意例。

卅八　耋：說文八上老部：「年八十日耋，从老省从至。」徐鉉注：「徒結切。」

按：字从老省从至，故屬媘體會意例。

卅九　𦒻：說文八上老部：「年九十日𦒻，从老从蒿省。」徐鉉注：「莫報切。」

按：字从老从蒿省，故屬媘體會意例。

四十　𦒷：說文八上老部：「老人行才相遠，从老省易省，行象，讀若樹。」徐鉉注：「常句切。」

按：字从老省易省，故屬媘體會意例。

四一　孝：說文八上老部：「善事父母者，从老省从子，子承老也。」徐鉉注：「呼教切。」

按：字从老省，从子，故屬媘體會意例。

四二　𦨕：說文八下舟部：「船行不安也，从舟从刖省，讀若兀。」徐鉉注：「五忽切。」

按：字从舟从刖省，故屬媘體會意例。

四三　兜：說文八下𠑹部：「兜鍪，首鎧也。从𠑹从皃省，皃象人頭也。」徐鉉注：「當侯切。」

按：字从𠑹从皃省，故屬媘體會意例。

四四　羨：說文八下次部：「貪欲也，从次从羑省。羑呼之羑，文王所拘羑里。」徐鉉注：「似面切。」

按：字从次从羑省，故屬媘體會意例。

四五　頫：說文九上頁部：「低頭也，从頁逃省。大史卜書頫仰字如此。揚雄曰：人面頫。」徐鉉注：「方矩切。」

按：字从頁逃省，故屬媘體會意例。

四六　鬌：說文九上髟部：「髮墮也，从髟隋省。」徐鉉注：「直追切。」
按：字从髟隋省，故屬媘體會意例。

四七　茍：說文九上茍部：「自急敕也，从羊省从包省，从口，口猶慎言也。从羊，羊與義善美同意。」
徐鉉注：「己力切。」
按：字从羊省，从包省，从口，故屬媘體會意例。

四八　畏：說文九上甶部：「惡也，从甶虎省，鬼頭而虎爪可畏也。」徐鉉注：「於胃切。」
按：字从甶虎省，故屬媘體會意例。

四九　屵：說文九下厂部：「岸上見也，从厂从之省。讀若躍。」徐鉉注：「以灼切。」
按：字从厂从之省，故屬媘體會意例。

五〇　硻：說文九下石部：「餘堅者，从石堅省。」徐鉉注：「口莖切。」
按：字从石堅省，故屬媘體會意例。

五一　彖：說文九下彑部：「豕走也，从彑从豕省。」徐鉉注：「通貫切。」
按：字从彑从豕省，故屬媘體會意例。

五二　豚：說文九下豚部：「小豕也，从彖省，象形，从又持肉以給祠祀。」徐鉉注：「徒魂切。」
按：字从又持肉，从彖省，故屬媘體會意例。

五三　麀：說文十上鹿部：「牝鹿也，从鹿从牝省。」徐鉉注：「於虯切。」
按：字从鹿从牝省，故屬媘體會意例。

五四　燅：說文十上炎部：「於湯中爚肉，从炎从熱省。」徐鉉注：「徐鹽切。」
按：字从炎从熱省，故屬媘體會意例。

五五　喬：說文十下夭部：「高而曲也，从夭从高省。詩曰：南有喬木。」徐鉉注：「巨嬌切。」

按：字从夭从高省，故屬媘體會意例。

五六 慶：說文十下心部：「行賀人也，从心从夊，吉禮以鹿皮爲贄，故从鹿省。」徐鉉注：「丘竟切。」

按：字从心，从夊，从鹿省，故屬媘體會意例。

五七 憜：說文十下心部：「不敬也，从心憜省。春秋傳曰執王憜。」徐鉉注：「徒果切。」

按：字从心憜省，故屬媘體會意例。

五八 淖：說文十一上二水部：「水朝宗于海，从水朝省。」徐鉉注：「直遙切。」

按：字从水朝省，故屬媘體會意例。

五九 谷：說文十一下谷部：「泉出通川爲谷，从水半見出於口。」徐鉉注：「古祿切。」

按：字从水半見出於口，故屬媘體會意例。

六〇 臺：說文十二上至部：「觀四方而高者，从至从之从高省，與室屋同意。」徐鉉注：「徒哀切。」

按：字从至，从之，从高省，故屬媘體會意例。

六一 佞：說文十二下女部：「巧調高材也，从女信省。」徐鉉注：「乃定切。」

按：字从女信省，故屬媘體會意例。

六二 弗：說文十二下丿部：「撟也，从丿从乀，从韋省。」徐鉉注：「分勿切。」

按：字从丿，从乀，从韋省，故屬媘體會意例。

六三 盭：說文十二下弦部：「弼戾也，从弦省从盩，讀若戾。」徐鉉注：「郎計切。」

按：字从弦省从盩，故屬媘體會意例。

六四 繭：說文十三上糸部：「蠶衣也，从糸从虫芇省。」徐鉉注：「古典切。」

按：字从糸从虫芇省，故屬媘體會意例。

六五 蛻：說文十三上虫部：「蛇蟬所解皮也，从虫稅省。」徐鉉注：「輸芮切。」

按：字从虫稅省，故屬媘體會意例。

六六 㘸：說文十三下土部：「止也，从土从留省。土，所止也。此與留同意。」徐鉉注：「但臥切。」

按：字从土，从留省，故屬媘體會意例。

六七 埾：說文十三下土部：「土清也，从土从聚省。」徐鉉注：「才句切。」

按：字从土从聚省，故屬媘體會意例。

六八 堇：說文十三下堇部：「黏土也，从土从黃省。」徐鉉注：「巨斤切。」

按：字从土从黃省，故屬媘體會意例。

六九 甸：說文十三下田部：「天子五百里地，从田包省。」徐鉉注：「堂練切。」

按：字从田包省，故屬媘體會意例。

七十 勞：說文十三下力部：「劇也，从力熒省。熒火燒冂，用力者勞。」徐鉉注：「魯刀切。」

按：字从力熒省，故屬媘體會意例。

七一 鎣：說文十四上金部：「器也，从金熒省，讀若銑。」徐鉉注：「烏定切。」

按：字从金熒省，故屬媘體會意例。

七二 鑾：說文十四上金部：「人君乘車四馬鑣八鑾，鈴象鸞鳥聲和則敬也，从金从鸞省。」徐鉉注：「洛官切。」

按：字从金从鸞省，故屬媘體會意例。

七三 軍：說文十四上車部：「圜圍也，四千人爲軍。从車从包省。車，兵車也。」徐鉉注：「舉云切。」

按：字从車从包省，故屬媘體會意例。

七四 隉：說文十四下𨸏部：「危也，从𨸏从毀省。徐巡以爲隉凶也，賈侍中說：隉，法度也，班固說不安也。周書曰：邦之阢隉。讀若虹蜺之蜺。」徐鉉注：「五結切。」

按：字从𠂤从毀省，故屬媘體會意例。

七五 季：說文十四下子部：「少偁也，从子从稚省，稚亦聲。」徐鉉注：「居悸切。」

按：字从子，从稚省，稚亦聲，故屬媘體會意例，或屬會意兼聲例。

七六 酎：說文十四下酉部：「三重醇酒也，从酉从時省。明堂月令曰：孟秋天子飲酎。」徐鉉注：「除柳切。」

按：字从酉从時省，故屬媘體會意例。

七七 ⿴行酉：說文十四下酉部：「酒也，从酉𧗿省。」徐鉉注：「陟離切。」

按：字从酉𧗿省，故屬媘體會意例。

七八 酋：說文十四下酉部：「繹酒也，从酉水半見於上。禮有大酋，掌酒官也。」徐鉉注：「字秋切。」

按：字从酉水半見於上，故屬媘體會意例。

丁、會意兼象形例

凡合二成文以上與一不成文以上爲一字，且其不成文部份，略似實體之形者，謂之「會意兼象形。」

一 芻：說文一下艸部：「刈艸也，象包束艸之形。」徐鉉注：「叉愚切。」

按：王筠句讀：「案從兩勹字，從艸字，兩體皆成字，即是會意，而許君云象形者，此以象形爲會意也。」朱氏通訓定聲：「按象斷艸包束以飤馬牛者也，此字兼象形會意。」是以字象包束艸之形會意，故屬會意兼象形例。

二 爨：說文三上爨部：「齊謂之炊爨，臼象持甑，冂爲竈口，廾推林內火。」徐鉉注：「七亂切。」

按：段注：「中似甑，臼持之，林，柴也，內同納。」是以字合臼廾林火四文及冂二形會意，故屬會意兼象形例。

三 畢：說文四下𠦒部：「田罔也，从𠦒象畢形微也。或曰由聲。」徐鉉注：「由音弗，卑吉切。」

按：段注：改「从𠦒象畢形微也，或曰由聲」作「从田、从𠦒象形，或曰田聲」，並云：「上云從田𠦒會意而象其形，則非聲也；或曰田聲，田與畢古音同在十二部也，各本田誤由，鉉曰由音拂，此大誤也。」段說是也，是以字从田𠦒會意而象其形，故屬會意兼象形例。

四 箕：說文五上箕部：「簸也，从竹，𠀠象形，下其丌也。」徐鉉注：「居之切。」

按：「从竹，𠀠象形，下其丌也」，是以字合竹丌二文及𠀠一形會意，故屬會意兼象形例。

五 鬯：說文五下鬯部：「以秬釀鬱艸，芬芳攸服，以降神也。从凵，凵，器也。中象米，匕所以扱之。易曰：不喪匕鬯。」徐鉉注：「丑諒切。」

按：段注：「『中象米』，謂※也。」是以字合凵匕二文及※一形會意，故屬會意兼象形例。

六 爵：說文五下鬯部：「禮器也，象爵之形，中有鬯酒，又持之也，所以飲器象爵者，取其鳴節節足足也。」徐鉉注：「即略切。」

按：「象爵之形，中有鬯酒，又持之也」，是以字合鬯又二文及𠂉一形會意，故屬會意兼象形例。

七 舍：說文五下亼部：「市居曰舍，从亼，屮象屋也，口象築也。」徐鉉注：「始夜切。」

按：段注：「从亼者，謂賓客所集也，『屮象屋也』，象屋上見之狀，『口象築也』，口音圍，說从口之意。」是以字合亼口二文及屮一形會意，故屬會意兼象形例。

八 侯：說文五下矢部：「春饗所䠶侯也，从人，从厂象張布，矢在其下。天子䠶熊虎豹服猛也，諸侯䠶熊豕虎，夫夫射麋，麋，惑也，士䠶鹿豕，爲田除害也。其祝曰：毋若不寧，矦不朝于王所，故伉而䠶汝也。」徐鉉注：「乎溝切。」

按：段注：「爲人父子君臣者，各以爲父子君臣之鵠，故其字从人。……矦凡用布三十六丈，矦之張布如厓巖之狀，故从厂。『矢在其下』，象矢集之也。」是以字合人矢二文及厂一形會意，故屬會意兼象形例。

九 夒：說文五下夊部：「神䰠也，如龍一足从夊，象有角手人面之形。」徐鉉注：「渠追切。」

按：段注：「按从夊者，象其一足。云如龍，則有角可知，故丫象有角。又止巳象其似人手，頁象其似人面。」是以字合夊止巳頁四文及丫一形會意，故屬會意兼象形例。

十 匘：說文八上匕部：「頭髓也，从匕。匕，相匕箸也。巛象髮，囟象匘形。」徐鉉注：「奴皓切。」

按：段注：「巛即髮也。……頭髓不可象，故言其比箸於髮，與囟以三字會意。」是以字合匕囟二文及巛一形會意，故屬會意兼象形例。

十一 后：說文九上后部：「繼體君也，象人之形，施令以告四方，故厂之从一口，發號者君后也。」徐鉉注：「胡口切。」

按：「象人之形，施令以告四方，故厂之从一口」，是以字合一口二文及厂一形會意，故屬會意兼象形例。

十二 磬：說文九下石部：「樂石也，从石，殸象縣虡之形，殳擊之也。古者毋句氏作磬。」徐鉉注：「苦定切。」

按：段注改「殸」作「声」，並云「一象栒之横，丨象虡之植，卬象編磬係焉」是也，是以字合石殳二文及声一形會意，故屬會意兼象形例。

十三 蜀：說文十三上虫部：「葵中蠶也，从虫，上目象蜀頭形，中象其身蜎蜎。詩曰：蜎蜎者蜀。」徐徐鉉注：「市玉切。」

按：段注：「『中』，謂ㄅ。」是以字合虫目二文及〜一形會意，故屬會意兼象形例。

十四 离：說文十四下厹部：「山神獸也，从禽頭、从厹，从屮。歐陽喬說：离，猛獸也。」徐鉉注：「呂支切。」

按：段注云：「从禽頭，謂凶也。」是以字合厹屮二文及凶一形會意，故屬會意兼象形例。

戊、會意兼指事例

凡合二成文以上與一不成文以上爲一字，且其不成文部份略似虛象之形者，謂之「會意兼指事」。

一 葬：說文一下茻部：「藏也，从死在茻中，一其中所以薦之。易曰：古之葬者，厚衣之以薪。」

按：徐鍇說文繫傳：「一狀其薦耳。」朱氏通訓定聲：「从死在茻中，會意；一其中所以薦之，指事。」是以字合死茻二文及一一符號會意，故屬會意兼指事例。

徐鉉注：「則浪切。」

二 𡅅：說文二上吅部：「亂也，从爻工交吅，一曰窒𡅅，讀若禳。」徐鉉注：「女庚切。」

按：徐鍇說文繫傳：「己象交構其閒也。」王筠句讀：「交指己而言。」戚學標說文補考：「楚金云：己象交構其閒也，本注从爻工交吅，取交象，非从弓。」是以字合爻工吅三文及一己符號會意，故屬會意兼指事例。

三 畫：說文三下畫部：「界也，象田四界，聿所以畫之。」徐鉉注：「胡麥切。」

按：段注：「『象田四介』，田之外橫者二直者二，今篆體省一橫，非也。」是以字合田聿二文及口一形會意，故屬會意兼指事例。

四 疐：說文四下叀部：「礙不行也，从叀引而止之也，叀者如叀馬之鼻，从此與牽同意。」

徐鉉注：「陟利切。」

按：段注改「从此與牽同意」作「从冂，此與牽同意」，並云：「從冂者，象挽之使止，如牽字冂，象牛縻可引之使行也，故曰此與牽同意。」則篆之冂者，象挽之使止，如牽字冂，象牛縻可引之使行也，故冂係表前進之符號，是以字合叀止二文及冂一符號會意，故屬會意兼指事例。

五
眞：說文八上七部：「僊人變形而登天也，从七从目从乚，乚音隱。八，所乘載也。」徐鉉注：「側鄰切。」

按：段注：「『丌』，謂篆體之下也。」是以字合七目乚三文及一丌符號會意，故屬會意兼指事例。

己、會意兼聲例

凡合二成文以上爲一會意字，而其中一文兼爲聲符者，謂之「會意兼聲」。

一
吏：說文一上一部：「治人者也，从一从史，史亦聲。」徐鉉注：「力置切。」

按：字从一、从史、史亦聲，故屬會意兼聲例。

二
禮：說文一上示部：「履也，所以事神致福也，从示从豊，豊亦聲。」徐鉉注：「靈啓切。」

按：字从示、从豊、豊亦聲，故屬會意兼聲例。

三
祏：說文一上示部：「宗廟主也，周禮有郊宗石室，一曰大夫以石爲主。从示从石，石亦聲。」徐鉉注：「常隻切。」

按：字从示、从石、石亦聲，故屬會意兼聲例。

四
禬：說文一上示部：「會福祭也，从示从會，會亦聲。周禮曰：禬之祝號。」徐鉉注：「古外切。」

按：字从示、从會、會亦聲，故屬會意兼聲例。

五
琥：說文一上玉部：「發兵瑞玉爲虎文，从玉从虎，虎亦聲。春秋傳曰：賜子家雙琥。」徐鉉注：「呼古切。」

按：字从玉、从虎、虎亦聲，故屬會意兼聲例。

六 瓏：說文一上玉部：「禱旱玉龍文，从玉从龍，龍亦聲。」徐鉉注：「力鍾切。」

按：字从玉、从龍、龍亦聲，故屬會意兼聲例。

七 瑁：說文一上玉部：「諸侯執圭朝天子，天子執玉以冒之似犁冠。周禮曰：天子執瑁四寸。从玉冒，冒亦聲。」徐鉉注：「莫報切。」

按：字从玉冒、冒亦聲，故屬會意兼聲例。

八 珥：說文一上玉部：「瑱也，从玉耳，耳亦聲。」徐鉉注：「仍吏切。」

按：字从玉耳、耳亦聲，故屬會意兼聲例。

九 琀：說文一上玉部：「送死口中玉也，从玉从含，含亦聲。」徐鉉注：「胡紺切。」

按：字从玉、从含、含亦聲，故屬會意兼聲例。

十 𠁿：說文一上丨部：「旌旗杠皃，从丨从㫃，㫃亦聲。」徐鉉注：「丑善切。」

按：字从丨、从㫃，㫃亦聲，故屬會意兼聲例。

十一 岎：說文一下屮部：「艸初生，其香分布，从屮从分，分亦聲。」徐鉉注：「撫文切。」

按：字从屮、从分、分亦聲，故屬會意兼聲例。

十二 ⿱艹耒：說文一下艸部：「耕多艸，从艸耒，耒亦聲。」徐鉉注：「盧對切。」

按：字从艸耒、耒亦聲，故屬會意兼聲例。

十三 莽：說文一下茻部：「南昌謂犬善逐兔艸中爲莽，从犬从茻，茻亦聲。」徐鉉注：「謀朗切。」

按：字从犬、从茻、茻亦聲，故屬會意兼聲例。

十四 必：說文二上八部：「分極也，从八弋，弋亦聲。」徐鉉注：「卑吉切。」

按：字从八弋、弋亦聲，故屬會意兼聲例。

十五　胖：說文二上半部：「半體肉也，一曰廣肉，从半从肉，半亦聲。」徐鉉注：「普半切。」

按：字从半、从肉、半亦聲，故屬會意兼聲例。

十六　牭：說文二上牛部：「四歲牛，从牛从四，四亦聲。」徐鉉注：「息利切。」

按：字从牛、从四、四亦聲，故屬會意兼聲例。

十七　犓：說文二上牛部：「以芻莖養牛也，从牛芻，芻亦聲。春秋國語曰：犓豢幾何。」徐鉉注：「測愚切。」

按：字从牛芻、芻亦聲，故屬會意兼聲例。

十八　⿱臤牛：說文二上牛部：「牛很不從引也，从牛从臤，臤亦聲。一曰大皃，讀若賢。」徐鉉注：「喫善切。」

按：字从牛、从臤、臤亦聲，故屬會意兼聲例。

十九　單：說文二上吅部：「大也，从吅甲，吅亦聲，闕。」徐鉉注：「都寒切。」

按：字从吅甲、吅亦聲，故屬會意兼聲例。

二十　喪：說文二上哭部：「亡也，从哭从亾，會意，亾亦聲。」徐鉉注：「息郎切。」

按：字从哭、从亡、亡亦聲，故屬會意兼聲例。

廿一　遻：說文二下辵部：「相遇驚也，从辵从屰，屰亦聲。」徐鉉注：「五各切。」

按：字从辵、从屰、屰亦聲，故屬會意兼聲例。

廿二　返：說文二下辵部：「還也，从辵从反，反亦聲。商書曰：祖甲返。」徐鉉注：「扶版切。」

按：字从辵、从反、反亦聲，故屬會意兼聲例。

廿三　選：說文二下辵部：「遣也，从辵巽。巽，遣之。巽亦聲。一曰選擇也。」徐鉉注：「思沇切。」

按：字从辵巽、巽亦聲，故屬會意兼聲例。

廿四 𢓜：說文二下彳部：「復也，从彳从柔，柔亦聲。」徐鉉注：「人九切。」

按：字从彳、从柔、柔亦聲，故屬會意兼聲例。

廿五 齨：說文二下齒部：「老人齒如臼也，一曰馬八歲齒臼也。从齒从臼，臼亦聲。」徐鉉注：「其久切。」

按：字从齒、从臼、臼亦聲，故屬會意兼聲例。

廿六 ⿰齒骨：說文二下齒部：「齧骨聲，从齒从骨，骨亦聲。」徐鉉注：「戶八切。」

按：字从齒、从骨、骨亦聲，故屬會意兼聲例。

廿七 𤘅：說文二下牙部：「武牙也，从牙从奇，奇亦聲。」徐鉉注：「去奇切。」

按：字从牙、从奇、奇亦聲，故屬會意兼聲例。

廿八 𤕟：說文二下疋部：「門戶疏窻也。从疋，疋亦聲，囱象𤕟形，讀若疏。」徐鉉注：「所菹切。」

按：字从疋、从囱、疋亦聲，故屬會意兼聲例。

廿九 ⿰爻疋：說文二下疋部：「通也，从爻从疋，疋亦聲。」徐鉉注：「所菹切。」

按：字从爻、从疋、疋亦聲，故屬會意兼聲例。

三〇 舌：說文三上舌部：「在口所以言也，別味也，从干从口，干亦聲。」徐鉉注：「食列切。」

按：字从干、从口、干亦聲，故屬會意兼聲例。

三一 拘：說文三上句部：「止也，从句从手，句亦聲。」徐鉉注：「舉朱切。」

按：字从句、从手、句亦聲，故屬會意兼聲例。

卅二 笱：說文三上句部：「曲竹捕魚笱也，从竹从句，句亦聲。」徐鉉注：「古厚切。」

按：字从竹、从句、句亦聲，故屬會意兼聲例。

卅三 鉤：說文三上句部：「曲也，从金从句，句亦聲。」徐鉉注：「古侯切。」

按：字从金、从句、句亦聲，故屬會意兼聲例。

卅四 𦍒：說文三上丩部：「艸之相丩者，从茻从丩，丩亦聲。」徐鉉注：「居虯切。」

按：字从茻、从丩、丩亦聲，故屬會意兼聲例。

卅五 詵：說文三上言部：「致言也，从言从先，先亦聲。詩曰：螽斯羽，詵詵兮。」徐鉉注：「所臻切。」

按：字从言、从先、先亦聲，故屬會意兼聲例。

卅六 詔：說文三上言部：「告也，从言从召，召亦聲。」徐鉉注：「之紹切。」

按：字从言、从召、召亦聲，故屬會意兼聲例。

卅七 警：說文三上言部：「戒也，从言从敬，敬亦聲。」徐鉉注：「居影切。」

按：字从言、从敬、敬亦聲，故屬會意兼聲例。

卅八 誼：說文三上言部：「人所宜也，从言从宜，宜亦聲。」徐鉉注：「儀寄切。」

按：字从言、从宜、宜亦聲，故屬會意兼聲例。

卅九 菐：說文三上菐部：「瀆菐也。从丵从廾，廾亦聲。」徐鉉注：「蒲沃切。」

按：字从丵、从廾、廾亦聲，故屬會意兼聲例。

四十 僕：說文三上菐部：「給事者，从人从菐，菐亦聲。」徐鉉注：「蒲沃切。」

按：字从人、从菐、菐亦聲，故屬會意兼聲例。

四一 𢍏：說文三上菐部：「賦事也，从菐从八。八，分之也。八亦聲。讀若頒，一曰讀若非。」徐鉉注：「布還切。」

按：字从菐、从八、八亦聲，故屬會意兼聲例。

四二 樊：說文三上𠬜部：「騺不行也，从𠬜从棥，棥亦聲。」徐鉉注：「附袁切。」

按：字从𠬜。从棥、棥亦聲，故屬會意兼聲例。

四三 晨：說文三上晨部：「早昧爽也，从臼从辰。辰，時也。辰亦聲。丮夕為夙，臼辰為晨，皆同意。」徐鉉注：「食鄰切。」

按：字从臼、从辰、辰亦聲，故屬會意兼聲例。

四四 鞣：說文三下革部：「耎也，从革从柔，柔亦聲。」徐鉉注：「耳由切。」

按：字从革、从柔、柔亦聲，故屬會意兼聲例。

四五 䩡：說文三下革部：「鞮䩡沙也，从革从夾，夾亦聲。」徐鉉注：「古洽切。」

按：字从革、从夾、夾亦聲，故屬會意兼聲例。

四六 𣪠：說文三下又部：「楚人謂卜問吉凶曰𣪠，从又持祟，祟亦聲。讀若贅。」徐鉉注：「之芮切。」

按：字从又持祟、祟亦聲，故屬會意兼聲例。

四七 整：說文三下攴部：「齊也，从攴从束从正，正亦聲。」徐鉉注：「之郢切。」

按：字从攴、从束、从正、正亦聲，故屬會意兼聲例。

四八 政：說文三下攴部：「正也，从攴从正，正亦聲。」徐鉉注：「之盛切。」

按：字从攴、从正、正亦聲，故屬會意兼聲例。

四九 敆：說文三下攴部：「合會也，从攴从合，合亦聲。」徐鉉注：「以沓切。」

按：字从攴、从合、合亦聲，故屬會意兼聲例。

五〇 敡：說文三下攴部：「侮也，从攴从易，易亦聲。」徐鉉注：「以豉切。」

按：字从攴、从易、易亦聲，故屬會意兼聲例。

五一 鼔：說文三下攴部：「擊鼓也，从攴从壴，壴亦聲。」徐鉉注：「公戶切。」

按：字从攴、从壴、壴亦聲，故屬會意兼聲例。

五二 𢿌：說文三下攴部：「朋侵也，从攴从羣，羣亦聲。」徐鉉注：「渠云切。」

按：字从攴、从𦰩、𦰩亦聲，故屬會意兼聲例。

五三 𢿢：說文三下攴部：「煩也，从攴从𤔔，𤔔亦聲。」徐鉉注：「郎段切。」

按：字从攴，从𤔔，𤔔亦聲，故屬會意兼聲例。

五四 甫：說文三下用部：「男子美稱也，从用父，父亦聲。」徐鉉注：「方矩切。」

按：字从用父、父亦聲，故屬會意兼聲例。

五五 ⿺㢟目：說文四上目部：「相顧視而行也，从目从㢟，㢟亦聲。」徐鉉注：「于線切。」

按：字从目、从㢟、㢟亦聲，故屬會意兼聲例。

五六 瞑：說文四上目部：「翕目也，从目冥，冥亦聲。」徐鉉注：「武延切。」

按：字从目冥、冥亦聲，故屬會意兼聲例。

五七 眇：說文四上目部：「一目小也，从目从少，少亦聲。」徐鉉注：「亡沼切。」

按：字从目、从少、少亦聲，故屬會意兼聲例。

五八 齅：說文四上鼻部：「以鼻就臭也：从鼻从臭，臭亦聲，讀若畜牲之畜。」徐鉉注：「許救切。」

按：字从鼻、从臭、臭亦聲，故屬會意兼聲例。

五九 奭：說文四上目部：「盛也，从大从皕，皕亦聲。此燕召公名，讀若郝。史篇名醜。」徐鉉注：「詩亦切。」

按：字从大、从皕、皕亦聲，故屬會意兼聲例。

六十 雊：說文四上隹部：「雄雌鳴也，雷始動，雉鳴而雊其頸。从隹从句，句亦聲。」徐鉉注：「古侯切。」

按：字从隹、从句、句亦聲，故屬會意兼聲例。

六一 ⿱苜大：說文四上苜部：「火不明也，从苜从大，苜亦聲。周書曰：布重⿱苜大席，織蒻席也。讀與蔑同。」

徐鉉注：「莫結切。」
按：字从苜、从大、苜亦聲，故屬會意兼聲例。

六二　羌　羌：說文四上羊部：「西戎牧羊人也，从人从羊，羊亦聲。南方蠻閩从虫，北方狄从犬，東方貉从豸，西方羌从羊，此六種也，西南僰人僬僥从人，蓋在坤地頗有順理之性，唯東夷从大，大人也。夷俗仁，仁者壽，有君子不死之國。孔子曰：道不行，欲之九夷，乘桴浮於海，有以也。」徐鉉注：「去羊切。」
按：字从人从羊、羊亦聲，故屬會意兼聲例。

六三　瞿　瞿：說文四上瞿部：「鷹隼之視也，从隹从䀠，䀠亦聲。讀若章句之句。」徐鉉注：「九遇切，又音衢。」
按：字从隹、从䀠、䀠亦聲，故屬會意兼聲例。

六四　幽　幽：說文四下𢆶部：「隱也，从山𢆶，𢆶亦聲。」徐鉉注：「於虯切。」
按：字从山𢆶、𢆶亦聲，故屬會意兼聲例。

六五　舒　舒：說文四下予部：「伸也，从舍从予，予亦聲。一曰舒緩也。」徐鉉注：「傷魚切。」
按：字从舍、从予、予亦聲，故屬會意兼聲例。

六六　⿰井𣦼　⿰井𣦼：說文四下𣦼部：「坑也，从𣦼从井，井亦聲。」徐鉉注：「疾正切。」
按：字从𣦼、从井、井亦聲，故屬會意兼聲例。

六七　殯　殯：說文四下歺部：「死在棺，將遷葬，柩賓遇之。从歺从賓，賓亦聲。夏后殯於阼階，殷人殯於兩楹之間，周人殯於賓階。」徐鉉注：「必刃切。」
按：字从歺、从賓、賓亦聲，故屬會意兼聲例。

六八　腥　腥：說文四下肉部：「星見食豕，令肉中生小息肉也，从肉从星，星亦聲。」徐鉉注：「穌佞切。」

按：字从肉、从星、星亦聲，故屬會意兼聲例。

六九 劃：說文四下刀部：「錐刀曰劃，从刀从畫，畫亦聲。」徐鉉注：「呼麥切。」

按：字从刀、从畫、畫亦聲，故屬會意兼聲例。

七十 劑：說文四下刀部：「齊也，从刀从齊，齊亦聲。」徐鉉注：「在詣切。」

按：字从刀、从齊、齊亦聲，故屬會意兼聲例。

七一 刺：說文四下刀部：「君殺大夫曰刺，刺直傷也，从刀从朿，朿亦聲。」徐鉉注：「七賜切。」

按：字从刀、从朿、朿亦聲，故屬會意兼聲例。

七二 筑：說文五上竹部：「以竹曲五弦之樂也，从竹从巩。巩，持之也。竹亦聲。」徐鉉注：「張六切。」

按：字从竹、从巩、竹亦聲，故屬會意兼聲例。

七三 簺：說文五上竹部：「行棊相塞謂之簺，从竹从塞，塞亦聲。」徐鉉注：「先代切。」

按：字从竹、从塞、塞亦聲，故屬會意兼聲例。

七四 䢋：說文五上丌部：「古之遒人以木鐸記詩言，从辵从丌，丌亦聲，讀與記同。」徐鉉注：「居吏切。」

按：字从辵、从丌、丌亦聲，故屬會意兼聲例。

七五 𤯍：說文五上甘部：「和也，从甘从厤。厤，調也，甘亦聲，讀若函。」徐鉉注：「古三切。」

按：字从甘、从厤、甘亦聲，故屬會意兼聲例。

七六 𠕁：說文五上曰部：「告也，从曰从冊，冊亦聲。」徐鉉注：「楚革切。」

按：字从曰、从冊、冊亦聲，故屬會意兼聲例。

七七 可：說文五上可部：「肎也，从口丂，丂亦聲。」徐鉉注：「肯我切。」

按：字从口丂、丂亦聲，故屬會意兼聲例。

七八 吁 吁：說文五上亏部：「驚語也，从口从亏，亏亦聲。」徐鉉注：「況于切。」

按：字从口、从亏、亏亦聲，故屬會意兼聲例。

七九 憙 憙：說文五上喜部：「說也，从心从喜，喜亦聲。」徐鉉注：「許記切。」

按：字从心、从喜、喜亦事，故屬會意兼聲例。

八十 愷 愷：說文五上豈部：「康也，从心豈，豈亦聲。」徐鉉注：「苦亥切。」

按：字从心豈、豈亦聲，故屬會意兼聲例。

八一 ⿱虘寧 ⿱虘寧：說文五上虘部：「器也，从虘寧，寧亦聲。闕。」徐鉉注：「直呂切。」

按：字从虘寧、寧亦聲，故屬會意兼聲例。

八二 咅 咅：說文五上丶部：「相與語唾而不受也，从丶从否，否亦聲。」徐鉉注：「天口切。」

按：字从丶、从否、否亦聲，故屬會意兼聲例。

八三 阱 阱：說文五下井部：「陷也，从𨸏从井，井亦聲。」徐鉉注：「疾正切。」

按：字从𨸏、从井、井亦聲，故屬會意兼聲例。

八四 饗 饗：說文五下食部：「鄉人飲酒也，从食从鄉，鄉亦聲。」徐鉉注：「許兩切。」

按：字从食、从鄉、鄉亦聲，故屬會意兼聲例。

八五 𣊫 𣊫：說文五下會部：「日月合宿爲𣊫，从會从辰，辰亦聲。」徐鉉注：「植鄰切。」

按：字从會、从辰、辰亦聲，故屬會意兼聲例。

八六 柵 柵：說文六上木部：「編樹木也，从木从冊，冊亦聲。」徐鉉注：「楚革切。」

按：字从木、从冊、冊亦聲，故屬會意兼聲例。

八七 枰 枰：說文六上木部：「平也，从木从平，平亦聲。」徐鉉注：「蒲兵切。」

按：字从木、从平、平亦聲，故屬會意兼聲例。

八八 杽：說文六上木部：「械也，从木从手，手亦聲。」徐鉉注：「敕九切。」

按：字从木、从手、手亦聲，故屬會意兼聲例。

八九 糶：說文六下出部：「出穀也，从出从糶，糶亦聲。」徐鉉注：「他弔切。」

按：字从出、从糶、糶亦聲，故屬會意兼聲例。

九十 貧：說文六下貝部：「財分少也，从貝从分，分亦聲。」徐鉉注：「符巾切。」

按：字从貝、从分、分亦聲，故屬會意兼聲例。

九一 鄯：說文六下邑部：「鄯善，西胡國也，从邑从善，善亦聲。」徐鉉注：「時戰切。」

按：字从邑、从善、善亦聲，故屬會意兼聲例。

九二 晛：說文七上日部：「日見也，从日从見，見亦聲。詩曰：見晛曰消。」徐鉉注：「胡甸切。」

按：字从日、从見、見亦聲，故屬會意兼聲例。

九三 旄：說文七上㫃部：「幢也，从㫃从毛，毛亦聲。」徐鉉注：「莫袍切。」

按：字从㫃、从毛、毛亦聲，故屬會意兼聲例。

九四 𣐺：說文七上𣐺部：「木垂華實，从木𢎘，𢎘亦聲。」徐鉉注：「胡感切。」

按：字从木𢎘、𢎘亦聲，故屬會意兼聲例。

九五 窞：說文七下穴部：「坎中小坎也，从穴从臽，臽亦聲。易曰：入于坎窞。一曰旁入也。」徐鉉注：「徒感切。」

按：字从穴、从臽、臽亦聲，故屬會意兼聲例。

九六 竀：說文七下穴部：「正視也，从穴中正見也，正亦聲。」徐鉉注：「敕貞切。」

按：字从穴中正見，正亦聲，故屬會意兼聲例。

九七瘧：說文七下疒部：「熱寒休作，从疒从虐，虐亦聲。」徐鉉注：「魚約切。」

按：字从疒、从虐、虐亦聲，故屬會意兼聲例。

九八冠：說文七下冖部：「絭也，所以絭髮，弁冕之總名也，从冖从元，元亦聲。冠有法制，从寸。」徐鉉注：「古丸切。」

按：字从冖、从元、从寸、元亦聲，故屬會意兼聲例。

九九冣：說文七下冖部：「積也，从冖从取，取亦聲。」徐鉉注：「才句切。」

按：字从冖、从取、取亦聲，故屬會意兼聲例。

一〇〇兩：說文七下㒳部：「二十四銖為一兩，从一㒳，平分亦聲。」徐鉉注：「良奬切。」

按：字依段注作「从一㒳，㒳、平分也，㒳亦聲」，則屬會意兼聲例。

一〇一罠：說文七下网部：「网也，从网繯，繯亦聲。一曰綰也。」徐鉉注：「古眩切。」

按：字从网繯、繯亦聲，故屬會意兼聲例。

一〇二罶：說文七下网部：「曲梁寡婦之笱，魚之所留也，从网留，留亦聲。」徐鉉注：「力九切。」

按：字从网留，留亦聲，故屬會意兼聲例。

一〇三敝：說文七下㡀部：「帗也，一曰敗衣，从攴从㡀，㡀亦聲。」徐鉉注：「毗祭切。」

按：字从攴、从㡀、㡀亦聲，故屬會意兼聲例。

一〇四仲：說文八上人部：「中也，从人从中，中亦聲。」徐鉉注：「直衆切。」

按：字从人、从中、中亦聲，故屬會意兼聲例。

一〇五傾：說文八上人部：「仄也，从人从頃，頃亦聲。」徐鉉注：「去營切。」

按：字从人、从頃、頃亦聲，故屬會意兼聲例。

一〇六係：說文八上人部：「絜束也，从人从系，系亦聲。」徐鉉注：「胡計切。」

按：字从人、从系、系亦聲，故屬會意兼聲例。

一〇七 像 像：說文八上人部：「象也，从人从象，象亦聲，讀若養。」徐鉉注：「徐兩切。」

按：字从人、从象、象亦聲，故屬會意兼聲例。

一〇八 僊 僊：說文八上人部：「長生僊去，从人从䙴，䙴亦聲。」徐鉉注：「相然切。」

按：字从人、从䙴、䙴亦聲，故屬會意兼聲例。

一〇九 化 化：說文八上匕部：「教行也，从匕从人，匕亦聲。」徐鉉注：「呼跨切。」

按：字从匕、从人、匕亦聲，故屬會意兼聲例。

一一〇 衵 衵：說文八上衣部：「日日所常衣，从衣从日，日亦聲。」徐鉉注：「人質切。」

按：字从衣、从日、日亦聲，故屬會意兼聲例。

一一一 禿 禿：說文八下禿部：「無髮也，从人，上象禾粟之形，取其聲。王育說：蒼頡出見禿人伏禾中，因以制字，未知其審。」徐鉉注：「他谷切。」

按：段注：「粟當作秀，以避諱攺之也，乑下云：禾成秀也，然則秀乑爲轉注，象禾秀形者，謂禾秀之穎，屈曲下乑，莖屈處圓轉光潤，如折釵股；禿者，全無髮首，光潤似之，故曰象禾秀之形。秀與禿，古音皆在三部，故云禿取秀之聲爲聲也。……此云象禾秀之形，取其聲，謂取秀聲也，皆會意兼形聲也。」是以字从人、从秀省、秀亦聲，故屬會意兼聲例。

一一二 覽 覽：說文八下見部：「觀也，从見監，監亦聲。」徐鉉注：「盧敢切。」

按：字从見監、監亦聲，故屬會意兼聲例。

一一三 歊 歊：說文八下欠部：「歊歊，气出皃，从欠高，高亦聲。」徐鉉注：「許嬌切。」

按：字从欠高、高亦聲，故屬會意兼聲例。

一一四 ⿰卣欠 ⿰卣欠：說文八下欠部：「言意也，从欠从卣，卣亦聲，讀若酉。」徐鉉注：「與久切。」

按：字从欠、从𠧪、𠧪亦聲，故屬會意兼聲例。

一二五 欥：說文八下欠部：「詮詞也，从欠从曰，曰亦聲。詩曰：欥求厥寧。」徐鉉注：「余律切。」

按：字从欠、从曰、曰亦聲，故屬會意兼聲例。

一二六 ⿰𠬸頁：說文九上頁部：「內頭水中也，从頁𠬸，𠬸亦聲。」徐鉉注：「烏沒切。」

按：字从頁𠬸、𠬸亦聲，故屬會意兼聲例。

一二七 靦：說文九上面部：「面見也，从面見，見亦聲。詩曰：有靦面目。」徐鉉注：「他典切。」

按：字从面見，見亦聲，故屬會意兼聲例。

一二八 䫇：說文九上須部：「頰須也，从須从冄，冄亦聲。」徐鉉注：「汝鹽切。」

按：字从須、从冄、冄亦聲，故屬會意兼聲例。

一二九 彰：說文九上彡部：「文彰也，从彡从章，章亦聲。」徐鉉注：「諸良切。」

按：字从彡、从章、章亦聲，故屬會意兼聲例。

一三〇 ⿰口后：說文九上后部：「厚怒也，从口后，后亦聲。」徐鉉注：「呼后切。」

按：字从口后、后亦聲，故屬會意兼聲字。

一三一 匌：說文九上勹部：「市也，从勹从合，合亦聲。」徐鉉注：「侯閤切。」

按：字从勹、从合、合亦聲，故屬會意兼聲例。

一三二 屵：說文九下屵部：「岸高也，从山厂，厂亦聲。」徐鉉注：「五葛切。」

按：字从山厂、厂亦聲，故屬會意兼聲例。

一三三 馼：說文十上馬部：「馬赤鬣縞身，目若黃金，名曰媽，吉皇之乘，周文王時，犬戎獻之。从馬从文，文亦聲。春秋傳曰：媽馬百駟，畫馬也，西伯獻紂以全其身。」徐鉉注：「無分切。」

按：字从馬、从文、文亦聲，故屬會意兼聲例。

一三四　㹱：說文十上犬部：「竇中犬聲，从犬从音，音亦聲。」徐鉉注：「乙咸切。」

按：字从犬、从音、音亦聲，故屬會意兼聲例。

一三五　奘：說文十上犬部：「要彊大也，从犬从壯，壯亦聲。」徐鉉注：「徂朗切。」

按：字从犬、从壯、壯亦聲，故屬會意兼聲例。

一三六　煣：說文十上火部：「屈申木也，从木柔，柔亦聲。」徐鉉注：「人又切。」

按：字从木柔、柔亦聲，故屬會意兼聲例。

一三七　燓：說文十上火部：「燒田也，从火棥，棥亦聲。」徐鉉注：「附袁切。」

按：字从火棥、棥亦聲，故屬會意兼聲例。

一三八　悤：說文十下囪部：「多遽悤悤也，从心囪，囪亦聲。」徐鉉注：「倉紅切。」

按：字从心囪、囪亦聲，故屬會意兼聲例。

一三九　尳：說文十下尢部：「厀病也，从尢从骨，骨亦聲。」徐鉉注：「戶骨切。」

按：字从尢、从骨、骨亦聲，故屬會意兼聲例。

一四〇　執：說文十下㚔部：「捕罪人也，从丮从㚔，㚔亦聲。」徐鉉注：「之入切。」

按：字从丮、从㚔、㚔亦聲，故屬會意兼聲例。

一四一　㚁：說文十下夰部：「舉目驚㚁然也，从夰从䀠，䀠亦聲。」徐鉉注：「九遇切。」

按：字从夰、从䀠、䀠亦聲，故屬會意兼聲例。

一四二　奡：說文十下夰部：「嫚也，从百从夰，夰亦聲。虞書曰：若丹朱奡。讀若傲。論語奡湯舟。」徐鉉注：「五到切。」

按：字从百、从夰、夰亦聲，故屬會意兼聲例。

一四三　昦：說文十下夰部：「春爲昦天元气昦昦，从日夰，夰亦聲。」徐鉉注：「胡老切。」

按：字从日夰、夰亦聲，故屬會意兼聲例。

一三四 奘：說文十下大部：「駔大也，从大从壯，壯亦聲。」徐鉉注：「徂朗切。」

按：字从大、从壯、壯亦聲，故屬會意兼聲例。

一三五 息：說文十下心部：「喘也，从心从自，自亦聲。」徐鉉注：「相即切。」

按：字从心、从自、自亦聲，故屬會意兼聲例。

一三六 憼：說文十下心部：「敬也，从心从敬，敬亦聲。」徐鉉注：「居影切。」

按：字从心、从敬、敬亦聲，故屬會意兼聲例。

一三七 懬：說文十下心部：「闊也，一曰廣也、大也，一曰寬也。从心从廣，廣亦聲。」徐鉉注：「苦謗切。」

按：字从心、从廣，廣亦聲，故屬會意兼聲例。

一三八 㤵：說文十下心部：「急也，从心从弦，弦亦聲。河南密縣有㤵亭。」徐鉉注：「胡田切。」

按：字从心、从弦、弦亦聲，故屬會意兼聲例。

一三九 懝：說文十下心部：「騃也，从心从疑，疑亦聲。一曰惶也。」徐鉉注：「五溉切。」

按：字从心、从疑、疑亦聲，故屬會意兼聲例。

一四〇 忘：說文十下心部：「不識也，从心从亡，亡亦聲。」徐鉉注：「武方切。」

按：字从心、从亡、亡亦聲，故屬會意兼聲例。

一四一 愾：說文十下心部：「大息也，从心从氣，氣亦聲。詩曰：愾我寤歎。」徐鉉注：「許既切。」

按：字从心、从氣、氣亦聲，故屬會意兼聲例。

一四二 患：說文十下心部：「憂也，从心上貫吅，吅亦聲。」徐鉉注：「胡丱切。」

按：字从心上貫吅、吅亦聲，故屬會意兼聲例。

一四三 恇：說文十下心部：「怯也，从心匡，匡亦聲。」徐鉉注：「去王切。」

按：字从心匡、匡亦聲，故屬會意兼聲例。

一四四 汭：說文十一上水部：「水相入也，从水从內，內亦聲。」徐鉉注：「而銳切。」

按：字从水、从內、內亦聲，故屬會意兼聲例。

一四五 泬：說文十一上水部：「水从孔穴疾出也，从水从穴，穴亦聲。」徐鉉注：「呼穴切。」

按：字从水、从穴、穴亦聲，故屬會意兼聲例。

一四六 洸：說文十一上水部：「水涌光也，从水从光，光亦聲。詩曰：有洸有潰。」徐鉉注：「古黃切。」

按：字从水、从光、光亦聲，故屬會意兼聲例。

一四七 派：說文十一上水部：「別水也，从水从𠂢，𠂢亦聲。」徐鉉注：「匹賣切。」

按：字从水、从𠂢、𠂢亦聲，故屬會意兼聲例。

一四八 汲：說文十一上水部：「引水於井也，从水从及，及亦聲。」徐鉉注：「居立切。」

按：字从水从及、及亦聲，故屬會意兼聲例。

一四九 𣽐：說文十一上水部：「腹中有水气也，从水从愁，愁亦聲。」徐鉉注：「士尤切。」

按：字从水、从愁、愁亦聲，故屬會意兼聲例。

一五〇 泮：說文十一上水部：「諸侯鄉射之宮，西南爲水，東北爲牆，从水从半，半亦聲。」徐鉉注：「普半切。」

按：字从水、从半、半亦聲，故屬會意兼聲例。

一五一 萍：說文十一上水部：「苹也，水艸也，从水苹，苹亦聲。」徐鉉注：「薄經切。」

按：字从水苹、苹亦聲，故屬會意兼聲例。

一五二 否：說文十二上不部：「不也，从口从不，不亦聲。」徐鉉注：「方久切。」

按：字从口、从不、不亦聲，故屬會意兼聲例。

一五三　閽　閽：說文十二上門部：「常以昏閉門隸也。从門从昏，昏亦聲。」徐鉉注：「呼昆切。」

按：字从門、从昏、昏亦聲，故屬會意兼聲例。

一五四　挻　挻：說文十二上手部：「長也，从手从延，延亦聲。」徐鉉注：「式連切。」

按：字从手、从延、延亦聲，故屬會意兼聲例。

一五五　⿱毀手　⿱毀手：說文十二上手部：「傷擊也，从手毀，毀亦聲。」徐鉉注：「古歷切。」

按：字从手毀、毀亦聲，故屬會意兼聲例。

一五六　拲　拲：說文十二上手部：「兩手同械也，从手从共，共亦聲。周禮：上皇梏拲西桎。」徐鉉注：「居竦切。」

按：字从手、从共、共亦聲，故屬會意兼聲例。

一五七　姓　姓：說文十二下女部：「人所生也，古之神聖母感天而生子，故稱天子，从女从生，生亦聲。春秋傳曰：天子因生以賜姓。」徐鉉注：「息正切。」

按：字从女、从生、生亦聲，故屬會意兼聲例。

一五八　娶　娶：說文十二下女部：「取婦也，从女从取，取亦聲。」徐鉉注：「七句切。」

按：字从女、从取、取亦聲，故屬會意兼聲例。

一五九　婚　婚：說文十二下女部：「婦家也。禮：娶婦以昏時，婦人陰也，故曰婚，从女从昏，昏亦聲。」徐鉉注：「呼昆切。」

按：字从女、从昏、昏亦聲，故屬會意兼聲例。

一六〇　姻　姻：說文十二下女部：「壻家也，女之所因，故曰姻。从女从因，因亦聲。」徐鉉注：「於眞切。」

按：字从女、从因、因亦聲，故屬會意兼聲例。

一六一　妊　妊：說文十二下女部：「孕也，从女从壬，壬亦聲。」徐鉉注：「如甚切。」

按：字从女、从壬、壬亦聲。故屬會意兼聲例。

一六二 娣：說文十二下女部：「女弟也，从女从弟，弟亦聲。」徐鉉注：「徒禮切。」

按：字从女、从弟、弟亦聲，故屬會意兼聲例。

一六三 婢：說文十二下女部：「女之卑者也，从女从卑，卑亦聲。」徐鉉注：「便俾切。」

按：字从女、从卑、卑亦聲，故屬會意兼聲例。

一六四 媄：說文十二下女部：「色好也，从女从美，美亦聲。」徐鉉注：「無鄙切。」

按：字从女、从美、美亦聲，故屬會意兼聲例。

一六五 奸：說文十二下女部：「犯婬也，从女从干，干亦聲。」徐鉉注：「古寒切。」

按：字从女、从干、干亦聲，故屬會意兼聲例。

一六六 匹：說文十二下匸部：「四丈也，从八匸。八揲一匹，八亦聲。」徐鉉注：「普吉切。」

按：字从八匸、八亦聲，故屬會意兼聲例。

一六七 䋛：說文十三上糸部：「繡文如聚細米也，从糸从米，米亦聲。」徐鉉注：「莫禮切。」

按：字从糸、从米、米亦聲，故屬會意兼聲例。

一六八 緉：說文十三上糸部：「履兩枚也，一曰絞也，从糸从兩，兩亦聲。」徐鉉注：「力讓切。」

按：字从糸、从兩、兩亦聲，故屬會意兼聲例。

一六九 螟：說文十三上虫部：「蟲食穀葉者吏冥，冥犯法即生螟。从虫从冥，冥亦聲。」徐鉉注：「莫經
切。」

按：字从虫、从冥、冥亦聲，故屬會意兼聲例。

一七〇 蟘：說文十三上虫部：「蟲食苗葉者，吏乞貸則生蟘，从虫从貸，貸亦聲。詩曰：去其螟蟘。」徐
鉉注：「徒得切。」

按：字从虫、从貸、貸亦聲，故屬會意兼聲例。

一七一 蝕：說文十三上虫部：「敗創也，从虫人食，食亦聲。」徐鉉注：「乘力切。」

按：字从虫人食、食亦聲，故屬會意兼聲例。

一七二 颮：說文十三下風部：「疾風也，从風从忽，忽亦聲。」徐鉉注：「呼骨切。」

按：字从風、从忽、忽亦聲，故屬會意兼聲例。

一七三 鼀：說文十三下黽部：「圥鼀，詹諸也。其鳴詹諸，其皮鼀鼀，其行圥圥，从黽从圥，圥亦聲。」徐鉉注：「七宿切。」

按：字从黽、从圥、圥亦聲，故屬會意兼聲例。

一七四 坪：說文十三下土部：「地平也，从土从平，平亦聲。」徐鉉注：「皮命切。」

按：字从土、从平、平亦聲，故屬會意兼聲例。

一七五 均：說文十三下土部：「平徧也，从土从勻，勻亦聲。」徐鉉注：「居勻切。」

按：字从土、从勻、勻亦聲，故屬會意兼聲例。

一七六 墨：說文十三下土部：「書墨也，从土从黑，黑亦聲。」徐鉉注：「莫北切。」

按：字从土、从黑、黑亦聲，故屬會意兼聲例。

一七七 城：說文十三下土部：「以盛民也，从土从成，成亦聲。」徐鉉注：「氏征切。」

按：字从土、从成、成亦聲，故屬會意兼聲例。

一七八 黃：說文十三下黃部：「地之色也，从田从炗，炗亦聲。炗，古文光。」徐鉉注：「乎光切。」

按：字从田、从炗、炗亦聲，故屬會意兼聲例。

一七九 功：說文十三下力部：「以勞定國也，从力从工，工亦聲。」徐鉉注：「古紅切。」

按：字从力、从工、工亦聲，故屬會意兼聲例。

一八〇　勶　勶：說文十三下力部：「發也，从力从徹，徹亦聲。」徐鉉注：「丑列切。」

按：字从力、从徹，徹亦聲，故屬會意兼聲例。

一八一　釦　釦：說文十四上金部：「金飾器口，从金从口，口亦聲。」徐鉉注：「苦厚切。」

按：字从金、从口，口亦聲，故屬會意兼聲例。

一八二　鏨　鏨：說文十四上金部：「小鑿也，从金从斬，斬亦聲。」徐鉉注：「藏濫切。」

按：字从金、从斬，斬亦聲，故屬會意兼聲例。

一八三　鈴　鈴：說文十四上金部：「令丁也，从金从令，令亦聲。」徐鉉注：「郎丁切。」

按：字从金、从令，令亦聲。故屬會意兼聲例。

一八四　鍒　鍒：說文十四上金部：「鐵之耎也，从金从柔，柔亦聲。」徐鉉注：「耳由切。」

按：字从金、从柔，柔亦聲，故屬會意兼聲例。

一八五　𣁑　𣁑：說文十四上斗部：「量物分半也，从斗从半，半亦聲。」徐鉉注：「博幔切。」

按：字从斗、从半，半亦聲，故屬會意兼聲例。

一八六　䡊　䡊：說文十四上車部：「車耳反出也，从車从反，反亦聲。」徐鉉注：「府遠切。」

按：字从車、从反，反亦聲，故屬會意兼聲例。

一八七　轚　轚：說文十四上車部：「車轄相擊也，从車从毄，毄亦聲。周禮曰：舟輿擊互者。」徐鉉注：「古歷切。」

按：字从車、从毄，毄亦聲，故屬會意兼聲例。

一八八　陸　陸：說文十四下𨸏部：「高平也，从𨸏从坴，坴亦聲。」徐鉉注：「力竹切。」

按：字从𨸏、从坴，坴亦聲，故屬會意兼聲例。

一八九　陷　陷：說文十四下𨸏部：「高下也，一曰陊也，从𨸏从臽，臽亦聲。」徐鉉注：「戶𤠷切。」

按：字从𠂤、从㠯、㠯亦聲，故屬會意兼聲例。

一九〇 ⿰阝頃：說文十四下𠂤部：「仄也，从𠂤从頃，頃亦聲。」徐鉉注：「去營切。」

按：字从𠂤、从頃、頃亦聲，故屬會意兼聲例。

一九一 阢：說文十四下𠂤部：「石山戴土也，从𠂤从兀，兀亦聲。」徐鉉注：「五忽切。」

按：字从𠂤、从兀、兀亦聲，故屬會意兼聲例。

一九二 隙：說文十二下𠂤部：「壁際孔也，从𠂤从𡭴，𡭴亦聲。」徐鉉注：「綺戟切。」

按：字从𠂤、从𡭴、𡭴亦聲，故屬會意兼聲例。

一九三 字：說文十四下子部：「乳也，从子在宀下，子亦聲。」徐鉉注：「疾置切。」

按：字从子在宀下、子亦聲，故屬會意兼聲例。

一九四 羞：說文十四下丑部：「進獻也，从羊。羊，所進也。从丑，丑亦聲。」徐鉉注：「息流切。」

按：字从羊、从丑、丑亦聲，故屬會意兼聲例。

一九五 酒：說文十四下酉部：「就也，所以就人性之善惡，从水从酉，酉亦聲。一曰造也，吉凶所造也，古者儀狄作酒醪，禹嘗之而美，遂疏儀狄。杜康作秫酒。」徐鉉注：「子酉切。」

按：字从水、从酉、酉亦聲，故屬會意兼聲例。

一九六 酣：說文十四下酉部：「酒樂也，从酒从甘，甘亦聲。」徐鉉注：「胡甘切。」

按：字从酉、从甘、甘亦聲，故屬會意兼聲例。

一九七 疏：說文十四下𠫓部：「通也，从㐬从疋，疋亦聲。」徐鉉注：「所葅切。」

按：字从㐬从疋，故屬會意兼聲例。

引用書目

書名	撰者	版本
說文解字	漢許愼撰宋徐鉉注	藝文印書館影宋本
說文解字繫傳	南唐徐鍇撰	四部叢刊本
說文解字詁林	丁福保撰	醫學書局本
說文解字注	清段玉裁撰	經韵樓刊本
說文聲類	清嚴可均撰	皇清經解續編本
說文聲讀表	清苗夔撰	天壤閣叢書本
廣韻	宋陳彭年等撰	澤存堂本
切韻考	清陳澧撰	音韻學叢書本
十韵彙編	劉復等編	國立北京大學本
章氏叢書	章炳麟撰	浙江圖書館校刊本
六書解例	馬敍倫撰	上海商務印書館本
聲母多音論	潘重規撰	制言半月刊卅七卅八　合刊本
中國聲韻學通論	林尹撰	世界書局本
說文二徐異訓辨序	林尹撰	師大學報第九期
中國文字學通論	謝雲飛撰	學生書局本
中國文字構造論	戴君仁撰	上海世界書局本
甲骨學文字篇	朱芳圃撰	上海商務印書館本
甲骨文字集釋	李孝定撰	中央研究院本
古籀彙編	徐文鏡撰	商務印書館本
古篆文大字典	段維毅撰	興國出版社本
古聲紐演變考	左松超撰	師大國文研究所集刊第四號
蘄春黃氏古音說	謝一民撰	師大國文研究所集刊第五號
說文解字讀若文字通叚考	周何撰	師大國文研究所集刊第六號